KB105814

소피스트적
논박에
대하여

ARISTO
TELĒS

아리스토텔레스

소피스트적
논박에
대하여

김재홍
옮김

PERI TON
SOPHISTIKŌN
ELENGCHŌN

아카넷

"아리스토텔레스의 작품 속에서 살고 죽어라.
달콤한 '분석론', 당신이 나를 황홀하게 했던 것이 그것이다."

—

Christopher Marlowe's
The Tragical History of Doctor Faustus,
Scene 1

새로운 개정판을 내면서

『소피스트적 논박에 대하여』는 1999년에 초판이 『소피스트적 논박』이란 제목으로 나오고, 2007년에 새판이 같은 출판사(한길사)에서 나왔다. 이제 나로서는 최종본이랄 수 있는 수정 번역본을 내놓게 되었다. 앞선 판과 대조해볼 때 이번 수정 번역본은 많은 대목에서 상당한 변화가 있다. 미처 알아채지 못했던 오역이 있는 대목을 수정하고 새로운 역어를 채택해서 기존 번역을 바로잡았다. 또한 각주와 참고문헌 및 색인도 새롭게 수정 보완해서 첨가했다. 어떤 의미에서는 '새로운' 번역이다. 이 책이 나오기까지 수고를 아끼지 않은 아카넷 출판사 편집부에 고마움을 전한다.

차례

해제

서론

오류의 발생과 오류 형식

오류의 해소

결론

일러두기

1. 『토피카(토포스론)』와 『소피스트적 논박에 대하여』의 사본(Manuscripts)은 9세기에서 14세기 사이에 만들어진 13가지 종류가 전해진다. 가장 중요한 것으로는 벡커(Immanuel Bekker)가 선호하는 A(Urbinas 35, 9~10세기) 사본, 바이츠(Waitz)가 선호하는 B(Marcianus 201, 955년경) 사본, 토이브너(Teubner) 판 편집자들이 선호하는 C(Coislinianus 330, 11세기) 사본 등이 있다.

2. 옮긴이가 원전 대본으로 삼은 헬라스어 텍스트는 로스(W.D. Ross)의 비판본(*Aristotelis Topica et Sophistici Elenchi*, Oxford, 1958)과 포스터의 것(Loeb Classical Library, 1955)이다. 원문의 구문이 문제가 되는 경우에는 옮긴이의 해석에 맞춰 수정된 원문을 취사하고 선택했다. 번역에는 롤페스(1918)와 피커드-케임브리지(반즈의 편집판, 1984), 트리꼬(1950)의 번역본을 참조했다. 그 밖에도 도리옹(Louis-André Dorion, 1995)의 불어 번역, 로스 판을 따르는 제클(1997)과 부분적인 수정을 가한 하스퍼(P.S. Hasper, 2013)의 최근 번역본도 참조했음을 밝혀둔다.

3. 원칙적으로 헬라스 원전에 충실하게 옮기되, 우리말로 매끄럽지 않을 때에는 맥락에 맞게 어느 정도 의역했다.

4. 원문에 생략된 말이나 원문만으로 충분한 의미가 전달되지 않는다고 판단될 때에는 [ ] 기호를 사용하여, 옮긴이의 생각대로 원문을 이해하는 데 도움이 될 수 있도록 의미를 보충하거나, 원어에 대한 부가적 설명을 달았다. 물론 다른 풀어쓰기가 요청되는 경우에는 각주에서 논의했다. ( )는 원문을 이해하는 데 중요한 철학 용어로 된 헬라스어라든가 원문에 괄호 표시된 부분의 번역을 표시한다. 혹은 가능한 다른 대안의 '번역어'일 수 있다. 따라서 원문으로 읽어도 무방하다.

5. 아리스토텔레스 저작을 표시하는 표준적 관례에 따라서 벡커(Berlin 판, 1831)가 편집한 헬라스어 텍스트 표시를 사용했다. 예를 들어서 164a20은 벡커 판 아리스토텔레스 전집 164쪽 왼편 난(欄; column) 20행을 표시하고, b는 오른편 난을 가리킨다. 물론 벡커 판의 쪽수 표시를 따르고 있다고 해서, 벡커 판의 헬라스어 텍스트가 가장 완전하고, 권위를 갖고 있다는 것은 아니다. 이후에 출판된 헬라스어 텍스트 수정 판본이 더 나은 경우가 많다. 이 책에서 아리스토텔레스의 다른 저작을 인용할 경우, 가령 『토피카』 제1권 제2장(*Topica*, A 2)을 좀 더 정확히 오늘날의 언어적 용법으로 표시하면 '제1장 2번째 항목'이 된다. 아리스토텔레스 저작의 편집자에 따라서는 다른 장(章)의 구분을 사용하고 있기도 하다. 그렇기에 편집 판본에 따라서 장의 구분이 일치하지 않는 경우도 있을 수 있다.

6. 이 책을 번역하는 데 사용된 텍스트와 옮긴이가 참조한 참고문헌은 이 책의 끝에 수록되어 있다. 특히 옮긴이의 풀어씀이나 설명(옮긴이의 주)에서 저자 이름만을 밝힌 저서는 참고문헌의 자료에 기초한다.

7. ē와 ō는 헬라스어 장모음 에타(eta)와 오메가(omega)를 표시한다. χ는 로마자 ch로, υ는 u로 표기하며, 헬라스어의 우리말 표기는 원음에 가깝게 하고, υ는 일반적으로 '위'로 읽어서 Phusis를 '퓌시스'로 표기했다. 후대의 이오타시즘(iōtakismos)은 따르지 않는다. Iota subscript(hupogegrammenē)를 밖으로 드러내 표기하지 않았다.

ARISTO
TELĒS

해제

PERI TŌN
SOPHISTIKŌN
ELENGCHŌN

아리스토텔레스의 변증술과 소피스트적 추론

『오르가논』의 구성과 내용

'오르가논'(*Organon*)[1]은 아리스토텔레스의 논리학에 관한 저작 여섯 작품을 한데 모은 전부를 일컫는 말이다. 기원전 322년에 아리스토텔레스가 죽고 나서[2] 몇 세기가 지난 후 주석가들에 의해 다시 그의 저작이

• • •

1 '오르가논'은 문자적 의미로 '도구 내지는 수단'이다. 『토피카』 제8권 제14장, 163b9–14에서 아리스토텔레스는 변증술적 추론 방법의 유용성을 설명하면서 "앎과 철학에 따르는 지혜를 위해, 두 개의 각각의 반대의 가정으로부터 따라 나오는 것을 전체에 걸쳐 훑어볼 수 있고, 또 전체에 걸쳐 훑어보았다는 능력은 결코 보잘 것 없는 도구가 아니다. …… 참을 적절하게 선택하게 선택하고 거짓을 회피할 수 있는 능력은 참에 따르는 자연적 소질"이라고 말하고 있다. 이 말은 '오르가논'이 인간의 앎과 논리적 사고에 깊은 관련을 맺고 있는 학문적 도구라는 점을 밝혀준다. "그것에 대해서 우리가 그것을 통해서 추론을 충분히 다루기 위한 도구는 네 가지이다."(105a21–22 참조)

2 아리스토텔레스의 생애는 대략 네 단계의 기간으로 나뉜다. 첫째 시기는 기원전 384/3–367년에 마케도니아와 칼키디케에서 보낸 유년기이고, 둘째 시기는 367년에서 플라톤이 죽음에 이르는 348/7년 동안 플라톤의 아카데미아 학원에 체재하던 기간이다. 셋째 시기는 348년 혹은 347년에서 335년 사이에 헤르메이아스(Hermeias)의 초청을 받아 소아시아의 앗소스(Assos)에 갔다가, 다시 그의 제자 테오프라스토스(Theophrastos)를 만난 레스보스섬의 뮈틸레네(Mutilenē)에서 3년간 머무르고, 이어서 필립포스(Philippos) 왕의 초청을 받아들여 알렉산드로스 대왕의 선생 노릇을 하며 마케도니아의 펠라(Pella) 등에 체재하던 무렵이다. 끝으로 335년 혹은 334년부터 어머니 고향인 칼키스에서 그가 죽음에 이르는 322/3년까지의 시기로, 아테네의 뤼케이온에서 학생들을 모아 가르치던 기간이다. 그의 유년기는 접어두고, 그의 학적 편력의 시기를 대체적으로 살펴보면 초기, 중기, 후기로 나누어 말할 수 있다. 자신의 스승인 플라톤에게서 받은 영향의 흔적을 찾아볼 수 있는 시절의 작품들로는 『오르가논』, 『자연학』, 『천체에 대하여』, 『생성과 소멸에 대하여』, 『혼에 대하여』 제3권, 『에우데모스 윤리학』, 『정치학』, 『형이상학』의 가장 오래된 부분들, 『동물지』의 가장 초기 부분들을 들 수 있다. 중기에 접어들어 아리스토텔레스는 경험적 탐구 방법을 따르면서 『동물의 여러 부분에 대하여』를 비롯한 생물학 관련 작품들을 저술했다. 355년에 그는 아테네로 돌아왔다. 두 번째 아테네 체재 기간에 속하는 작품으로는 심리학적이면서 생물학적인 특징을 띠고 있는 『기상학』, 정치적 제도들과 여러 역사적 사실들을 모아놓은 작

수집될 때 추론에 관련된 일련의 논구(論究)들이 한데 모아지게 되었는데, 그렇게 수집된 것이 '학문의 도구'로서『오르가논』이라고 불리게 되었다.[3] 아리스토텔레스의 저작들이 대개 그렇듯『오르가논』역시 강의 노트 형식이다. 그는 작품을 쓰고 난 이후에도 지속적으로 개작하고, 다

● ● ●

품들이 있으며, 또한『니코마코스 윤리학』,『정치학』,『수사술』등이 이 시기의 작품으로 분류될 수 있다. 현존하는 아리스토텔레스의 저작은 위작(僞作)일지도 모르는 작품을 포함하여 46권 정도(옥스포드 간행의 수정 번역본 쪽수로는 2383쪽, 벡커 판 쪽수로는 1462쪽)가 전해지는데, 이는 그의 전체 저작 가운데 20~50%에만 해당한다고 한다. 한편 디오게네스 라에르티오스는『유명한 철학자들의 생애와 사상』에서 약 550권에 달하는 146개의 저서 목록을 전해주고 있다. 이만한 숫자라면 아마도 오늘날의 책으로는 약 6천 쪽에 달할 것이다.

3 오늘날 우리가 읽고 있는 벡커 판의 '아리스토텔레스 저작'(Corpus Aristotelicum)은 기원전 1세기 중엽의 소요학파 지도자인 로도스(Rhodos) 출신 안드로니코스(Andronikos)가 스토아학파의 학문 분류 방식에 맞춰 편집했다는 것이 일반적 정설이다. 스토아학파 철학의 주요 부분은 논리학, 자연학, 윤리학으로 분류된다. 오늘날 우리가 읽고 있는 벡커 판의 편집 순서도 보면 논리학에 해당하는『오르가논』이 맨 앞자리를 차지하고, 이어서 자연학에 해당하는『자연학』를 비롯한 생물학 관련된 작품들과, 그 뒤를 이어『형이상학』(ta meta ta physika, 즉 Metaphusika는 헬라스 문자 그대로 '자연학 다음에 오는 것들'을 의미한다.)이 자리하고, 다음으로『니코마코스 윤리학』을 비롯한 윤리학 저작이 오고, 그 뒤를『정치학』이 잇고, 맨 끝자리를 제작학에 해당하는『수사술』,『시학』이 차지한다. 물론 이러한 편집 순서는 아리스토텔레스 자신의 학문 분류 방식과도 얼추 맞아 떨어진다. 아리스토텔레스가 죽은 후 그의 저작들은 그의 제자인 테오프라스토스(Theophrastos, 기원전 287/6년에 죽음)에게 남겨졌다. 이것들은 테오프라스토스 자신의 저작과 섞여서 다시 플라톤의 학생이었던 코리스코스(Koriskos)의 아들인 네레오스(Neleos)에게 맡겨지게 된다. 그는 이것들을 소아시아 지방의 스켑시스(Skepsis)로 옮겨가 어느 동굴에 숨겼고, 그 책들은 두 세기 동안이나 그곳에 묻혀 있다가 기원전 1세기경에 아펠리콘이라는 서지(書誌) 수집가에게 팔려서 넘어가게 된다. 로마의 장군 술라(Sulla)가 아테네에 있던 아펠리콘 도서관을 탈취해 기원전 84년경에 그 책들을 로마로 옮겼다. 그것이 다시 안드로니코스에게 발견되어 비로소 세상에 나타나게 되었다는 얘기가 전해진다. 이러한 아리스토텔레스 저작의 전승과 관련해 스트라본(Strabon, 기원전 64년~기원후 24년)이 전하는 다소 '공상적인 이야기'에 대해서는 김재홍(김재홍,『정치학』, 길, 2017, '해제' 664~671쪽)과 J. 반즈(J. Barnes, The Cambridge Companion to Aristotle, Cambridge, 1995, pp. 10~11)의 논의 참조. 아리스토텔레스의 텍스트가 로마로 유입되어 안드로니코스에 의해 최초로 편집되는 역사적인 과정에 대해서는 J. 반즈('Roman Aristotle', Philosophia Togata II; Plato and Aristotle at Rome, ed by J. Barnes & M. Griffin, Oxford, 1997, pp. 2~69)의 논의 참조.

시 새로운 내용을 보태는 습관을 갖고 있었다. 이러한 그의 학적 태도는 『오르가논』을 구성하는 작품들에도 그대로 적용된다. 역사적으로 논란이 되어 왔던 사항은 도대체 '오르가논'이라는 말이 정확하게 지칭하는 대상이 무엇인가 하는 것이었다.

아리스토텔레스의 지식 분류에 따르면 논리학은 아리스토텔레스가 분류한 학문 영역에서 차지할 자리가 없다. 아리스토텔레스는 『형이상학』 제6권에서 인간의 활동을 '행한다', '만든다', '안다'로 나누고, 각각 이에 해당하는 앎을 실천지, 제작지, 이론지로 크게 구별한다(1025b25). 이론지에는 '자연학', '수학', '제일철학(혹은 신학)', '천문학' 등의 학문이 귀속되고, 제작지에는 '시학', '수사술'이, 실천지에는 '윤리학', '정치학' 등이 포함된다. 아리스토텔레스 자신에 의해 '분석론' 혹은 '오르가논'이라고 불렸던 논리학은 학문의 하나가 아니라, 모든 학문을 위한 준비과정으로서 예비학문의 성격을 가진다. 그가 "진리를 받아들여야만 하고, 이것과 관련된 명사들을 논의하는 사람들에게는 분석(논리학)하는 훈련이 결여되어 있다. 개별 과학을 탐구하기에 앞서 분석 방법을 알아야만 한다"(『형이상학』, 1005b2-5)는 요지의 말을 하고 있는 점에 비추어볼 때, '분석론'(analutika)이 그것들의 주제이기보다는 단순히 그의 저작들을 지시한다는 닐(W. & M. Kneale)의 견해는 지지를 얻을 수 없을 것이다.[4] 다른 저작에서도 아리스토텔레스는 '분석론'이라는 말을 사용하고 있는데, 이 점을 고려해볼 때 그 말이 논리학과 같은 외연(外延)을 지칭하는 데 사용되고 있다는 것을 알 수 있다. 『분석론』이 본격적인 학문을 위한 예비학으로 간주될 때 '오르가논'이란 말은 그의 저작집의 정당한 이름으로 받아들여질 수 있겠다.

아프로디시아스 출신의 알렉산드로스가 헬라스어인 logikē를 '논리학'이란 의미로 최초로 사용했다고 한다. "논리학은 철학에서 오르가논

• • •

4 W. & M. Kneale, *The Development of Logic*, Oxford, 1962, p.7.

의 자리를 차지한다. 논리학에서 추구되는 것이 무엇이었든지 간에, 그것이 철학에 유용한 한에서 추구되는 것이다"라는 알렉산드로스의 말은 매우 그럴듯하다(*in Top.*, 74쪽 29-30행). 한편 심플리키우스는 "논리학은 철학의 도구적 부분"이라고 보고하고 있다(*in Cat.*, 20쪽 11행). 일반적으로 '오르가논'이란 말을 아리스토텔레스의 저작에 사용한 사람은 안드로니코스로 알려져 있다.[5] 한편 로스는 이를 6세기경이라고 말한다.[6]

만일 안드로니코스의 편집을 거치지 않고 '오르가논'에 속하는 작품이 그대로 전승되었다면 우리에게 어떤 일이 벌어졌을까? 동화 같은 이야기이긴 하지만, 소아시아의 동굴 속에서 '날 것'(raw material) 그대로 아리스토텔레스의 저작들이 발견되었다고 해보자. 편집 수집되어 전승된 '오르가논' 속 작품들의 모음과 순서지음이 달라지진 않았을까? 오르가논의 모음집을 '논리적 작품집'이라고 부를 수 있을까? 그래도 우리는 여전히 페리파토스(소요학파)적 전통에 따라 분류된 학문의 전통 속에서 편집 수집된 안드로니코스의 그 오르가논을 '오르가논'으로 다시 부를 수 있을까?

'논리학'이란 말은 시대 변천에 따라 철학자들에 의해 다양한 의미로 사용되어왔다. 스토아학파는 철학을 논리학, 자연학, 윤리학으로 분류한다. 논리학(로기케)은 수사술(레토리케)과 변증술(디알렉티케)로 다시 나뉘고, '디알렉티케'라는 말 밑에는 오늘날 논증의 형식을 탐구하는 좁은 의미의 '논리학'이 포섭될 수 있다. 스토아적 디알렉티케는 '시적 표현'에 대한 연구를 포괄하기 때문에, 오늘날의 논리학이라는 말에 딱 들어맞지는 않는다.

철학을 삼분하는 전통은 아카데미아의 3대 수장인 크세노크라테스로부터 기인하는 것으로 받아들여지고 있고, 또 그의 주장은 아리스토텔

● ● ●

5 I. Düring, Von Aristoteles bis Leibniz, *Antike und Abendland* 4, 1954, p.123.
6 W. D. Ross, *Aristotle*, Methuen & Co Ltd, 1923(1971), p.9.

레스의 『토피카』 제1권 제14장에 등장하는 명제와 문제에는 윤리적, 자연적, 논리적인 것들이 있다는 언급과 일치하는 것처럼 보인다. 『형이상학』 제7권 제4장에 나오는 '논리적'(logikōs)이라는 말은 phusikōs(자연적으로, 사실적으로)에 대립되는 표현으로 '말로써' 논의하고 '개념적으로' 따지는 것을 가리킨다.

따지고 보면 수사술도 하나의 '방법론'이기 때문에 오르가논의 다른 저작들과 한데 어울려 있어야 할지도 모른다. 아닌 게 아니라, 심플리키오스와 같은 신플라톤주의 주석가들은 『시학』과 더불어 『수사술』을 오르가논에 포함시키려 했다. 이러한 생각은 아라비아 주석의 전통에도 살아 있었다. 그러나 그후의 중세 사본들은 페리파토스 학파의 생각을 따르고 있다. 아리스토텔레스 저작의 전승사와 관련해서 오르가논의 저작들이 어떻게 모아지고 순서를 정했는지에 대한 논란은 후기 고대로부터 '오르가논'이 철학의 도구로서 갖는 기능과 목적에 대한 시비와 깊은 연관을 맺고 있다. 이에 대한 논의는 반즈, 스트라이커, 최근의 버니엣의 언급에서도 보여주고 있고[7] 이태수의 연구[8]에도 잘 드러나 있다.

어떤 의미에서 우리가 넓은 의미의 '로기코스'라는 말을 받아들이면, 수사술과 일정 부분의 '시작술'도 '오르가논'에 포함시켜야 할지도 모른다. 길게 끌 얘기는 아니지만, 한편으로 보면 전승된 오르가논의 순서와 저작 모음도 그 나름의 정당성을 갖고 있다. 가령 일련의 논리적 작품들은 늘 탐구 주제와 연관된 보편적 '정의 규정'부터 시작한다는 특징이 있는데, 그것이 정당성의 한 표식이다.

●●●

7 M. Burnyeat, *A Map of Metaphysics Zeta*, Pittsburgh, 2001, p.89 각주 5.
8 Tae-Soo Lee, *Die griechische Tradition der aristotelischen Syllogistik in der Spätantike: : Eine Untersuchung über die Kommentare zu den analytica priora von Alexander Aphrodisiensis, Ammonius und Philoponus*, Göttingen, 1984, pp.25~37 & 44~54.

논리학과 관련된 여섯 저작에 대해

'오르가논'[9]이란 제목으로 알려진 작품 가운데 맨 처음 자리를 차지하는 작품은 『범주론』(1a~; *Kategoriai*)이다. 이 작품은 알려진 바와 같이 명사(名辭)들과 그 존재론적 함축을 다루고 있다. 어떤 의미에서는 논리학적인 논의라기보다는 존재론 내지는 형이상학적 이론들을 논의하는 작품이다. 아리스토텔레스의 다른 철학적 이론들에 대한 그 영향력은 막강하지만 『범주론』에서 전개된 이론들을 체계적으로 해석해내기란 매우 어렵다. 그 작품의 외견상 논의에서는 술어들(범주들, kategoriai)의 분류를 다루고 있다. 여기서 그는 술어들의 유형 목록을 10가지 제시한다. 바로 실체, 양, 질, 관계, 장소, 시간, 상태, 소유, 능동, 수동이 그것이다.

순서상 『범주론』 다음에 이어지는 작품이 『명제론』(16a~; *Peri Hermēneias*)이다. 이 작품은 문자적으로는 '설명에 관하여'라는 의미를 갖고 있다. 르네상스 시대 이래로 이 작품은 라틴어로 *De Interpretatione*라는 이름으로 알려져 왔다. 이 작품에서 아리스토텔레스의 주된 목적은 어떤 진술의 쌍들이 서로 반대가 되며, 어떤 방식으로 그렇게 되는지를 결정하려는 데 있었다. 또한 이 작품은 주로 명사들이 결합된 진술들 간의 논리적 관계를 다룬다. 이 작품의 제9장에서는 현대 논리 철학에서도 심심치 않게 거론되는 주제인, 이른바 '내일 해전 논변'(argument of the sea-battle tomorrow)으로 잘 알려진 '미래 우연 명제'(futura contingentia)와 '결정론'의 문제가 심도 있게 논의되고 있다. 이 장의 논의가 나중에 현대 다치 논리학(many-valued logic)의 체계를 싹틔우는 역사적 계기가 되었다는 점은 익히 알려져 있다. 현대 양상 논리의 효시(嚆矢)라고 볼 수 있는 필연과 가능 개념의 논리적 관계를 문제삼는 양상 논리 체계가 이 책의 후반부에서 논의된다. 아리스토텔레스

● ● ●

9 『오르가논』은 벡커 판으로 184쪽에 달하는데, 『범주론』이 15쪽, 『명제론』이 8쪽, 『분석론 전서』가 46쪽, 『분석론 후서』가 29쪽, 『토피카』가 64쪽, 『소피스트적 논박에 대하여』가 20쪽이다.

의 양상 개념은 또한 그의 '존재'를 규명하는 형이상학적 이론과도 아주 밀접한 관련을 맺고 있다.

이어서 오르가논 중에 가장 중요한 저작으로 알려진 『분석론 전서』 (24a~; *Analutika Protera*)와 『분석론 후서』(71a~; *Analutika Hustera*)가 그 다음 자리를 차지한다. 일반적으로 이 두 저작을 포괄하는 '분석론' 은 '추리'를 다루는 작품으로 여겨져왔다. 그래서 앞서 설명한 『범주론』 이 '명사'의 의미를 다루고, 『명제론』은 명사들의 결합인 '진술 내지는 명제', 즉 '판단'을 문제 삼고 있으며, '분석론'은 판단과 판단이 결합될 때 발생하는 '추리' 과정을 그 주제로 삼아 논의하고 있다고 보아왔다. 그래서 '전통 논리학'의 일반적 순서는 '개념론', '판단론', '추리론' 그리고 『소 피스트적 논박에 대하여』(164a~; *peri tōn sophistikōn elengchōn*)에서 다루는 '오류의 문제'를 덧붙여 '오류론'으로 굳어지게 되었고, 오늘날에도 관례적으로 그러한 순서를 받아들이고 있다.

어쨌거나 이 두 작품으로 인해서 아리스토텔레스의 천재성을 역사적 으로 한껏 드높이게 되었는지도 모르겠다. 이 두 작품에는 논리학에 관한 아리스토텔레스의 가장 성숙한 사고가 담겨 있다. 『분석론 전서』는 논리학에 대한 아리스토텔레스의 최대 업적이라고 할 수 있는 형식 추리인 '삼단논법'의 여러 격과 식에 따르는 '연역'(sullogismos)을 분석 대상으로 삼고 있다. 반면에 『분석론 후서』는 학적 증명에 해당하는 '논증'(apodeixis) 이론에 대한 해명을 문제 삼는다.

논증 이론은 오늘날의 철학적 용어로는 '학문 방법론'에 해당한다. 기하학과 같은 엄밀한 학적인 앎을 추구하기 위한 방법으로서 논증 이론을 다루고 있는 『분석론 후서』와 『분석론 전서』의 학적 관련성에 대한 시비는 오늘날에도 여전히 여러 측면에서 논란을 빚고 있는 문제이다. 논증 이론이 삼단논법을 전제하느냐, 아니면 반드시 전제할 필요 없이 논증 이론이 독자적으로 성립할 수 있느냐 하는 문제가 대표적이다. 또한 이 두 분석론과 앞서 언급한 '변증술적 방법'은 어떤 학적인 관련성을 갖는가 하는 문제도 많은 고전 철학자들 간에 논란이 되는 까다로운 문제이다. 이 문제들은 다른 한편으로『오르가논』저작들의 저술 시기에 관한 골치 아픈 문제로 옮겨가고, 또 저술 시기에 관한 문제는 아리스토텔레스 사상의 발전[10]이라는 더욱 다루기 힘든 문제에 봉착하게 만든다.

끝으로『소피스트적 논박에 대하여』를 부록으로 달고 있는『토피카』(100a~; Topika)가 이어진다. 이 작품은 '변증술적 추론'을 주제로 다루고 있다. 아리스토텔레스 자신은『소피스트적 논박에 대하여』마지막 장인 제34장에서 두 작품이 단일 작품이라고 말한다. 이렇게 볼 때『소피스트적 논박에 대하여』를『토피카』의 부록으로 간주하는 것은 정당한 것으로 여겨진다.

『토피카』와『오르가논』의 관계: 저술 시기에 대해

아리스토텔레스의 저작 연대를 규정하는 방법은 대체로 보아 (1) 각 저작들에서 표명하고 있는 이론들의 차이에 대한 내적 증거를 검토하거나, (2) 문체라든가 혹은 기술적인 용어(가령, 쉴로기스모스)의 사용 빈도 수를 조사하거나, (3) 한 작품과 다른 작품 간의 상호 언급과 그 논의를 다시 언급하는 대목을 비교함으로써 연대 순서를 가리는 방법, 그리고 끝으로 (4) 예거(W. Jager)의 방법에 기원을 두고 있는 태도로서 플라톤과 아리스토텔레스의 사상을 대조하여 상호 주장하는 논변의 독립성 정도를 비교함으로써 각자의 사상이 갖는 특징을 밝혀보는 것이다.

이에 따라 아리스토텔레스 사상의 발전과 저작 연대는 플라톤적인 방법으로부터 독립된 형식과 모습을 띠게 될수록 더욱 후기의 성숙한 시기의 저작으로 간주된다. 이 밖에도 이러한 관점들을 상호 관련시켜보는 방법 등 여러 가지 관점이 있을 수 있다. 우리가 관심을 두고 있는

●●●

10 이 문제에 대해서는 *Aristotle's Philosophical Development; Problems and Prospects*(Ed. by William Wians, Rowman & Littlefield Publishers, Inc., 1996)에 실린 일련의 논문 참조.

『오르가논』의 연대와 관련해서 아무래도 널리 사용되어 온 가장 효과적인 방법은 저작들 상호 간의 언급과 참조 여부를 고찰하는 것이고, 다른 하나의 방법으로 예거류의 발전사론적인 관점이 있다.

스톡스(J. L. Stocks)는 『토피카』와 『분석론 전·후서』에 나타나는 상호 참작을 조사하고 검토하여 『토피카』 제1권에서 제6권까지는 다른 저작을 언급하고 있지 않다는 사실을 찾아냈다. 『토피카』의 나머지 세 권은 『분석론』을 언급하고 있고, 『분석론 전서』는 『토피카』를 언급하고 있다. 이는 이 두 작품이 서로 시기적으로 겹친다는 것을 암시한다. 『분석론 후서』는 『토피카』를 언급하고 있지 않으나, 『분석론 전서』는 언급하고 있다.[11]

이와는 달리 듀링(I. Düring)은 『오르가논』의 모든 저작의 상호 참조를 관찰하고 있다.[12] 그에 따르면, 『범주론』은 다른 저작을 참조하고 있지 않기 때문에 가장 초기의 저작인 것으로 보인다. 그런데 『명제론』은 『분석론 전서』, 『소피스트적 논박에 대하여』, 『혼에 대하여』를 언급하고 있다. 『명제론』의 후반부, 가령 양상어가 논의되는 부분은 나중에 삽입된 것으로 보인다. 그리고 이 저작의 제13장에서는 '부동의 동자'(ho ou kinoumenon kinei; the Unmoved Mover)[13]를 암시하는 대목이 발견되기도 한다(『명제론』, 제13장 23a21-26).

여하튼 이러한 방법은 저작 시기에 관한 숱한 논의 중에 하나의 예에 불과하지만, 위의 스톡스와 듀링의 관찰 결과에서 드러나듯이 그 두 사람이 동일하게 『오르가논』 속 각 저작들 간의 상호 참작을 관찰한 것 역

● ● ●

11 Stocks, J. L., The Composition of Aristotle's Logical Works, in *Classical Qr.* 27, 1933, pp.115-124.

12 Düring, I., *Aristoteles: Darstellung und Interpretation seines Denkens*, Heidelberg, C. Winter, 1966 p.54 아래.

13 '부동의 동자'는 신(神)을 가리킨다. 신에 관한 문제는 『형이상학』 제12권에서 집중적으로 논의하고 있다. 제12권 제7장에는 "운동하지 않으면서 운동하게 하는 어떤 것, 즉 영원하며 실체(ousia)이고, 현실태인 어떤 것이 있다"(1072a25)고 언급하고 있다. 그 밖에도 천체의 운동에 대해서는 『천체에 대하여』(De caelo) 제1권과 제2권, '제일의 부동의 동자'에 대해서는 『자연학』 제8권의 논의 참조.

시 작품들의 연대에 관한 일치된 입장을 보여주지 못한다. 따라서 우리는 이러한 상호 참작을 통해 저작들 간의 연대를 규정하는 일도 그리 만족스럽지 못한 작업임을 알 수 있다.

일반적으로 통용되는 『오르가논』의 저작 순서는 마이어의 입장을 따르는 것 같다.[14] 그는 『토피카』가 『분석론 전·후서』보다 앞선 시기에 저술된 것으로 간주한다. 그리고 『토피카』와 관련해서는 『토피카』 제2권에서 제7권 제2장까지를 가장 초기의 저작으로 보고, 이후에 제7권 제3장~제5장이 이어지고 제1권, 제8권, 제9권(『소피스트적 논박에 대하여』)이 뒤따르는 것으로 보고 있다. 『분석론』과 관련해서는 대체적으로 『분석론 전서』 상권이 『분석론 후서』 상권에 선행하고, 그후에 『분석론 전서』 하권과 『분석론 후서』 하권이 이어진다.

예거의 방법을 추종하는 졸름젠(F. Solmsen)은 좀 더 복잡한 발전 과정을 내놓고 있다.[15] 그에 따르면, 『토피카』 제1권에서 제7권까지가 맨 앞에 오고, 뒤이어 『분석론 후서』 상권, 그 뒤를 『수사술』, 『토피카』 제8권과 『소피스트적 논박에 대하여』가 잇고, 이어서 『분석론 후서』 하권이 오고, 맨 나중에 『분석론 전서』가 위치하는 순서로 『오르가논』이 구성된다.

졸름젠은 『토피카』와 『수사술』의 처음 부분을 아카데미아 시절의 작품으로 보고, 『분석론 전서』를 아리스토텔레스의 최후 기간인 뤼케이온 수장(首長) 시절에 속하는 최종적인 작품으로 판단한다. 로스는 이러한 졸름젠의 견해를 통렬히 비판하면서 전체적으로 마이어의 시각으로 뒤돌아가고 있다.

● ● ●

14 Mairer, H.,(1900), *Die Syllogistik des Aristoteles*, V.2(2nd half), Tübingen, 1896–1900.

15 Solmsen, F., *Die Entwicklung der aristotelishen Logik und Rhetorik*, Berlin, 1929. 이 작품은 예거의 영향 아래서 쓰였으며, 발전론을 강조하는 예거류 장르에서 아리스토텔레스 논리학의 발전을 다룬 책 중에 최고의 권위를 갖는다. 사실 예거는 『분석론』에 대해 거의 언급하고 있지 않다(W. Jager, *Aristoteles, Grundlegung einer Geschichte seiner Entwicklung*, Berlin, 1923).

로스는『분석론 전·후서』와 관련해서『분석론 후서』가『분석론 전서』의 '삼단논법'(쉴로기스모스)을 전제하고 있다는 점을 지적함으로써 졸름젠의 견해에 치명타를 가한다. 로스에 의한 전통적인 견해에로의 회귀에 대한 주도적인 견해에 맞서 최근에 반기를 들고 일어난 반즈(J. Barns)의 견해는 우리의 관심 대상이다. 반즈는『분석론 후서』의 '논증 이론(아포데잌시스)'이『분석론 전서』의 '삼단논법'을 전제하지 않고도 얼마든지 성립될 수 있다고 지적함으로써 어느 정도 졸름젠의 견해로 기울었다.[16]

이 문제는 매우 까다로운데, 그 이유는 기본적으로 학문의 방법론과 관련해서 '논증 이론'이 과연 **학적 인식의 방법 이론**인지, 아니면 반즈의 견해처럼 단지 교육적 목적인 **가르침의 방법**에 관한 것인지 하는 문제와 관련되기 때문이다. 물론 이에 대해 우리는 아포데잌시스의 학문적 역할과 기능에 관해 충분히 논의되고 난 후에야 비로소 좀 더 분명한 입장을 세울 수 있을 것이다.[17]

이 밖에도『오르가논』의 연대를 규정하는 방법으로 각 저작에 등장하는 역사적 인물이나 사건의 기록 따위를 면밀히 고찰하는 방법이 있으나, 이도 여전히 어떤 문제점을 안고 있어서 학자마다 상이한 견해를 보여주고 있을 뿐이다.[18]

●●●

16 Barnes, J., Aristotle's Theory of Demonstration, in *Phronesis* 14, 1969, pp.123–152. Proof and the Syllogism, in ed., E. Berti(1981), *Aristotle on Science The 'Posterior Analytics'*, Proceedings of the eighth symposium Aristotelicum held in Padua from September 7 to 15, 1978, pp.17–59.

17 이 문제와 관련해서 반즈의 입장에 대한 여러 학자들의 비판과 이에 대한 반즈의 새로운 답변에 대해서는 J. Barnes, *Aristotle; Posterior Analytics*, Translated with a commentary, Second edition, Oxford, 1993, xviii–xxii 참조.

18 아리스토텔레스의 저작 순서를 규정하는 여러 관점들에 대한 비판과 회의적 태도에 대해서는 J. 반즈(ed. J. Barnes[1995], 앞의 책, 15–22쪽) 참조. 이 문제에 대한 좀 더 자세한 사항은 김재홍, 〈여우인가 고슴도치인가?〉(『사색』, 제11집, 1996, 31–67쪽, 숭실대 철학과) 참조.

『소피스트적 논박에 대하여』에 대하여

이 책의 원래 제목은 아리스토텔레스 자신이 붙인 것으로 보이지 않는데, 대개는 관례적으로 라틴어 제명인 de sophisticis elenchis를 사용한다. 흔히 이 책은 '궤변론' 혹은 '궤변 논박론'으로 번역되기도 한다. 그러나 옮긴이는 원래의 헬라스어에 따라 『소피스트적 논박에 대하여』라고 이름 붙였다. 『명제론』 제11장 20b26, 『분석론 전서』 제2권 제17장 65b16 등에 『토피카』에서'(en Topikois)라고 언급되어 있지만, 전자는 어느 대목을 가리키는지가 불분명한 데 반해, 후자는 『소피스트적 논박에 대하여』 167b21 이하를 가리킨다.

이렇게 볼 때 『소피스트적 논박에 대하여』라는 작품이 『토피카』와 밀접한 연관을 가진다는 점은 의심할 여지가 없다. 게다가 『소피스트적 논박에 대하여』의 마지막 장에서는 변증술과 쟁론술 전체에 대한 결론을 제시하고 있는 것으로 읽힌다. 그렇다면 『소피스트적 논박에 대하여』는 『토피카』 체계에서 마지막 권의 위치를 차지하는 것으로 간주될 수 있다. 하지만 변증술과 쟁론술은 그 학문적 목적과 지향이 명확히 구별된다(『토피카』 100a25-101a4, 『소피스트적 논박에 대하여』 164a20-22, 165b38-165b11). 이런 의미에서는 『토피카』의 별책 정도로 평가할 수도 있을 것이다.

한편 고대 주석가들은 그 책에서 다루는 주제와 관련해서 『토피카』와 불가분의 관계를 유지하고 있음을 인정하면서도, 이 책을 『토피카』와는 독립된 저작으로 간주하고 해석해왔다. 마이어와 졸름젠 같은 학자는 『소피스트적 논박에 대하여』가 나중에 쓰여져 『토피카』에 부가된 것으로 해석한다. 다시 말해 『소피스트적 논박에 대하여』가 『토피카』 제9권이 되는 셈이다. 졸름젠은 『토피카』 제8권과 『소피스트적 논박에 대하여』가 아리스토텔레스가 소아시아 지방의 앗소스에 머물던 시절에 쓰인 것으로 간주한다.

디오게네스 라에르티오스의 『유명한 철학자들의 생애와 사상』(제5권

22항목)에 나오는 아리스토텔레스의 저작 목록에서 peri eristikōn(『논쟁적 논의에 대하여』) a’ b’, luseis eristikai(『논쟁적 논의의 해소』) d’, Diaireseis sophistikai(『소피스트적 논의의 구분』) d’ 등이 보고되고 있는데, 『소피스트적 논박에 대하여』는 아마도 목록 맨 처음 것(peri eristikōn)에 해당하는 저작으로 추정된다.

추론의 본질과 종류; 논증적 추론, 변증술적 추론, 쟁론적 추론, 오류 추론

아리스토텔레스의 학문 혹은 철학의 논리적 방법의 중심에는 쉴로기스모스(sullogismos), 즉 추론에 대한 분석이 놓여 있다. 그는 추론을 "이미 규정된 어떤 것[전제]들에서 이것과 다른 무엇이 규정된 것[전제]들을 통해 필연적으로 따라 나오는 로고스(논의)"(『토피카』 100a25-27; 『분석론 전서』 24b18-20)로 정의한다. 이로부터 네 가지 형식의 추론이 생겨나는데, 추론의 성격은 '규정된 것'(tethentōn), 즉 전제의 성격에 따라 구분된다. 전제의 성격에 따라 『토피카』 제1권 제1장에서 분류하는 네 가지 형식의 추론은 다음과 같이 정리될 수 있다.

(가) 추론이 시작되는 전제들이 참이고, 최초의(원초적인) 것들로부터 출발해서 성립되는 경우이거나, 혹은 최초의 것들 몇 개와 참인 것들을 통해 이것들에 대한 인식의 단서가 파악되는 그러한 것[전제]들로부터 출발하고 성립되는 경우에, 그것은 **논증적 추론**(apodeixis)이다.

(나) 통념(일반적으로 승인된 견해, endoxa)으로부터 출발해서 추론하는 것은 문답을 통한 **변증술적 추론**(dialektikos sullogismos)이다.

(다) 외견상으로는 통념으로 보이지만 실상은 그렇지 않은 통념으로부터 출발하는 추론이 **쟁론적 추론**(eristikos sullogismos)이다. 또 통념에서 혹은 겉으로만 그렇게 보이는 통념에서 만들어진 외견상의 추론 역시 쟁론적 추론이다. 『소피스트적 논박에 대하여』에서는 쟁론적 논의를 "통념인 것처럼 보이지만 실제는 그렇지 않은 것[전제]들에서 출발해서 추론하거나 혹은 추론하는 것처럼 보이게 하는 것"(165b7-8)으로 정의하

고 있다.

(라) **오류 추론**(paralogismos)은 거짓인 학적 전제, 혹은 외견으로만 학적인 전제에서 이뤄지는 추론이다.

이외에도 이러한 기본적인 추론의 분류에 대응하여 『소피스트 논박에 대하여』 165b 아래에서는 묻고 답하는 방식에 따라 논의(logos)를 네 가지로 구분한다. 바로 **교수적 논의, 변증술적 논의, 검토적**(peirastikos) **논의, 쟁론적 논의**가 그것이다. 교수적 논의("답변자의 의견으로부터가 아니라 배우게 되는 각각의 것[학문 분야]에 고유한 원리들로부터 추론하는 것")는 아포데익시스(논증)에 포섭될 수 있으므로, 따로 추론의 형식으로 구별할 필요는 없어 보인다.

그러나 (마) **검토술**(peirastikē)은 "답변자가 믿음으로 받아들이고, 또 해당하는 주제(논제)에 대한 학적인 앎을 갖고 있다고 내세우는 사람이라면 반드시 알아야만 하는 것[전제]들로부터 추론하는 것"이기 때문에 추론의 형식 분류에 추가될 수 있다. 검토술(검토적 논의)의 전제는 변증술(변증술적 논의)의 그것과 다르다. 검토술의 전제는 '검토되는 사람이 받아들이거나 믿는 것'이지만, 변증술적 논의의 전제는 특정한 사람의 믿음이 아니라 '대다수 사람들에게서 받아들여지거나 주장되는 것', 즉 엔독사(endoxa)이다. 검토적 논의의 전제가 엔독사일 필요가 없는 이유는 그것이 한 개인만이 지니는 특이한 믿음일 수 있기 때문이다. 이런 점에서 검토술은 플라톤의 초기 대화편에 나타나는 소크라테스적 물음의 특징을 띠는 것으로 파악된다. 즉 '무언가를 알고 있다고 공언하는 사람의 주장에 대한 검토'가 그 핵심이다.

그렇다고 해도 『소피스트적 논박에 대하여』의 결론 부분에서 『토피카』의 첫 대목을 명백하게 다시 언급하는 "우리의 목적은 우리에게 제기된 어떠한 주제에 대해서도 있을 수 있는 가장 일반적으로 받아들여질 수 있는 것[전제]에서 추론할 수 있는 어떤 능력을 찾아내려는 것이었다. 이것이 변증술 그 자체와 검토술의 기능(ergon, 구실)이기 때문"이라는 구절을 진지하게 받아들인다면, 검토술은 변증술적 논의에 포함되어야 할 것이다.

소피스트적 기술과 소피스트

(다)에서 알 수 있듯이 **쟁론적 추론**은 사실상의 논의가 아니라 그런 것처럼 보이는 것일 뿐이다. 이런 논의가 소피스트적 기술 내지는 추론이다. 이런 기술을 이용하는 소피스트들은 거짓된 것으로부터 참을, 그런 것처럼 보이는 것과 실재적인 것을 구별하지 못하는 사람들의 '능력 결여'를 이용하는 사람들이다. "소피스트적 기술은 외견상으로는 지혜로워 보이지만 실제로는 그렇지 않으며, 또 소피스트는 외견상으로는 지혜처럼 보이지만 실제로는 그렇지 않은 지혜로부터 돈을 버는 자(chrēmatistēs)"이다(165a21-23). 따라서 소피스트의 성공 여부는 자신의 쟁론술 경험에 달려 있는 셈이다. 하지만 아리스토텔레스의 경우에 소피스트들은 외견상의 추론과 실제로 추론이 아닌 것을 넘어, 형식적으로는 올바른 추론과 논박을 수행하지만 해당 사안에 대해 외견적으로 적합해 보이는 것을 다루기도 한다.

"내가 소피스트적 논박과 추론이라고 말하는 것은 실제로는 추론도 논박도 아닌 것이 외견상으로나마 그런 것처럼 보이는 것뿐만 아니라, 또한 [형식적으로는] 올바른 추론이고 논박임에도, 해당하는 사안(事案)에 대해서는 단지 외견상으로만 적합해 보이는 것도 포함한다. 이것들은 해당하는 사안에 따라서 논박하지도 못하고 또 상대방이 무지하다는 것을 증명하지도 못하는 것들이다. 바로 이것, 즉 상대방의 무지를 증명하는 것이 검토술의 기능이었다."(169b20-24)

『소피스트적 논박에 대하여』에서 아리스토텔레스는 **'외견상의 논박'**에 관심을 기울이고 있다. 그가 말하는 '외견상의 논박'이란 논박이 아닌 것, 즉 '타당한'(valid) 논박은 아니지만 '그렇게 보이는 것'을 말한다. 그에 따르면 논박은 대화 상대자가 애초에 제기했던 진술과 모순되는 결론을 이끌어내는 **연역(추론)**이다.

그렇다면 소피스트적 논의들에 대한 연구가 왜 필요한가? 철학자 자신의 사적 탐구를 위한 준비로서 필요하다. 다른 사람의 논의에 의해 쉽게 오류에 빠져드는 사람은 자신의 연구를 수행하는 과정에서 자신의 잘못을 깨닫지 못하는 수가 있기 때문이다. 아리스토텔레스는 그 목적을 세 가지로 나누어 이렇게 제시한다.

"소피스트적 논의들에 대한 연구는 두 가지 이유로 철학에 유용하다. 첫째, 그 대부분이 말[어법]에 의존해서 생겨나기 때문에 이 논의들은 각각의 낱말이 얼마나 많은 의미로 사용되는지, 또 사물들 사이에 그리고 그 사물의 이름들 사이에 어떤 유사성과 어떤 차이가 일어날 수 있을지를 파악할 수 있도록 우리를 더 나은 입장에 놓아두기 때문이다.

둘째, 이 논의들에 대한 연구는 우리 자신의 탐구를 위해서도 유용하다. 다른 사람에 의해서 쉽게 그릇된 오류로 빠져들게 되고, 또 이 잘못을 알아채지 못하는 사람은 홀로 생각[탐구]하는 경우에도 자신이 종종 이 잘못을 겪기 때문이다.

셋째, 맨 나중의 이유는, 이 논의들의 연구가 더욱이 우리의 평판, 즉 모든 것에 대해서 잘 훈련되어 있고 또 그 어떤 것에 대해서도 경험하지 않은 바가 없다는 평판을 얻는 데 기여한다는 것이다. 왜냐하면 논의에 참여한 사람들이 논의들의 어디에 결함이 있는지를 정확히 지적하지 못한 채로 논의가 잘못되었다고·비난하는 것은 그 문제의 참 때문이 아니라 [그 문제에 대한 자신의] 무경험 때문에 성질을 부리고 있는 것이 아닌가 하는 미심쩍은 생각을 불러일으키기 때문이다."(175a5–17)

오류 및 쟁론적 논의에 대한 연구는 논쟁적 경연을 위한 단순한 훈련이상의 의미를 가진다. 이 연구는 언어와 연관된 문제들에 주의 깊게 접근하는 방식을 우리에게 요구한다. 또한 이 연구는 탐구를 위한 우리 자신의 추론을 개선시킬 수 있으며, 나아가 건전한 논증 분석가로서의 평판을 세우는 데에도 도움을 줄 수 있다.

『토피카』의 학문적 목표: 토포이란 무엇인가?

『토피카』의 내용은 다음과 같은 순서로 정리되고 있다.

아리스토텔레스는 제1권에서 『토피카』와 관련된 일반적인 학적 목적과 전체 과제를 제시한 다음, 제2권에서 제8권 제3장에 걸쳐 이 책의 이름(topika)을 부여하는 토포스들(topoi)을 모아서 정리하여 제시하고 있다. 중성 복수형인 『토피카』는 '토포스들을 갖고 관계하는 것'(Was mit den topoi tun hat)을 의미한다. 토포스는 규정하기에 다소 어려운 말이다. 이 말은 원래 장소, 위치, 터, 지점 등을 의미한다. 여기서 이 말은 논리적 저작인 『토피카』에서와 마찬가지로 '논의의 터전' 또는 '논점'을 의미한다. 이 말의 복수형인 토포이(topoi)는 '논의하는 방법들' 또는 '논리적 규칙들'을 총칭하는 말이다.

아리스토텔레스가 『토피카』에서 제시한 토포스의 숫자를 정확히 파악하기란 어렵다. 그 이유는 토포스의 주제를 어떻게 분류하느냐에 따라 토포스의 숫자가 달라질 수 있기 때문이다. 개략적으로 파악해볼 때, '부수하는 것'에 관한 토포스는 103개, '유'(類)에 관한 토포스는 81개, '고유 속성'에 관한 토포스는 69개, '정의'에 관한 토포스는 84개이다. 이를 합하면 총 337개에 달하는 토포스가 논의되고 있다.[19] 한편, 잉게마르 듀링은 자연학적인 것, 이데아론에 관한 것, 윤리적인 것, 심리학적인 것, 기타 술어와 관련된 것으로 분류하여 총 145개의 토포스들을 제

●●●

19 L.-M. Regis, *L'opinion selon Aristote*, p.147, n(1), Paris, 1935. 제클(H.G. Zekl)은 제2권에서 제7권까지의 토포스 개수를 312개(2권 39개, 3권 52개, 4권 74개, 5권 35개, 6권 92개, 7권 20개)로 본다.

시하고 있다.[20]

토포스는 논의의 '공통의 터전'으로서 혹은 공리들이 논증적 추론에 관계하고 있는 것과 같이, 변증술적 추론에서 동일한 관계를 갖는 개연성의 일반적 원리로서 설명될 수 있을 것이다. 달리 말하면, 토포이들은 "변증술적 논의가 그것으로부터 그 논의를 이끌어내기 위한 통로들(pigeon-holes)"이다.[21] 재미있는 사실은 정작 토포이를 다루고 있는 『토피카』에는 토포스에 대해 직접적으로 정의하는 대목이 없고, 『수사술』 제1권 제2장 1358a12에서 이 말을 아리스토텔레스는 "윤리적 물음, 자연학적 물음, 정치학과 다른 많은 이질적인 주제들에 관련된 물음에 공통으로 적용할 수 있는 논의들"이라고 규정하고 있다. 이어서 1403a18-19에서는 "내가 요소(stoichion)라 부르는 것은 토포스와 같은 것이다. 왜냐하면 요소와 토포스는 많은 enthumēma(수사술적 연역)들이 그 아래에 포섭되는 어떤 것이기 때문이다"라고 정의하고 있다.[22] 이와 같은 사실은 변증술과 수사술이 학문적으로 밀접한 관련성을 가진다는 점을 보이는 것이기도 하다.

학문 방법으로서 토포스는 여러 측면에서 이해될 수 있다.

첫째는 논증의 성립과 그 방법으로서의 토포스이다. 여러 관점들, 즉 반대로부터, 굴절로부터, 다소의 정도로부터 토포스들을 만들어낼 수 있는데, 가령 '반대로부터의 토포스'는 '반대'를 이용해서 만드는 토포스이다. "자제는 좋은 것이다. 왜냐하면 자제의 부족은 해롭기 때문이다"라는 명제에서, 이 명제를 일반화하면 그 토포스는 다음과 같이 얻어진다. "만일 한 술어가 한 주어의 술어라면, 이 술어의 반대는 이 주

• • •

20 I. Düring, Aristotle's use of examples in the *Topics*, ed. by G. E. L. Owen(1968) pp. 202-229.

21 W. D. Ross(1923, 1971), p.59.

22 아프로디아시스의 알렉산드로스는 '토피카 주석' 126쪽 14행에서 토포이를 정의하고 있다.

어의 반대에 대해서 말해진다(혹은 술어가 된다)." 다소의 관점에서도 토포스를 이끌어낼 수 있는데, 이를테면, "자신의 아버지에게 욕을 한 놈은 이웃집 어른에 대해서도 또한 욕한다"라는 예를 보자. 이 토포스는 "만일 보다 '덜' 비슷한 것이 참이라면, 보다 '더' 비슷한 것도 마찬가지로 참이다." 이렇게 되어, 'P : hence Q'(여기서 P와 Q는 명제)는 'If P, then Q'로 하나의 논증을 구성한다. 이렇게 이해하면, 우리는 앞서『수사술』에서 규정한 "요소와 토포스는 많은 엔튜메메(enthumēme)들이 그 아래에 포섭되는 어떤 것"이라는 말을 이해할 수 있는 지점에 와 닿게 된다.

그 밖에도 다른 의미로 이해되는 토포스의 목록으로는 둘째로 '원리와 전제로서의 토포스', 셋째로 '추론의 규칙으로서의 토포스'가 있는데, 이것들은 현대 논리학의 '모두스 포넨스'(전건 긍정식)와 '모두스 톨렌스'(후건 부정식)와 유사한 추론 규칙들로 이해되는 토포스이다. 말하자면 다음과 같은 것이다.

① 만일 더 큰 부정을 행하는 것(A)이 더 큰 악(B)이라면, 부정을 행하는 것(A)은 악이다(B).
② 더 큰 부정을 행하는 것은(A) 더 큰 악이다(B).

부정을 행하는 것은(A) 악이다(B).

넷째로 '법칙으로서의 토포스'가 있고, 다섯째로 '학문 탐구 방법으로서의 토포스'가 있다.

『토피카』제1권, 제2권의 도입부 이후에 제3권에서는 '부수적인 것'(sumbebēkos, 동반하는 것)을 다루고, 제4권은 유(類, genos)를, 제5권은 이디온(idion, 고유 속성)을, 그리고 제6권과 제7권 제1장~제3장은 정의(horos)를 다루고 있으며, 제7권 제4장~제5장 그리고 제8권에서 변증술적 추론의 실제적 활용에 관하여 기술하는 것으로 끝맺고 있다.

우리는 제8권에서 변증술의 학문적 목표와 관련된 방법과 절차를 자세히 찾아볼 수 있다. 제8권에서 '질문과 대답에 대한 논의 방법'이 주로 논의되고 있다. 여기에는 질문을 제기하는 순서가 세 단계로 구별되어 있다. 그 첫 단계는 논의가 이뤄지는 문제와 이에 관련된 토포스를 발견하는 것이고, 두 번째 단계는 해결해야 하는 문제와 관련 있는 여러 질문들 그리고 논의의 근거가 되는 여러 명제와 관련된 질문들 하나하나에 자신의 마음속에 순서를 매기는 것이고, 세 번째 단계는 상대방과 대면하게 되면 방금 자기가 세운 순서와 방식에 따라 질문을 던지고 논의를 제기하는 것이다. 이러한 일반적인 변증술적 절차와 방식을 통해 변증술의 실제적 수행 과정이 전개된다.

아리스토텔레스의 표현을 그대로 빌리면, 『토피카』의 "목적은 우리에게 제기되는 온갖 문제에 대해, 통념(엔독사)의 입장에서 추론할 수 있고, 또 우리 자신이 하나의 논의 형식을 유지하려는 경우에 모순되는 그 어떤 것도 말하지 않는 방법을 발견하는 것이다." 다시 말해 이 책은 질문자와 답변자가 한 쌍의 대화 상대자가 되어서 변증술적으로 진리를 찾아 들어가는 방법을 기술하고 있다. 이 저작의 내용을 한 마디로 표현하면, **'이야기 터(토포스)'를 마련하기 위한 시도요, 그 탐구 방법의 모색**'이라 할 수 있다.

변증술의 구체적 방법의 예

그렇다면 변증술은 구체적으로 어떤 과정과 절차를 거치는가? 『토피카』에서 몇 가지 대표적인 사례들을 찾아보면 다음과 같다.

111b12-16; 하나의 입론에 대해 공격하는 실마리가 충분치 않을 경우, 입론에 관계되어 있는 당장에 제기된 사안(事案)의 실질적인 정의식이든 혹은 정의식이라고 일반적으로 생각되는 것이든 간에 정의들에 입각해서 그 입론을 검토

해야 한다. 만일 하나의 정의에서 공격할 수 없다면, 많은 정의에서 공격해야만 한다. 왜냐하면 정의식이 주어진 다음 공격하는 것이 한층 더 쉬울 것이기 때문이다.

156b18–157a7; 때로는 질문자는 스스로 자기 자신을 향해 반론을 가져와야만 한다. 왜냐하면 답하는 사람들은 올바른 방식으로 공격을 하고 있다고 생각되는 사람들에 대해서는 의심을 품지 않기 때문이다. 또한 '그런 것은 익숙한 일이다' 또 '그런 것은 일반적으로 말하는 것이다'라고 덧붙여 말해두는 것도 유용하다. 왜냐하면 반론을 갖지 못했을 때 사람들은 관용적인 의견을 바꾸는 것을 주저할 뿐만 아니라, 이와 동시에 그들 자신도 그런 관용의 의견을 이용하고 있기 때문에 그런 관용의 의견을 바꾸는 것을 경계하기 때문이다.

게다가 그렇게 하는 것이 전반적으로 유용하다고 할지라도 너무 집착해서는 안 된다. 사람들은 오히려 집착하는 사람에 대해 더 맞서는 경향이 있으니까. 또한 비교로서 제시된 것인 양 전제를 제시하는 것이 도움이 된다. 사람들은 다른 것 때문에 제시된 명제와 그 자체로 유용하지 않은 명제를 더 쉽게 인정하는 경향이 있기 때문이다.

게다가 확보되어야만 하는 그 명제[A]를 내세우지 말고, 그 명제가 필연적으로 수반하는 다른 명제[B]를 전제로서 제시해야만 한다. 왜냐하면 다른 명제[B]로부터 따라 나올 것이 [앞의 명제가 제시되는 경우와] 마찬가지로 분명한 것은 아니므로 사람들은 더 용이하게 동의할 것이고, 그리고 일단 이것[B]이 인정된다면 앞의 명제[A]도 확보되는 셈이 되기 때문이다.

또한 질문하는 사람은 가장 확보하기를 원하는 명제를 맨 나중에 물어야 한다. 사실상 대부분의 질문자들은 자신이 가장 집착하는 명제에 관해 맨 처음에 말하기 때문에, 사람들은 특히 최초의 질문들을 거부하려는 경향이 있기 때문이다. 그러나 어떤 사람들에 대해서는 이러한 명제를 맨 처음에 제시해야 한다. 왜냐하면 성미가 꾀까다로운 사람들은 따라 나오는 것이 완전히 분명하지 않은 경우에 최초로 제시된 것들을 가장 선뜻 인정하지만, 맨 나중에 가서는 꾀까다로운 그 성깔을 드러내기 때문이다. 대답하는 점에서 예민하다고 스스로 생각하는 사람들도 역시 마찬가지이다. 왜냐하면 대부분의 중요한 점들을 인정한 후에도 끝에 가서는 그 인정된 것들로부터는 결론의 명제가 따라 나오지 않는다고 말하면서 수작을 부리곤 하기 때문이다. 그러나 그들이 당장에 선뜻 승인하는 것은 자신의 재능을 확신하고 결코 어떤 명제에도 설득되지 않는다고 생각하고 있기 때문이다.

게다가 마치 잘못 그려진 도형에 기초해서 기하학의 문제를 푸는 사람들이 하는 것처럼, 논의에 대해 전혀 소용이 없는 명제를 집어넣고, 또 논의를 길게 끄는 것도 도움이 된다. 왜냐하면 지엽적인 많은 것들이 있다면 어느 곳에 허위가 있는지가 분명하지 않기 때문이다. 바로 이런 이유로 질문을 하는 사람들이 그 자체로 내세운다면 인정받지 못할 것 같은 전제를 논의의 한 모퉁이에 보태 덧붙여도 때로는 눈치채지 못하고 넘어가는 수가 있는 것이다.

151b 8-9; 정의들 중에 불명확한 것이 있는 경우에는, 무언가를 밝히거나 또 공격할 수 있는 채비를 하고, 그것들을 바로잡고 또 모양을 잘 갖추는 그런 식으로 검토를 수행해야 한다.

다시 말해 ① 불명확한 부분을 포함시켜서 바로잡고, 아귀가 잘 맞도록 ② 정리하고 고치는 방식으로 ③ 검토를 해야 한다. 이 대목은 우리에게 상대방이 내놓은 정의들 또는 우리에게 주어진 철학적 문제들에 - 그것이 엔독사의 형식이었든 혹은 다른 어떤 형식으로 주어졌든 간에 - '불명확한 것(부분)'(asapheis)이 있다면 그 '주어진 것 자체'에 대한 논의를 통해 탐구하고자 하는 문제의 본질에 다가서는 전형적인 철학적 방법을 제시해준다.

따라서 주어진 것 자체에 대한 검토가 하나의 학적인 '증명'이 되는 셈이다. 증명하는 그 과정 자체가 아리스토텔레스에게는 하나의 학적인 방법이다. 그래서 그는 "난제(aporia)의 해결은 [우리가 추구하는 것에 대한, 즉 철학적 문제에 대한] 발견이다"[23]라거나 혹은 "나중에 가서 아포리아를 해소한다는 것은 애초의 아포리아를 해소하는 것"[24]이라고 말한다.

변증술의 학적 유용성에 관하여

아리스토텔레스가 밝히고 있는 변증술적 방법의 학적 유용성은 다음 세 가지에 대해서 유용하다. 첫째는 지적 훈련에 유용하고, 둘째는 우연히 마주친 다른 사람과의 토론에서 유용하며, 셋째는 철학적 지식(학문)을 획득하는 데 유용하다.[25]

(1) 지적 훈련에 유용한 것은 아주 명백한데, 우리가 탐구를 하기 위한 방법을 갖고 있다면 우리는 제기된 주제에 관하여 좀 더 용이하게 논의를 진행시킬 수 있을 것이기 때문이다.

(2) 토론에 유용한 이유는, 우리가 여러 의견을 늘어놓으면서 상대방과 대화하는 경우에 우리가 그들 자신의 의견에 근거해서 옳지 않게 말하는 그들의 의견을 수정할 수 있다면 우리는 훌륭하게 그들에 대처하는 것이기 때문이다.

(3) 철학적으로 유용한 이유는 어떤 한 문제의 양 측면을 보고 난점을 제기할 수 있다면, 하나하나의 점에서 참과 거짓을 더욱 용이하게 식별해 낼 수 있을 것이기 때문이다. 게다가, 그것은 또한 지식 각각의 최초 원리들과 관련해서도 유용할 수 있다. 왜냐하면 **변증술적 검토 능력은 모든 방법(모든 앎의 영역, 학문 분야, methodos)의 출발점을 향해 나아가는 길을 갖는(여는) 비판적 과정**[26]이기 때문이다.

이렇듯 변증술은 대화를 기반으로 해서 성립하는 학문 방법론이기 때

● ● ●

23 『니코마코스 윤리학』 제7권 1146b7-8.
24 『형이상학』 995a28-29.
25 『토피카』 제1권 제2장의 논의 참조.
26 『토피카』 제1권 101b3-4.

문에 남과의 경쟁을 피할 수 없다.[27] 그렇다고 모든 변증술이 경쟁적인 것은 아니다. 아리스토텔레스는 변증술적 논의가 '경쟁하기 위해서가 아니라, 검토와 탐구'를 하기 위한 것이라고 지적하고 있다.[28] 이것은 변증술이 비판적으로 검사하고, 증명하고 또 검토하는 것을 그 목표로 한다는 것을 의미한다. 이러한 이유로 모든 사람이, 심지어 비전문가조차도 어떤 방식으로든 변증술과 검토술을 사용한다. 왜냐하면 대부분의 사람들은 어느 정도까지 그 사항을 알고 있다고 말하는 사람들에 대해서 일단 시험해보려고 시도하기 때문이다. 여기서 그들에게 소용이 되는 것은 공통의 원리들이다. 왜냐하면 설령 그들이 말하는 바가 해당 사항에서 아주 벗어난 것처럼 보이더라도, 그들 자신도 공통의 원리들을 전문가 못지않게 알고 있기 때문이다. 따라서 모든 사람이 어떤 측면에서 논박을 한다. 다만, 변증술이 기술적으로 논박을 하는 것에 반해서 비전문가들은 비기술적으로 그 논의에 개입한다. 그러므로 올바른 추론 방법을 사용해서 검토를 수행하는 사람만이 변증론자라고 부를 수 있다.

결론적으로, 변증술은 철학자에게 도움을 줄 수 있을 뿐만 아니라, 일반적으로 정신적 능력과 명석한 사고에도 도움이 될 수 있다. 논의에 사용된 말의 모호성을 탐지하고, 언어의 유사성과 차이를 구별함으로써 그리고 올바른 논의와 올바른 추론을 식별해냄으로써 참된 인식을 얻는 데 도움이 된다. 동시에 아리스토텔레스의 변증술적 지침과 충고 대부분은 질문자와 답변자 간에 규정된 규칙에 따라 벌인 경쟁적인 추구로서 보여질 수 있다. 논쟁의 대상이 되는 어떠한 상대자도 찾아낼 수 없다면 우리는 우리 자신과 논쟁할 수밖에 없다. 철학은 참된 앎의 추구이다. 이에 대해 변증술은 아직 참인 지식으로 확정되지 않은 지식을 음미하고 검토함으로써 참된 지식에 도달하게 하는 과정이요, 비판이다.

●●●

27 『토피카』 제8권 155b27-28, 164b13-15.
28 『토피카』 제8권 159a33.

쟁론적 논의와 소피스트적 논의

『소피스트적 논박에 대하여』는 세 부분으로 나뉜다. 서론에서는 추론의 형식을 다루고, 제3장에서 쟁론적 논의의 목적을 제시한 다음, 제4장부터 제15장까지는 오류의 발생과 관련하여 오류의 형식들을 논의한다. 제16장에서 제33장까지는 오류들을 어떻게 풀어낼 수 있을지 그 해소(lusis) 방법을 다룬다. 마지막 장인 제34장에서는 변증술적 논의와 쟁론적 논의의 관련성을 언급하고 변증술의 학문적 목적을 제시하면서 마무리한다.

승리만을 위해서 문답을 행하는 사람들을 쟁론가라고 부르는데, 이들은 또한 말싸움을 좋아하는 자들이라고 여겨지는 데 반해, 돈을 벌기 위한 목적으로 명성을 얻기 위해 논의를 하는 사람들은 소피스트라고 불린다.

소피스트적 기술은 겉치레의 지혜로 돈을 버는 하나의 기술이다. 그렇기에 그들은 단지 외견상의 추론만을 목표로 한다. 싸움을 좋아하는 사람들과 소피스트들은 다 같이 동일한 논의를 사용하지만, 그 목표는 같지 않다. 그래서 동일한 논의가 소피스트적이면서 동시에 쟁론적이 되지만, 동일한 관점에서 그런 것은 아니다. 다시 말해 그 목표가 외견상의 승리에 있는 한 그 논의는 쟁론적이고, 외견상의 지혜에 있는 한 그 논의는 소피스트적이다. 왜냐하면 소피스트적 기술은 실재가 없는 외견상의 지혜에 불과하기 때문이다.

소피스트적 논의는 상대방 주장을 외견상의 추론에 따라서 상대방의 논의를 공격해서 파기시키는 것이다. 그렇다면 이러한 소피스트적 논의, 즉 겉으로만 추론인 것처럼 보이는 오류 추론에는 어떤 것들이 있는가? 아리스토텔레스가 분류한 오류들은 크게 보아 '**말(lexis)에 기인하는 오류들**'(hoi para tēn lexin paralogismoi; fallacia in dictione)과 '**말에 기인하지 않은 오류들**'(hoi exō tēs lexeōs; fallacia extra dictionem)로 나뉜다(제4장에서 11장까지).

플라톤과 마찬가지로 아리스토텔레스에서도 lexis는 주로 입으로 하는 말에 사용된다. 이제 구술 문화 전통에서 벗어난 『소피스트적 논박에 대하여』에서 lexis는 '입으로' 하는 말과 '쓰인' 말을 다 포괄한다. 우리말에서는 어구(『수사술』), 시적 표현(『수사술』), 어법, 말씨, 문체, 말하는 방식을 두루 포괄한다고 여겨지기 때문에 이 책에서는 '말'로 옮기기로 한다.

말에 관련된 오류들

이 책에서 아리스토텔레스는 13가지 오류에 관한 논의를 전개하고 있다. 이 중에서 논의에 사용되는 **어법** 내지는 **말에(in dictione) 관련된 오류들**은 다음의 6가지이다. 그 가운데 (1), (2), (6)의 오류들은 말의 '이중적 의미' 때문에 발생하는 것들이다.

(1) 다의성의 오류(homōnumia, para tēn homōnumiai, fallacia aequivocationis); 165b31-166a7, 168a24, 169a22-25, 175a36-b8, 179a15-19, 『수사술』 1401a13-23

논의에 사용된 단일한 말이 두 가지 이상의 의미로 사용되는 경우에 발생하는 오류이다. 즉 '여러 의미를 가진 말의 오류'라고 할 수 있다. 가령 "악들은 선하다. 왜냐하면 마땅히 있어야만 하는 것들은 선이고, 악들도 마땅히 있어야만 하는 것들이기 때문이다." 여기서 '마땅히 있어야만 하는 것'이라는 표현이 애매하게 사용되었다. 수수께끼 문답과 같은 다음의 예도 이 오류에 해당한다. "이 세상, 즉 하늘과 땅 양쪽에 다 있는 것은 무엇인가? 개이다(kuōn, dog-fish[돔발상어류의 물고기], dog-star[천랑성])."[29] 여기서 '개'라는 말은 하늘의 별을 지시할 수도 있고, 땅 위에 사는 동물을 가리킬 수도 있다.

『범주론』에서 호모뉘미아는 이렇게 규정된다. "사물들이 공통으로 하

•••

29 Prantl, C., *Geschichte der Logik im Abendlande*, Leipzig, Hirzel, 1855, I, p.399.

나의 이름을 가지며 그 이름에 상응하는 것의 정의가 다를 때, 그것들은 호모뉘미아(동명이의)라고 불린다." 여기서 호모뉘미아는 이름들 간이 라기보다는 사물(존재)들 간에 유지되는 어떤 관계인 셈이다. 두 사물이 호모뉘미아라고 하면, 그것들은 동일한 이름으로 불리고 그 이름은 두 가지 정의를 가진다. 그러니까 호모뉘미아는 일차적으로는 사물에 속하고 이차적으로는 호모뉘미아한 것들이 공통으로 소유한 이름에 적용된다고 하겠다. 예를 들어 '둑방이라는 것'은 '돈을 저장하는 것'(은행)과 호모뉘미아하며, 그 공통의 이름인 'Bank'는 동명이의적인 것이다. 『범주론』에서 호모뉘미아는 사물에 내재하는 실재에 대해 관계적이지만, 사물의 이름에 적용될 때에는 관계적 지위를 잃어버린다.

(2) 모호한 문장의 오류(amphibolia, para tēn amphibolian, fallacia ambiguitatis); 166a7-23, 169a22-25, 175a36-b8, 179a19

논의에 사용된 표현이나 구(句)가 그 문장구조에서의 모호성으로 발생하는 오류이다. 즉, 하나의 구절이 여러 가지 의미로 해석 가능한 경우에 그 문장이 갖는 모호성으로 말미암아 생기는 오류이다. 물론 여기에는 헬라스어만이 갖는 독특한 표현 때문에 오류가 생겨나는 경우도 있다.

고대 뤼디아의 왕 크로이소스가 신관을 찾아가서 페르시아에 출병하는 것이 좋은지 어떤지를 자문하였을 때, "만일 크로이소스가 페르시아에 출병하면 거대한 왕국 하나를 멸망시킬 것이다"라는 신관이 내려준 신탁은 모호하다. 왜냐하면 문맥상 신탁이 말하는 '거대한 왕국'이 자신의 나라인지, 아니면 페르시아의 퀴루스의 나라인지가 불분명하기 때문이다(헤로도토스, 『역사』 제1권 53항목).

(3) 결합의 오류(sunthesis, para tēn sunthesin, fallacia compositionis); 166a23-32, 168a27, 168a25-27, 179a12-13, 『수사술』 1401a24-b3

두 말을 잘못 결합함으로써 발생하는 오류이다. 가령 "그는 앉아 있을 때에도 걸을 수 있는 능력이 있다"고 하자. 그렇다고 이로부터 '앉아 있으면서 동시에 걸을 수 있다는 것'이 따라 나오지는 않는다. 또한 "쓰고 있지 않으면서 동시에 쓰는 것도 아니다"라는 것도 아리스토텔레스가 결합의 오류로 제시한 예이다.

(4) 분리의 오류(diairesis, para tēn diairesin, fallacia divisionis); 166a33-39, 166a27, 169a25-27, 179a12-13, 『수사술』 1401a24-b3

말을 잘못 분리하는 경우에 발생하는 오류이다. 가령 "5는 2와 3이다. 그렇기에 5는 홀수와 짝수이다"는 분리의 오류의 예이다. 아리스토텔레스의 경우에 결합과 분리의 오류는 의미를 바꾸는 단어들의 분리와 결합이다. 하지만 현대 논리학에서는 아리스토텔레스가 제시한 결합과 분리의 오류를 언어에 기인하는 오류로 분리하지 않는다. 오늘날에는 이것들을 언어 외적인 대상의 부분과 전체를 포함하는 기만적 추론으로 간주하고 있다. X의 부분에 대해 참인 것을 X의 전체에 대해서도 참인 듯이 말하는 경우는 '결합의 오류'를 범한 것이고, 역으로 X의 전체에 대해 참인 것을 X의 부분에 대해서도 참인 듯이 말하는 경우는 '분리의 오류'를 범한 것이다. 이 오류들을 형식화하면 이렇다. X의 부분은 f를 가진다. 그러므로 X도 f이다. 또 X는 f이다. 그러므로 X의 부분도 f이다.

아리스토텔레스는 『소피스트적 논박에 대하여』 밖에서 이 오류들을 이렇게 정의하기도 한다. "분리된 것(to diērēmenon)을 결합해서 말하거나 혹은 결합된 것(to sugkeimenon)을 분리해서 말하는 것."(『수사술』 1401a25-26 참조). 분리된 것은 '부분들'로, 결합된 것은 '전체'로 해석할 수도 있다.

아리스토텔레스가 말하는 결합과 분리의 오류는 다음과 같은 특징을 갖는다. 첫째, 이 오류들은 문장 안에서 단어의 배열에 의해 발생한다. 둘째, 이것들은 강조의 오류와 밀접하게 관련되어 있다. 셋째, 이것들을 모호성의 오류와 혼동해서는 안 된다.

(5) 강조 혹은 억양의 오류(prosōdia, para tēn prosōdian, fallacia accentus); 166b1-9, 168a27, 169a27-29, 179a13-14

이것은 말보다는 주로 시(詩)를 포함한 글로 쓰인 논의에서 발생하는 오류로 헬라스어가 갖는 독특한 악센트의 변화 때문에 생긴다. 오늘날의 논리학에서 가르치는 강조의 오류보다 더 넓은 외연을 갖는 오류 형식이다.

(6) 표현 형식의 오류(schēma lexeōs, para tēn schēma tēs lexeōs, fallacia figurae dictionis); 166b10−19, 168a25, 169a30−169b3, 179a20−25

언어의 문법적 형식을 잘못 이해한 추론에서 발생한다. 가령 '병든'(ailing)이 '자르는'(cutting), '집을 짓는'(building)과 동일한 어미(ing)를 갖고 있다고 해서 병든(ailing)을 하나의 '행동'으로 생각해서는 안 된다. 왜냐하면 '병든'은 어떤 '상태'를 나타내지만 나머지 것들은 하나의 '행위'를 표현하기 때문이다. 표현 형식에 속하는 오류들 대부분은 범주상의 오류(categorical mistakes)를 범하고 있다. 이를테면 실체와 양, 질, 관계, 시간 등을 혼동하거나, 능동과 수동 그리고 능동과 질을 혼동하는 것이 이 오류에 속한다. 표현 형식의 오류로 제시된 '제3의 인간 논변'은 동일한 범주 내에서 개별자와 보편자를 혼동하는 오류이다.

아리스토텔레스는 이상과 같이 6가지 방식의 분류가 갖는 정당성과 그 완결성에 대해 다음과 같이 주장한다.

"말과 관련해서 [논박처럼 보이게 하는] 오해(착각)을 만들어내는 방법은 숫자상 6가지이다. 말의 다의성(동명이의, homonumia), 모호함(amphibolia), 결합(sunthesis), 분리(diairesis), 강조(억양[intonation], 악센트[prosōdia].), 표현 형식(schēma lexeōs) 등이다. 이것에 대한 확증(증명, pistis)은 귀납을 통해 또 연역(sullogismos)을 통해서이다. 어떤 다른 연역이 받아들여졌을 때, 즉 우리가 동일한 이름이나 동일한 설명(표현)을 사용해서 동일한 것을 의미할 수 없는 그만큼의 경우의 숫자는 이것[즉, 여섯 가지 방식]만이라는 것을 보이는 연역을 통해서 우리는 그것을 확인할 수 있다."(165b25−30)

요컨대 아리스토텔레스에 따르면, "(1) 동일한 말(표현)로 동일한 것을 의미하지 못하는 모든 낭패는 앞에서 언급한 6가지 현상 때문에 생긴다. (2) **언어에서 비롯된 오해를 만들어내는 모든 논증은 하나의 동일한 말(표현)로 동일한 것을 의미하지 못하는 낭패에서 생겨난다.** (3) 그러므로 언어에 기인하는 오해를 만들어내는 모든 논증은 앞에서 언급한 6가지 현상에서 생겨난다"는 것이다.

그런데 『소피스트적 논박에 대하여』 제6장에 들어서는 이 오류들을 다시 두 부류로 나누고 있다. 외견상으로는 제6장의 분류가 (2)의 전제와 일관적이지 않아 보인다. 그럼에도 이 분류에서 **결합, 분리, 강조(억양)의 오류** 역시 기본적으로는 (2), 즉 "하나의 동일한 말이나 표현이 동일한 것을 의미하지 못하기 때문에" 발생하는 것들에 포함된다.

"'말에 관련된 오류들' 가운데 어떤 것들은 **말의 이중적 의미로 말미암아**(para to ditton) 생기는 것인데, '낱말의 다의성(동명이의)', '문장의 의미의 불명확성', '표현 형식의 유사성' 따위가 그러하고(우리는 습관적으로 모든 것이 '어떤 이것[특정한 실체]'을 의미하는 것처럼 말하기 때문이다), 반면에 결합, 분리, 강조(억양)의 오류는 **동일하지 않은 말이거나 서로 다른 이름에 의해서** 생기기 때문이다."(168a24-28)

참된 논박의 조건

아리스토텔레스는 제5장에서 올바른 의미에서의 논박의 조건을 제시한다.

"'추론'이 무엇인지 혹은 '논박'이 무엇인지에 대한 정의가 내려지지 않았기 때문에, 또 그것들[추론이나 논박]의 정의(logos)에서 **빠진 것(결함)**으로 말미암아 생겨나는 오류들이 있다. 왜냐하면 논박은 이름이 아니라 사물에 대한, 동일하고 하나인 것[술어]에 대한 모순이고, 그리고 이름의 경우라면 동명동의적(sunōnumos) 이름이 아니라 동일한 이름에 대한 모순인데, 이 논박은 주어진 명제(전제)들로부터 필연적으로 ─ 증명되어야만 하는 애초의 논점을 [이미 승인된 것으로] 계산에 넣지 않고 ─ 따라 나와야 하며 또 주장된 것과 동일한 점에서 동일한 관계에서 동일한 방식으로 그리고 동일한 시간에서 따라 나와야 하기 때문이다.

어떤 것에 대한 거짓된 주장(진술)도 또한 [지금 설명한 것과] 동일한 방식으로 행해져야 한다. 그런데 어떤 사람들은 앞서 말한 것들 가운데 어떤 것을 빠뜨린 채로 논박하는 것처럼 보인다."(167a21-29)

정리하자면, 제대로 된 논박이라면 다음의 조건을 만족시켜야 한다.

(1) 전제는 결론을 포함하지('p 때문에 p') 않으며, (2) 결론은 전제들로부터 필연적으로 따라 나온다. (3) 하나의 동일한 술어를 부정하는 결론은 답변자에 의해 확증된다. 부정된 술어는 (3a) 이름이 아니라 의미된 사물이어야 한다. (3b) 동일한 이름에 의해 의미된 것은 답변자에 의해 확증된다. 그리고 (3c) 한정된 것은 정확하게 동일한 방식으로 답변자에 의해 확증되어야 한다.

말에 관련되지 않은 오류들 중에 '선결문제 요구의 오류'는 (1)의 조건을 위반하고, '한정된 표현을 단적인 표현으로 사용하는 오류'는 (3c)의 조건을 위반한다. 나머지 것들은 여러 방식으로 (2)의 조건을 위반하는 것으로 볼 수 있다.

말에 관련되지 않은 오류들

말에 관련되지 않은(extra dictionem) 오류들에는 다음과 같은 7가지 형식이 있다. 그 논의들을 정리해보면 다음과 같다.

(1) 부수성(우연)의 오류(para to sumbebēkos, fallacia accidentis); 166b28-37, 168a34-b10, 168b26-169a5, 169b3-6, 『수사술』 1401b15-19

이 오류는 "한 사물에 술어가 되는 것은 어떠한 것이든지 그 사물에 부수하는 것 각각에 대해서도 술어가 된다"(또한 그 역도 성립한다)고 가정하는 경우에 생긴다. 그러면 다음과 같은 소피스트적 논의가 성립할 수 있다. "만일 코리스코스가 소크라테스와 다르고 또 소크라테스가 인간이라면, 코리스코스는 인간과 다르다."

술어의 주어는 소크라테스이고 '인간'은 그에 대한 술어가 되는 속성이다. 다른 속성인 "코리스코스는 …… 와 다르다"는 소크라테스에 대한 술어가 될 수 있으나 소크라테스의 속성인 '인간'에 대한 술어는 될 수 없다. 아리스토텔레스의 설명에서 이해하기 어려운 점은 그가 '인간'을 소크라테스의 부수적 속성으로 간주한다는 것이다. 하지만 우리는 '인간'을 소크라테스에 대한 필연적 속성으로 생각하는 경향이 있다. 여기서 아리스토텔레스는 '부수적 속성'을 어떤 비동의적 속성(nonsynonymous property)을 지시하는 것으로 사용하고 있다.

(2) 한정된 표현을 단적인 표현으로 사용하는 오류(para to haplōs ē mē haplōs, fallacia a dicto secundum quid ad dictum simpliciter); 166b38-167a20, 168b11-16, 169b9-13, 『수사술』1401b35-1402a28

이 오류의 예는 이런 것이다. "만일 있지 않은 것이 믿음의 대상이라면, 있지 않은 것은 단적으로 있다." 이것은 '무언가가 있다'는 것과 '단적으로 있다'는 것을 구별하지 않고 동일한 것으로 받아들였기 때문에 성립하는 오류이다. 즉, 생각 속에서 존재하는 것을 생각 밖에서도 존재한다고 말하는 경우가 그렇다. 또 가슴에 빨강 털이 달린 새를 단적으로 '빨갛다'고 말할 수는 없는 것이다. 그래서 한 대상이 반대되는 성질을 갖고 있을 때, 그 대상에 대해서 반대되는 성질을 말하는 것은 옳지 않다. 예를 들어 아프리카인이 피부는 검고, 이[齒牙]는 희다고 해서 "그 아프리카인은 희면서 희지 않다"고 말할 수는 없다.

(3) 논박의 무지에 의한 오류(para tēn tou elengkou agnoian, ignoratio elenchi); 167a21-36, 168b17-21, 169b9-13

추론이 무엇인지 혹은 논박이 무엇인지 깨닫지 못함으로써 발생하는 오류이다. 가령, 둘은 하나의 배이다. 둘은 셋의 배가 아니다. 그러므로 둘은 배이면서 배가 아니다. 아리스토텔레스의 경우에는 언어에 의존하는 것으로 분류되는 오류들을 포함해서 다른 모든 소피스트적 논박들이 '논박의 무지'에 해당한다.

(4) 논점 절취의 오류(선결문제 요구의 오류, para to en archē aiteisthai; to en archē lambanein; petitio principii; begging the question); 167a37−40, 168b22−27, 169b13−17, 176a27−32, 『토피카』 161b11−18, 162b34−163a28, 『분석론 전서』 41b9

증명되어야만 하는 '애초의 논점을 요구(전제)함으로써'(to en archē aiteisthai) 발생하는 오류이다. 처음부터 논의되어야만 하는 논점의 승인을 미리 요구하는 경우에 성립하는 오류이다. 이것이 논박인 것처럼 보이는 것은 사람들이 같은 것과 다른 것을 한꺼번에 꿰뚫어볼 수 있는 능력이 부족하기 때문이다. 이 오류는 "전제는 결론을 포함하지 않아야 한다"는 참된 논박의 첫 번째 조건을 위반하고 있다.

(5) 결론의 오류(부당 귀결의 오류, para to hepomenon, fallacia consequentis); 167b1−20, 168b26−169a5, 169b6, 『분석론 전서』 64b33, 『수사술』 1401b10−14, 20−29

결론과 관련된 논박은 전제와 결론의 따름이 전환될 수 있다고 생각하는 데서 생겨난다. 가령 A가 있을 때 B가 필연적으로 있다고 하는 경우에 사람들은 또한 B가 있을 때 A가 필연적으로 있다고 생각한다. 사람들은 종종 담즙(膽汁)을 벌꿀이라고 믿는데, 그 이유는 벌꿀이 노란색을 동반하기 때문이다. 비가 내렸을 때에는 언제나 땅이 젖어 있기 때문에, 만일 땅이 젖어 있다면 비가 내린 것이라고 우리는 추론한다. 그러나 땅이 젖어 있어도 비가 내리지 않은 많은 가능한 상황이 있을 수 있다.

(6) 원인이 아닌 것을 원인으로 삼아서 생기는 오류(para to mē aition hōs aition tithenai, non causa pro causa); 167b21−37, 168b22−26,

169b13-17, 『분석론 전서』 제2권 제17장, 『수사술』 1401b30-34

원인이 아닌 것을 원인으로 내세우는 것과 관련된 오류로서, 원인이 아닌 것을 마치 그것 때문에 논의가 되는 것처럼, 이를테면 논의 가운데 덧붙임으로써 성립하는 오류이다. 이를테면, '혼과 생명이 같지 않다'는 논변이 그렇다. 만일 생성이 소멸에 반대되는 것이라면, 어떤 생성은 어떤 소멸에 반대될 것이다. 그런데 죽음은 어떤 소멸이고, 생명의 반대이다. 그러므로 생명은 생성이고 산다는 것은 생성하는 것이 된다. 그러나 이것은 불가능하다. 따라서 혼과 생명은 같지 않다는 결론이 따라 나온다.

(7) 복합질문의 오류(para to ta pleiō erōtēmata hen poiein, fallacia plurium interrogationum ut unius); 167b38-168a17, 169a6-18, 169b13-17, 175b39-176a19

두 개 이상의 질문을 하나로 만듦으로서 발생하는 논의들은 질문이 여럿이라는 것을 깨닫지 못하고, 마치 하나의 질문만이 있었던 것처럼 하나의 답변만을 주게 되는데, 그 경우에 생겨나는 오류이다. 고대에서 전해지는 예로는 이런 것들이 있다.

(1) 너는 간음을 저지르는 것을 그만두었는가?(Aulus Gellius, 『아티카의 밤』, 16.2.4-5)

(2) 너는 너의 아버지를 때리는 것을 멈췄는가?(디오게네스 라에르티오스, 『유명한 철학자들의 생애와 사상』, 제2권 135) 이 대목을 원문 그대로 인용하면 이렇다.

"그런데 헤라클레이데스는 그가 학설에서는 플라톤주의자였지만 문답법적 논증술을 조롱했다고 말하고 있다. 그래서 언젠가 알렉시노스가 '너는 아버지를 때리는 것을 멈췄는가'라고 물었을 때 그는 '아니, 나는 때리지도 않았고 멈추지도 않았다'고 대답했다는 것이다. 그래서 알렉시노스가 다시 '예' 또는 '아니오'만으로 대답하여 애매한 점을 없애야 한다고 요구하자, 그는 '문턱에서 막을 수 있는데 너희들의 규칙을 따른다는 것은 터무니없는 일이지'라고 대답했다."

(1)은 이렇게 분석할 수 있다.

'예'라고 답변했을 경우; (가) 너는 과거에 간음을 저질렀고 이제는 그만두었다.

'아니오'라고 답변했을 경우; (나) 너는 간음을 저질렀고, 아직도 그렇게 하고 있다. 혹은 (다) 너는 결코 간음을 저지르지 않았다. 하지만 (다)의 경우 추가적인 설명이 없으면 청자들은 그가 간음을 저지른 것으로 알아들을 수 있다. 그렇게 되면 질문자가 의도한 일이 일어난 셈이 된다.

가령, 한 선생님이 "학생은 담배 피우는 것을 그만두었지?"라고 물었을 때, 이 질문 속에 숨어 있는 여러 질문들을 하나의 질문으로 받아들여 '예' 혹은 '아니오'라고 답변하는 경우에, 그 학생은 자신도 모르게 자신이 부정하고 싶었던 '담배를 피웠다'는 사실을 승인하는 셈이 되고 만다.

이상의 논의를 도표로 정리하면 다음과 같다.

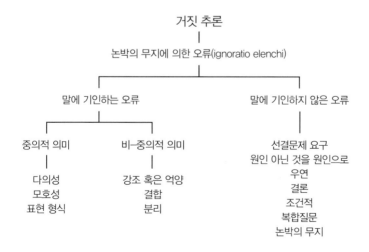

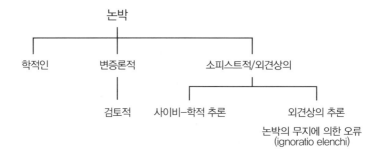

변증론자와 소피스트의 임무의 차이는 무엇인가?

아리스토텔레스는 참된 지혜를 추구하는 철학자에 견주어 변증론자와 소피스트 간의 차이를 이렇게 설명하고 있다.

"변증론자와 소피스트들은 철학자와 외견상으로는 동일하다. 왜냐하면 [철학과 마찬가지로] 소피스트적 기술은 단지 외견상의 지혜(sophioa)일 뿐이기 때문이고, 변증론자들도 모든 주제와 관련해서 변증술을 행하며, '있는 것'(to on)은 [철학이 탐구하는 것들을 포함해서] 모든 주제에 공통적이기 때문이다. 그러나 변증론자들이 [철학이 다루는] 이런 것들에 대해서 변증술을 행하는 것은, 이것들이 철학의 고유한 일이기 때문이라는 것은 분명하다. 소피스트적 기술과 변증술은 철학과 동일한 부류를 목표로 하고 있으니까 말이다. 하지만 변증술은 그 능력(dunamis)을 쓰는 방식에서 철학과 다르지만, 소피스트적 기술은 삶의 목적을 선택(지향)하는 데에서 철학과 다르다. 왜냐하면 변증술은 철학이 앎을 위한 능력을 갖는 것들에 대해 [그 능력에서] 검토를 하지만, 소피스트적 기술은 [이러한 것들에 대해] 참된 지혜가 아니라 외견상의 지혜를 추구하기 때문이다."(『형이상학』 1004b17-26)

이렇게 『형이상학』에서 변증술의 학적 기능에 대해 언급한 내용은 『토피카』 제1권 제2장에서 밝히고 있는 변증술의 역할과는 관점에서 다소 차이가 있다. 『형이상학』의 이 대목에서는 변증술도 철학이 다루는 영역을 다 다루지만, 철학적 주제에 대한 지혜(sophia)에는 도달하지 못한다는 것이다. 변증술은 철학적 주제에 대해 문답법을 통한 검토의 능력만 가질 뿐이다. 참된 지혜에 도달하는 것은 변증술이 아니라는 것이다. 이 점에서 학문의 '원리'에 대한 앎에 도달할 수 있다고 말하는 『토피카』의 해당 대목과는 다르다고 할 수 있다. 이에 대해서는 좀 더 심도 있는 논의가 있어야 할 것이다.

한편, 아리스토텔레스는 『소피스트적 논박에 대하여』에서 『형이상학』과 비슷한 언급을 하고 있다. 이 대목에서는 소피스트들의 임무가 무엇인가를 명확히 밝혀주고 있다.

"그런데 어떤 사람들에게는 지혜롭게 여겨지는 것이, 실제로는 지혜로운데도 그렇게 여겨지지 않는 것보다 더 낫기 때문에(소피스트적 기술은 외견상으로는 지혜처럼 보이지만 실제로는 그렇지 않으며, 또 소피스트는 외견상으로는 지혜처럼 보이지만 실제로는 그렇지 않은 지혜로부터 돈을 버는 자이니까), 그러한 사람들에게는 또한 지혜로운 사람의 일[기능]을 수행[성취]한다고 여겨지는 것이 실제로 지혜로운 사람의 일을 수행하면서도 그렇게 여겨지지 않는 것보다 더 필연적이라는 것은 분명하다. 그래서 [지혜로운 사람들과 이와 비슷한 사람들이 수행하는 일을] 그 하나하나에 대해서 대조적으로 말함으로써, 한편으로 그 자신은 자신이 알고 있는(oide) 것에 대해 거짓(거짓 진술)을 범하지 않도록 하고, 다른 한편으로는 거짓(거짓 진술)을 말하는 사람을 폭로할 수 있어야 하는 것이 각각의 것에 대해서 알고 있는 사람의(tou eidotos) 임무(ergon)이다. 이 두 가지 임무 가운데 전자는 그 논의(로고스)를 내놓을 수 있는 능력이 있어야 하고, 후자는 [올바른 논의를] 요구할 수 있는 능력이 있어야 한다. 그렇기에 소피스트가 되고자 원하는 사람들은 앞에서 언급한 것과 같은 부류의 [질문과 답변의] 논의를 반드시 탐구해야만 하는 것이다. 이것이 그들의 일(ergon, 목적)을 위한 것이니까. 왜냐하면 이러한 [질문을 하고 질문에 답하는] 능력은 사람을 지혜롭게 보이도록 만들고, 바로 이것이야말로 소피스트들이 목표로 하는 것이기 때문이다."(165a19-31)

아리스토텔레스는 변증론자의 임무에 대해서는 이렇게 말하고 있다.

"그러므로 어떤 사물의 본질(phusis)을 증명하고자 하는 그 어떠한 전문지식(technē, 학문)도 질문을 내세움으로써 이뤄지는 것이 아니다(172a15-16). …… 게다가 무언가가 '긍정되었다' 혹은 '부정되었다'는 답변을 요구하는 것은 무언가를 [학문적으로] 증명하려는 사람의 일이 아니라, [질문자로서] 검토를 수행하려는 사람의 일이다. 왜냐하면 검토술은 어떤 종류의 [질문과 답변으로 진행되는] 변증술이고, [학문적으로] 알고 있는 사람이 아니라 알지 못하면서 아는 척 내세우는 사람을 목표로 하기 때문이다."(171b3-6)

이 대목에서 알 수 있듯이 검토술은 변증술의 한 부분으로서 특별한 능력이다. 이 점은 앞서 보았듯이 『형이상학』 제4권 제2장에서도 언급하고 있다. 소피스트는 철학자와 변증론자를 모방하는 것을 목표로 한다. 소피스트가 목표로 하는 것은 참된 철학자만이 가질 수 있는 참된 지혜(sophia)가 아니라 논박에서 그렇게 되는 것이다. 참된 지혜는 묻고 답하는 성공적인 능력에 의존하는 것이 아니다. 하지만 소피스트는 묻고 답하는 성공적인 능력이 요구되는 변증론자를 모방하고자 한다. 왜냐하면 변증론자는 문답법의 대가이기 때문이다. 이 문답 기술이 소피스트를 지혜롭게 보이도록 만든다. 다시 말해 이 능수능란한 문답 기술이 소피스트들을 그들이 목표로 하는 참된 철학자인 것처럼 보이도록 만든다. 그러므로 성공적인 변증론자와 소피스트는 단지 철학자의 특징인 참된 지혜(sophia)를 가지고 있는 것처럼 보이도록 만든다.

소피스트적 논의와 아테네의 시대적 배경

왜 아리스토텔레스는 학문적 방법의 순수성을 깨뜨려버릴지도 모르는 이와 같은 '소피스트적 논의'들에 대해 상세하게 논의하고 공부할 것을 가르쳤을까? 이 점이 변증술을 학문에 대한 부차적이면서도 이류에 해당하는 학문 방법으로 받아들이게 하는 하나의 요인이 되었다. 아닌 게 아니라, 아리스토텔레스의 진정한 의도가 무엇인지를 의심하게 만들며, 또 이해하기 곤란하게 만드는 여러 대목이 발견되고 있다. 특히 『토피카』의 제9권으로 간주되는 『소피스트적 논박에 대하여』라는 제목 자체가 '소피스트의 논변에 대한 논박'과 '소피스트식 논박'이라는 이중적 의미를 동시에 갖는 것으로 이해될 수 있다.

흔히 이 작품은 아리스토텔레스가 단순히 오류들에 대한 자신의 견해를 피력한 것으로 받아들여졌다. 그러나 이 작품들에는 그보다 더 넓은 철학적 동기와 목적을 부여하는 학적 방법이 개진되어 있음에도, 『토피카』 작품 전체가 학문 방법이 아니라, 하나의 '삶'의 기술로서 '소피스트식 논의'에 대해 서술하는 저작으로 받아들여지게 했다. 이러한 견해는 엔독사(통념)로부터 출발하는 변증술적 방법을 비학문적이고 저속한 학문 방법으로 해석하려는 경향을 강화시켰다.

어쨌든 아리스토텔레스 자신은 소피스트적 기술을 변증론자의 방법과 명확하게 분리하지 않았다. 그가 어떻게 그것을 할 수 있었겠는가? 철학과 관련해서 변증술과 소피스트적 기술은 외견상 동일하다. 그래서 우리가 이 두 방법의 차이를 찾아내기 위해서는 각각의 것이 수행되는 배경을 반드시 고찰해야만 한다. 우리가 양자의 방법이 이뤄지는 배경을 들여다볼 수 있을 때, 어떤 방법이 진정한 변증론적 탐구 방법인지 확인할 수 있게 된다. 즉, 논의에서 내세워진 하나의 주장(입론, 立論)은 참으로서 보편적으로 받아들여질 수 있는 것인가? 하나의 주장은 공통된 토대 위에서 검토되고 있는가? 어떤 대가를 치르더라도 승리만을 쟁취하기 위해서 경쟁에 참여하고 있는가? 아니면, 진리 추구를 위해서 그 논의에 참여하고 있는가? 이것들에 따라서 양자의 방법은 구별된다. 이 두 경우에 상대방을 침묵하게 한다거나 모순에 빠지게 함으로써 승리하게 되거나, 혹은 모든 공격에 저항하며 그의 주장을 고수하고 모든 관련 있는 질문에 대답함으로써 질문자는 승리하게 된다.

물론 공격과 방어는 논의의 주제로부터 벗어날 수도 있고, 때로는 불공정한 방식으로 진행될 수도 있다. 그러나 무엇보다도 중요한 것은 올바른 변증론자라면 상대방이 어떤 의도를 갖고 있고 또 자신의 목적을 이루기 위해 시도하는 논의 속에 내재하는 방해를 알아야만 하고, 악의 있는 술책을 반드시 깨달아야만 한다.

아리스토텔레스는 하나의 순수한 학문 방법에 대한 이상을 따르지 않는다. 그는 보편적으로 적용될 수 있는 실천적 규칙을 주고자 했다. 우리는 많은 사람과 어울려 살아야 하고 그들과 토론하면서 자신의 주장을 관철시켜야 한다. 그래서 그는 순수 학문이 위기에 처한 그 시기에 보편적으로 실천할 수 있는 방법적 규칙을 우리에게 가르쳐 줬다. 교양인이 되기 위해서 교육을 받고자 하는 학생들과 그 가르침으로부터 이익을 얻고자 하는 학생들이 모두 웃음거리가 되지 않기 위해서는 말로써 싸울 수 있어야만 했고, 논증을 구성하는 기술, 논증을 부정하는 기술, 적을 공격하는 기술, 적을 논박하는 기술, 직업적인 논쟁꾼(소피스트)의 기술을 익힐 수 있어야만 했다.

당시 아테네에서는 철학자, 정치가, 소피스트들뿐만 아니라 일반인들도 모두 운동 경기를 즐기듯 쟁론적 놀이에 적극적으로 참여해서 토론하였던 모양이다. 그들이 직면한 여러 가지의 사회적, 정치적인 사실적 문제들뿐 아니라, 산술적 문제를 포함하는 지적인 문제까지도 쟁론술을 통해서 그 해답을 구하였다. 그들이 즐겼던 쟁론술은 일종의 지적인 승부를 걸고 승자와 패자를 분명히 갈랐으며, 또한 명예와 정치적 출세를 얻을 수 있는 매개적 수단이 되기도 했다. 그래서 그들은 언어를 잘 구사하는 능력인 수사술, 논리학과 같은 교육을 원했다. 이러한 시대적 요

청에 따랐던 사람들이 바로 소피스트들이다.[30]

그 시대에 행해졌던 쟁론적 게임은 다음과 같은 절차와 방법으로 진행되었다. 가령, "정의는 더 강한 자의 이익이다", "앎은 지각이다"와 같은 '테시스'(입론, 立論)를 내놓고 답변자는 이 주장을 방어하는 역할을 맡고, 질문자는 '논박'을 통하여 애초의 주장과 모순된 답변을 끄집어내려고 한다. 답변자가 원래의 주장과 모순되는 답변을 한다거나, 침묵한다거나, 물러서거나, 논점에 맞지 않은 말을 지껄이거나, 욕설을 내뱉거나, 신경질을 드러내면 질문자가 게임에서 승리하는 것이고, 이와 달리 답변자가 정해진 시간까지 자신의 입장을 유지하면 답변자가 승리한다. 질문자에게는 "당신의 아버지를 때리는 일을 이젠 그만두었느냐?"와 같은 '복합질문'이나 혹은 모호하거나 은유적인 질문을 하는 것을 허용했다. 또한 이 게임은 아고라[31]와 같은 많은 사람이 모이는 곳에서 진행되

• • •

30 장 삐에르 베르낭의 주장에 따르면, 아리스토텔레스에 이르기까지 거쳐온 논리학의 발전과 여정은 정치적인 영역에서 출발하여 순수 이성적인 관심에 이끌려왔다는 것이다. 그는 "헬라스적 이성은 사물들과 연관된 인간 교섭의 소산이 아니라, 오히려 인간 상호 간의 관계에 대한 소산이었다. 헬라스적 이성은 (자연적) 세계에 적용하는 기술을 통해서가 아니라, 한 사람이 다른 사람들에게 영향을 미치는 방법을 통해서 발전하였다. 바로 그 공통의 도구가 언어였다. 언어는 정치가의 기예요, 연설가의 기예요, 교육자의 기예였다. 헬라스적 이성은 자연을 변화시키기 위한 것이 아니라, 실질적으로 신중하게 그리고 체계적으로 인간에게 영향을 미칠 수 있도록 하는 바로 그 이성이었던 것"(184쪽)이라고 결론지으면서, 또한 이 "… **로고스**(logos)는 애초부터 그 정치적 기능을 통해서 그 자체 및 그 규칙 그리고 그 효율성에 대한 자각을 받아들이고 있었다. 역사적으로 볼 때, 민회나 재판소에서 경쟁에 승리하는 수단으로서 논의의 형식을 분석함으로써 발전하였던 수사술과 소피스트적 기술은 아리스토텔레스의 논리학적 탐구를 위한 길을 열어놓았다. 아리스토텔레스의 탐구는 차례로 설득의 기술과 병행하여 증명의 규칙을 정의하였다. 그렇게 함으로써 실천적인 문제에 관해 어림잡아 토론을 전개하는 피상적이며 단지 개연적이거나 혹은 그럴듯한 것의 논리에 반대되는 것으로서 입증할 수 있는 참에 관한 문제, 나아가 이론적으로 이해할 수 있는 문제에 관한 논리학을 규정하였다"(70~71쪽)라고 해석하고 있다(Jean-Pierre Vernant, *Les origines de la pensée grecque*[1962], Presses Universitaires de France; 『그리스 사유의 기원』, 김재홍 옮김, 길, 2006).

31 당시 헬라스의 정치는 '아곤(agōn, 경쟁)의 형식을 취하고 있었다. 정치는 곧 웅변적 경쟁, 쟁론적 방식을 띠고 있었다. 그 경쟁의 무대가 공공의 광장인 아고라(agora)인

었는데, 청중의 역할은 게임의 승패를 결정하는 심판관이었다. 이 게임에도 일정한 규칙이 있었기 때문에 논쟁에 있어 어떤 속임수나 책략들은 불공정한 것으로 받아들여졌다. 『소피스트적 논박에 대하여』(183a25)와 『토피카』(161a)를 보면, '해가 질 때까지'와 같은 일정한 시간 제한도 있었다. 논쟁에서 위기에 몰리게 되면 논쟁의 주제와 전혀 관련 없는 엉뚱한 질문을 던져 시간을 끄는 전략도 사용했던 것 같다.

아리스토텔레스는 왜 그리스인들이 쟁론적 게임에 참여했는지 그 이유를 다음과 같이 제시한다.

(1) 첫째는 교육적인 동기이다. 배우는 자들이 비판을 받고 자신의 주장을 방어하거나, 다른 사람의 주장에 대한 비판을 생각해내고 그것을 체계적으로 묶어내는 논변을 훈련한다면, 그들의 재능은 더욱 날카로워질 것이다. 그래서 선생은 학생들을 쟁론적 게임에 직접 참여시키거나 혹은 학생들끼리 서로 맞서 논쟁하게 했으며, 학생들의 논변에 대해 선생 자신이 비판적 입장에 서기도 하였다. 이것은 '**지적 훈련**'을 위한(pros gumnasian) 변증술이다(『토피카』 101a27).

(2) 때때로 사람들은 지적으로 자만하거나 혹은 부풀려진 상태로 불완전한 지경에 빠지곤 한다. 그래서 사람들은 혼과 기지(機智)를 맑게 하기 위해서 정신을 가다듬을 필요가 있다. 그들은 자신이 완전하다고 느꼈던 것이 다른 것과 논리적 모순 관계에 있다는 것을 알게 되었을 때, 더욱 조심하게 되고 지적으로 겸손해진다. 이것이 아리스토텔레스가 '**검토적 논의**'(peirastikoi logoi)의 목적이라고 부르는 것으로서 앞의 교육적 변증술의 일부이다(『토피카』 159a25, 『소피스트적 논박에 대하여』 165b5).

(3) 이 훈련 자체가 매력적이어서 사람을 열중하게 만들고 흥분시키며, 또한 실행하기 어려운 경쟁적 성격을 가진다. 이러한 경쟁적 성격

●●●

데 그곳은 '시장'이기에 앞서 정치적 회합의 장소였다. 아고라의 정치적, 사회적, 교육적 기능에 대해서는 베르낭의 논의(앞의 책, 41-42쪽; 김재홍 옮김, 66-67쪽) 참조.

때문에 논쟁에서 거둔 승리는 즐거움을 가져다준다. 지적인 훈련을 위해서 논의하는 사람들도 승리하고자 하는 바람을 버릴 수 없다. 그래서 아리스토텔레스는 문답을 통해 '변증술로 훈련하는 사람들조차도 쟁론적으로 논하는 것을 피할 수 없다'(163a30, 164b8–14)고 말한다. 사실 그들의 선생이 아리스토텔레스 자신이었다. 아리스토텔레스는 또한 『소피스트적 논박에 대하여』에서 쟁론적 게임을 위한 기술을 배울 것을 학생들에게 요구하고 있다.

(4) 어떤 소피스트들은 필요에 따라 공적인 시합을 열었다. 청중 가운데 도전자가 나오기도 하고, 서로 도전자가 되어 논쟁함으로써 승부를 갈랐다. 이들은 어떻게 해서든지 승리하고자 하는 목적을 갖고 있었는데, 그 명성을 이용해서 돈을 벌려는 궁극적인 목적을 갖고 있었다. 다시 말해 논쟁에서 뛰어난 능력을 발휘하면, 그 소문을 듣고 젊은이들이 몰려들어 수업료를 내고 그 밑에서 논쟁하는 기술을 배웠다. 청중으로부터는 입장료를 받았던 것 같다. 결국 이것은 명성과 돈을 얻기 위한 수단으로 쟁론술이 이용되었다는 것을 반증한다. 이 점에 대해서는 플라톤은 물론 아리스토텔레스도 비판하고 있다.

(5) 끝으로 진지한 철학자들은 철학적 쟁점 자체에 흥미를 느껴서 이 게임에 참여하였다. 가령, 에우튀데모스와 디오뉘소도로스가 던진 "어떤 것이 참이라고 말한 사람은 참인 어떤 것을 말한 것이 아닐까? 즉, 모든 의미 있는 진술은 참이 아닐까?"[32]와 같은 물음은 하나의 함정적 질문이었지만, 진지한 철학자들은 '의미'와 '참'의 관계를 분명히 밝히

• • •

32 길버트 라일은 플라톤의 『에우튀데모스』 가운데 어느 대목을 명확히 지적하지 않으면서 이 질문을 끌어들이고 있다. 그것은 아마도 논의를 전개할 때 '말'과 말이 지시하는 '존재'의 관계에 대한 소피스트적 기술이 시작되는 『에우튀데모스』 284A의 다음과 같은 대목을 연상시키는 질문이다. "그런데 있는 것과 있는 것들을 말하는 사람은 참된 것을 말한다네. 그리하여 정말로 디오뉘소도로스가 있는 것들을 말하는 것이라면 그는 참된 것을 말하는 것이지, 거짓말로 자네를 모략하는 것이 전혀 아닐세."(플라톤, 『에우튀데모스』 284A, 김주일 옮김, 이제이북스, 2007)

기 위해 이 질문을 검토하고자 했다. 이것이 **변증술적 훈련의 철학적 목적**이다.[33]

아리스토텔레스에게 있어 '**방법론적 순수성**'에 대한 결함은 아주 자연스러운 것이다. 아리스토텔레스는 이론적 분야는 물론 인간의 삶 전체를 포괄하는 모든 것에 적용될 수 있는 방법, 즉 변증술을 가지고 규정된 원리에 입각해서는 찾을 수 없는 공통의 기반을 확보하려고 했다. 기하학자는 그의 학문의 근본 원리들을 논의하지 않는다. 변증론자는 기하학의 순수한 기술적인 물음에 관심을 갖지 않는다. 그러나 변증론자는 수학의 의미에 담긴 고유한 원리들에 관해 물어야만 하고, 물을 수 있어야 한다. 또한 그 철학적 의미에 대해 그리고 그 보편적 적용의 정당성과 정당하지 않음에 대해 물어야만 한다. 인간은 모순을 추구한다. 우리가 적어도 다른 사람과 연관된 삶 속에서 이러한 추구의 습관을 획득하지 못한다면, 우리는 그것을 추구하지 못한다. 논쟁에서 승리하고자 하는 바람은 모든 학적 탐구 속으로 스며들어가야만 한다. 그렇게 하는 것이 좋다. 이러한 바람만이 싸움의 왕도의 규칙을 정복한다.

훈련과 검토를 위한 논의에서 규칙의 결여

"훈련과 검토(gumnasia kai peira)[34]를 위해서 문답을 행하는 사람들에게는 어떤 규칙도 규정되어 있지 않다. (사실상 가르치는 사람들 혹은 배우는 사람들과

●●●

33 이상의 논의에 대한 더 자세한 사항은 G. Ryle, Dialectic in the Academy(*New Essays on Plato and Aristotle*, PKP/HP, 1965, pp.39~68) 참조. 물론 이 내용은 『소피스트적 논박에 대하여』와 『토피카』 전체, 특히 제8권에서 확인할 수 있다.

34 gumnasia([철학적] 훈련)에 대해서는 『토피카』 제1권 제2장 101a29-30에서 이미 언급한 바 있다. peira라는 말은 여기서 처음 나타나는데 뒤에 가서는 peirastikē(검토술)로서 변증술의 특수한 분야가 된다(『소피스트 논박』 제34장 183a37-184b8). 또 『형이상학』 1003b22 이하에서는 '변증술은 검토술'("변증술은 철학이 앎[gnoriskē]을 위한 능력을 갖는 문제들과 관련된 검토술이다", 1004b25 - 6)이라는 점을 명확히 밝혀주고 있다.

논의의 경쟁에 뛰어든 사람들에게는 동일한 목표가 있지 않으며, 또한 경쟁에 뛰어든 사람들과 탐구하기 위해 함께 시간을 보내는 사람들에게도 동일한 목표를 갖지 않는다. 배우는 사람은 항상 일반적으로 받아들여지는 견해들(dokounta)을 인정해야만 하니까. 사실상 그 누구도 거짓을 가르치려고 시도하지 않기 때문이다. 반면에, 경쟁하는 사람들의 경우, 질문자는 어떻게든 상대방에게 무언가 작용을 미치고 있는 듯이 보여야만 하고, 답변자는 어떤 작용도 받고 있지 않은 듯이 보이도록 해야만 한다. 그러나 경쟁에서 승리하기 위해서가 아니라 검토와 고찰을 위해 논의에 참여하는 사람들의 변증술적 논의를 위한 모임에서는 답변자가 무엇을 목표로 해야만 하는지, 그리고 자신의 입론을 적절하게 방어하거나 적절하지 않게 방어하는 데에는 어떤 종류의 명제를 인정하고 또 어떤 종류의 명제를 인정하지 않아야만 하는지가 아직 또렷하게 나뉘어 있지 않기 때문이다.) 그렇기에 이런 점에 대해 다른 사람들이 우리에게 전해준 바가 전혀 없기 때문에 우리 자신이 이런 점에 관해 무엇인가 말할 수 있도록 시도해야만 한다."(159a25-39)

결국 변증술은 사실적인 혹은 가능한 주장을 검증하는 관점에서 '**훈련**'이고, 방법과 진리를 탐구하는 관점에서 '**검토**'인 셈이다.

만일 우리가 변증술적인 게임과 그 심각성, 시합과 탐구의 관계에 대한 한계를 묻는다면, 그것에는 어떠한 한계도 그어질 수 없다. 그러나 매 순간 태도의 변화를 통하여 놀이가 심각해지고, 시합이 탐구가 된다. 진리에 대한 '공동의 노력의 훈련'이 되기도 한다. 그럼에도 양자는 동일시될 수 없다. 그 구분은 앞에서 설명한 대로 분명히 그어질 수 있다.

변증론자는 논쟁에서 승리하는 것으로 충분치 않다. 그는 논변 자체가 갖고 있는 오류의 근원을 설명해야만 한다. 요컨대, 변증술은 상호 의사소통에 의해 공동의 진리를 추구해 나가는 인간의 정신적 작업이요, 인간의 총체적 삶에 관한 문제를 따지는 공통된 기반을 확립하는 작업이다. 그래서 아리스토텔레스는 『니코마코스 윤리학』에서 "홀로 지속적으로 활동한다는 것은 쉽지 않으나, 다른 사람과 더불어 또한 다른 사람과 관계 맺으면서라면 그것은 훨씬 쉽다"(1170a5-7)고 말하는 것이다.

학적 방법으로서 변증술에 남겨진 미래의 과제

학문의 고유한 영역은 존재하는가? 학문의 벽은 결코 허물어질 수 없는가? 학제(學際) 간 연구는 가능한가? 가능하다면 어떤 방법으로 학제 간에 통합이 이뤄질 수 있는가? 이 질문들은 다원화, 다양화된 오늘날의 사회에서 적극적으로 제기되는 물음이다. 이제 학문 연구가 한 영역에 고립되어 어느 특정한 한 사람에게 귀속되는 사태는 벌어지지 않는다. 학문과 학문의 경계는 이미 무너지고 있으며, 학문 간 틈새를 메울 수 있는 '인접 학문'이 본래의 고유한 학문 영역의 구획을 파괴하기 시작했다. 이러한 때에 우리에게 요구되는 사항은 학문과 학문을 통합하고 조화시킬 수 있는 새로운 방법론이다.

이와 같은 방법론이 절실히 요구되는 시대에는 특출한 천재보다는 여러 전문가의 공동 연구와 학제 간 교류와 교섭이, 나아가 학문 간의 조화와 통일이 요구된다. 이러한 측면에서 『토피카』와 『소피스트적 논박에 대하여』에서 다루는 아리스토텔레스의 철학적 방법론인 변증술은 개별 학문들이 설 수 있는 공통의 토대를 확립하는 계기를 마련해준다.

아리스토텔레스는 이미 학문 간의 통합된 이해를 전제하고 자신의 연구를 진행시켰다. 그는 모든 학문의 토대에 적용될 수 있는 공통 주제에 적합한 **'공통 방법론'**을 추구하고자 했다. 만일 우리가 이와 같은 공통 방법론(아리스토텔레스의 용어로는 '토포스')을 발견할 수 있다면 학문이 요구하는 진리 추구의 길에 손쉽게 접어들 수 있다고 그는 생각했다.

아리스토텔레스는 원칙적으로 학문의 세계가 인간의 세계와 다른 세계라고 보지 않는다. 그래서 그는 이 세계 너머의 다른 길을 찾지도 않았고, 언제나 인간을 둘러싸고 있는 현실적 삶의 세계로부터 기꺼이 철학의 문제를 찾아 나섰던 것이다.

ARISTO TELĒS

서론

PERI TŌN SOPHISTIKŌN ELENGCHŌN

제1장

참된 추론과 외견상의 추론;
참된 논박과 소피스트적 논박의 일반적 구분

이제 소피스트적 논박들, 즉(kai) 논박인 것처럼 보이지만 실제로는 오
류이지 논박이 아닌 것들에 대해, 우리는 그 본성에 따라 맨 먼저 오는
기본적인 것들로부터[35] 시작해서 논의해 보도록 하자.

그런데 어떤 것들은 추론[36]인데 반하여, 다른 것들[37]은 실제로 추론이

●●●

35 '본성에 따라 맨 먼저 오는 기본적인 사항들'(kata phusin apo tōn prōtōn)은 사물의 '원
리들'(archai)로서 그렇다는 것이 아니라, 소피스트적 논박(sophistikos elengchos)이
실제로 행해지고 있다는 사실에 비추어 왜 그러한 논의가 필요한지, 또 그러한 논의
를 과제로 제시해서 여기서 상세히 검토하고 있다는 점을 지적하는 말이다(『시학』 첫
머리 참조).

36 이 책에서 '추론'(연역, sullogismos)으로 옮긴 말은 원칙적으로 『분석론 전서』에 개진
된 고전적이면서도 형식화된 정의에 따라 이해될 수 있다. 즉 "추론(연역)은 놓여진
[규정된] 것들에서 그것과 다른 어떤 것이 그것들에서 필연적으로 따라 나오는 로고
스(논의 형식)이다"(『분석론 전서』, 제1권 제1장, 24b18-20). 쉴로기스모스가 좁은 의미
로 한정되는 경우에 그것은 가장 엄격한 의미의 학문적 '논증'(apodeixis, 아포데잌시
스)인 이른바 형식화된 추리 형식인 '삼단논법'이다. 격(格)과 식(式)을 포함한 삼단논
식들 가운데 제1격의 barbara가 다른 삼단논식들보다도 더 학문적인 특징을 가진다.
이러한 의미에서 아리스토텔레스는 이것을 '완전 삼단논법'이라고 불렀다. '논증'도
일종의 쉴로기스모스이고, 논증은 주로 학적 증명(proof)을 목표로 한다. 학문 방법
론으로서의 논증에 대해서는 『분석론 후서』에서 주로 다루고 있다. 『소피스트적 논박
에 대하여』에서 쉴로기스모스라는 말은 『토피카』(Topika)에서와 마찬가지로 '연역적
추론'을 포함하는 넓은 의미로 사용되고 있다. 따라서 이 말의 동사인 sullogizesthai
는 일반적 의미에서 '추론하다'로 새겨질 수 있다. '쉴로기스모스'에 대한 정의는 이
밖에도 『토피카』 100a25-27, 『수사술』 1356b16-18, 『소피스트적 논박에 대하여』
164b27-165a2, 168a21-22 등에 나온다.

37 거짓된 결론을 이끌어내는 '소피스트적 추론'의 논의를 가리킨다.

아닌데 그렇게 생각되고 있다는 것은 명백하다. 이것은 다른 경우들에서도 [진짜와 짝퉁 간의] 어떤 유사성으로 말미암아 이 일이 일어나는 |25| 것처럼, 논의[38]들에서도 그 사정은 마찬가지이기 때문이다. 왜냐하면 신체의 건강 상태에 대해서도 어떤 사람들은 실제로 신체 상태가 좋은 데 반해서, 다른 사람들은 마치 부족의 합창대들이 [사람들이 희생 제물로 바친 동물에 대해서[39]] 하는 것처럼 자신을 부풀리고 치장함으로써 신체 164b |20| 상태가 좋은 것처럼 보이는 데 지나지 않는 것이고, 또 어떤 사람들은 자신의 아름다움 때문에 아름답지만, 다른 사람들은 자신을 꾸밈으로써 아름다운 것처럼 보이는 데 지나지 않기 때문이다. 생명이 없는 것들의 경우에도 마찬가지이다. 왜냐하면 이것들 가운데서도 어떤 것들은 진짜로 은이고 어떤 것들은 진짜로 금인데 반해서, 다른 어떤 것들은 은도 금도 아닌데 우리 감각에는 그런 것처럼 보이기 때문이다. 예를 들면 일산화납[40]으로 만들어진 것들과 주석으로 만들어진 것들은 은으로 보이

● ● ●

38 여기서 언급되는 논의(logos)는 '올바르지 못한 추론', 즉 '논리적 오류'(paralogismos)를 범한 '논의 형식'을 가리킨다. 이 논구에서는 이 오류를 저지르고 있는 논의들을 분석하고, 무엇 때문에 이 오류들이 발생하는지, 나아가 그 오류적 논의들을 해소하는 방법이 무엇인지 따지고 있다.

39 피카드-케임브리지의 옥스퍼드 번역본(W.D. Ross 편)에는 "마치 부족 사람들이 희생 제물로 바친 그들의 희생물에 대해 하는 것처럼"이라고 번역되어 있으나, 반즈(J. Barnes)가 새롭게 편집한 수정판에는 "부족 합창대들이 하는 것처럼"이라고만 번역되어 있다. 만일 전자와 같이 의역해서 번역한다면, '제전을 치르는 경우에 각 부족 사람들이 자신이 봉헌한 희생 동물을 더 살쪄 보이도록 물 따위를 이용하여 부풀리는 것과 같이 사람도 두툼한 옷을 입는다거나 혹은 치장을 하는 것'을 의미하는 것으로 받아들일 수 있다(아프로디시아스의 알렉산드로스, 『토피카』 주석, 8-9 참조). 포스터 역시 후자의 번역을 받아들이고 있는데, 그는 이 언급이 아테네에서 합창 경연 대회를 여는 경우에 각 부족의 합창대 구성원을 돋보이게 하기 위해서 준비하는 것처럼 보인다고 주석하고 있다(크세노폰, 『회상록』(Memorabilia) III, 4-5 항목 참조). 도리옹(Dorion, 1995)은 phuletikōs(부족적으로)란 부사어를 남자 시민이 부족의 일원이 되는 의식에 따라 신체의 훌륭함을 자랑하는 모습에 대한 비유적 언급으로 해석한다. 그러면 "다른 사람들은 부족의 일원으로서(phuletikōs) 자신을 부풀리고 치장함으로써……"로 옮겨질 수 있다

40 납의 산화물, 납과 은을 분리하는 과정에서 만들어지는 부산물.

고, 노란색으로 착색된 금속으로 만들어진 것들은 금으로 보인다.

이와 동일한 방식으로 추론(연역)과 논박에 대해서도 어떤 것은 진 |25|
짜 추론이고 논박이지만, 어떤 것은 그렇지 않은데도 사람의 무경험
(apeiria)으로 인해 그런 것처럼 보인다. 왜냐하면 경험이 없는 사람들은
마치 멀리 떨어져 있는 사물들을 바라보는 것처럼 [추론과 논박을 멀리
서 바라보는 데 지나지 않기] 때문이다. 왜냐하면 **추론(연역)**이 규정된 165a
몇 가지 명제들로부터 전제된 것들을 통해서 필연적으로 전제들과 다른
것을 말하도록 이끌어내는 논의[41]인데 반하여, **논박**은 [상대방이 이끌어
낸] 그 결론의 모순을 동반하는[42] 추론(연역)이기 때문이다.[43] 그런데 어
떤 논의는 추론과 논박[44]을 실제로 수행하고 있지 않음에도 여러 가지
이유로 수행하고 있는 것으로 생각되고 있다.

그 이유들 가운데 가장 일어나기 쉽고 가장 흔한 하나의 토포스[45]는 |5|

●●●

41 제1장 각주 36 참조. 원문은 다음과 같다. ho sullogismos ek tinōn esti tethentōn
hōste legein hēteron ti ex anangkēs tōn keimenōn dia tōn keimenōn.

42 원문은 met' antiphaseōs tou sumperasmatos이다.

43 『분석론 전서』 하권 제20장 66b11 아래에서는 논박과 추론(연역) 간의 연관 관계를 논
의하고 있다. 『분석론 전서』에 따르면 규정된 것, 즉 승인된 전제와 그 결론이 반대되
는 경우에 논박이 생겨난다. 왜냐하면 논박은 그 모순되는 결론을 증명하는 추론이
기 때문이다. 만일 논박이 가능하다면, 반드시 추론(연역)도 가능해야만 한다. 그러
나 추론이 가능하다고 해서 반드시 논박이 가능한 것은 아니다.

44 포스터는 '논박'만을 가리키는 것으로 번역하고 있다.

45 topos란 말은 장소, 위치, 터, 지점 등을 의미한다. 여기서는 논리적 저작인 『토피
카』에서와 마찬가지로 '논의의 터전' 또는 '논점'을 의미하고, 나아가 그 말의 복수
형인 토포이는 '논의하는 방법들' 또는 '논리적 규칙들'을 총칭해서 부르는 말이다.
『수사술』 제1권 제2장 1358a12에서는 토포이를 "윤리적 물음, 자연학적 물음, 정치
학과 다른 많은 이질적인 주제들에 관한 물음에 공통으로 적용할 수 있는 논의들"
이라고 규정하고 있다. "내가 요소(stoicheion)라 부르는 것은 토포스와 같은 것이
다. 왜냐하면 요소와 토포스는 많은 enthumēma를 그 안에 포섭하는 것이기 때문
이다."(1403a18-19) 엔튀메마는 수사술적 논증을 말한다. 중성 복수형인 ta topika는
'topoi(topos의 복수형)에 관계되는 것들'이란 의미이다. 『토피카』(Topica)라는 라틴어
책 제목은 그 말의 원래 의미를 살리고 또 책의 내용을 고려하면 **토포스(변증술적 혹
은 논리적 방법)들에 대한 탐구** 정도로 번역할 수 있겠다. 앞으로 topos의 적절한 번역
어를 찾지 못하는 한, 원어를 그대로 사용하겠다.

이름(말)[46]들에 의존해서 이루어진 논의이다. 왜냐하면 대화 형식을 취해서 논의하는[47] 경우에 논의되는 바로 그 사물을 실제로 제시해서 논의할 수 없으므로 사물 대신에 상징으로서 이름을 사용하고, 그래서 우리는 이름들에서 생기는 것이 또한 사물들에서도 생긴다고 생각하기 때문이다.[48] (이것은 마치 계산하는 사람이 계산하기에 사용되는 작은 돌[49]을 그와 같이 생각하는 것과 마찬가지이다.)[50]

●●●

46 원어 onoma는 기본적으로 사람을 지칭하는 '이름'을 의미한다. 여기서는 술어 노릇을 하는 동사(rhēma)에 대한 주어 노릇을 할 수 있는 이름, 즉 명사를 의미한다. 다시 말해 '어떤 대상을 지칭하는 말, 즉 이름'이라 할 수 있다. 아리스토텔레스는 onoma를 이렇게 정의한다. "이름(명사)은 시간이 없이 규약에 따라 의미를 갖는 말이다. 이것의 어떤 부분도 따로 떨어져서는 의미를 갖지 않는다. 왜냐하면 칼립포스에서 입포스는, '힙포스(hippos, 馬)가 아름답다'라는 문장에서처럼, 그 자체로 의미를 가지지 않기 때문이다. 하지만 단순 명사들에서처럼 복합 명사들에서는 그렇지 않다. 왜냐하면 단순 명사들 안에 있는 부분은 결코 의미를 갖지 않으나, 복합 명사들 안에 있는 부분은 어떤 힘을 갖긴 하지만 분리되어서는 결코 의미를 갖지 않기 때문이다. 예를 들어 에팍트로켈레스(해적선) 안에 있는 켈레스(선)처럼 말이다."(『명제론』 16a19 이하) 또 『시학』에서는 이와 비슷하게 "명사는 시간이 없이 의미를 갖는 복합된 소리이지만, 이것의 어떤 부분도 그 자체로는 의미를 가지지 않는다. …… 예를 들어 '테오도로스' 안에 있는 '도로스'는 의미를 갖지 않는다"고 정의한다.(1457a10–17) 명사(onoma), 동사(rhēma), 변화형(ptōsis), 문장(진술, logos) 등에 대한 아리스토텔레스의 자세한 규정에 대해서는 『시학』 제20장과 『명제론』 제2장–제4장 참조.

47 이 말의 논리적 의미는 '묻고 답하는 과정을 통해 추론하는'(dialegesthai)이다. 즉 대화 형식의 논의 내지는 토론을 말한다. 여기서는 『토피카』에서 탐구하고 있는 추론 방식인 '변증술적' 방법을 포함하여 넓은 의미의 '논의 일반'을 가리키는 것으로 이해할 수 있다. 이런 의미에서 대화를 기본 방식으로 채택하는, 특히 초기 대화편의 플라톤적 변증술(dialektikē)과는 구별된다. 아리스토텔레스의 변증술 방법이 실제적으로 어떻게 수행되는가에 대해서는 특히 『토피카』 제8권의 논의를 참조하라.

48 여기서 이름(onomata)과 사물(pragmata)이 대조되어 사용되고 있다.

49 psēphoi(psēphos)는 조각돌 혹은 주판알과 같은 것을 이용해서 셈하는 계산대. 조각돌에 대해서는 헤로도토스, 『역사』 제2권 36.4('조각돌로 계산하는') 참조.

50 이 비유를 이해하기 위해 솔론의 다음과 같은 말을 고려해보자. "그[솔론]는 독재자들 곁에 빌붙어 권력을 부리는 자들은 계산에 사용되는 조각돌과 같다고 말한다. 왜냐하면 조각돌 하나하나는 경우에 따라 큰 수와 작은 수를 표시하는데, 그와 같이 독재자들도 경우에 따라 그들 한 사람 한 사람을 중요하고 훌륭한 사람으로도, 아무런 가치도 없는 사람으로도 다루기 때문이라는 것이다."(디오게네스 라에르티오스, 『유명한 철학자들의 생애와 사상』 제1권 59). 이 비유에서 작은 돌은 셈에 쓰인 것들이고, 이름은 의미된 것들을 가리킨다. 소피스트들은 동일한 논증 안에서도 하나의 이름을 여러 상

그렇지만 이름들과 사물들은 비슷하지 않다. 왜냐하면 이름들과 이름들로 구성된 문장(진술, logos)[51]들의 양은 한정되는데 반해서, 사물은 수적으로 한정되지 않기 때문이다.[52] 그렇기에 동일한 문장과 하나의 이름(말)이 필연적으로 여러 사물을 의미하게 되는 것이다. 따라서 앞의 예에서, 마치 계산에 사용되는 작은 돌을 다루는 데 능란하지 못한 사람 들이 그것에 숙달된 사람들에게 속임을 당하는 것처럼, 이와 동일한 방식으로 논의의 경우에서도 이름(말)의 힘(dunamis)을 잘 알지 못하는 사람들[53]은 그들 자신이 문답을 펼치는 경우와 다른 사람이 논의하는 것을 듣는 경우에도 오류에 의해 속임을 당하게 되는 것이다. 이런 이유와 또 앞으로 언급될 다른 이유들 때문에, 추론과 논박인 것처럼 보이긴 하지만 실제로는 그렇지 않은 것들이 있는 것이다.[54]

그런데 어떤 사람들에게는 지혜롭게 여겨지는 것이, 실제로는 지혜로 운데도 그렇게 여겨지지 않는 것보다 더 낫기 때문에(소피스트적 기술[55]은

●●●

이한 의미를 가지는 것으로 사용할 수 있다. 주판에서도 작은 돌 역시 경우에 따라 하나의 수와 다른 수를 나타낼 수 있지만, 항시 어떤 한정된 수를 나타낸다. 이를테면 작은 돌은 경우에 따라 한 사람, 20명, 100명을 나타낼 수 있다.

51 낱말들의 결합, 설명, 표현인 문장(진술)은 "의미를 갖는 복합된 소리인데, 그것들의 어떤 부분은 그 자체로 의미를 갖는다."(『시학』 1457a23 - 24) 『명제론』 제4장에서 문장(진술)에 대한 정의 참조(16b26 - 27).

52 이름의 수는 보편자의 수에 의해 한정되지만(peperantai), 보편자의 이름은 한정되지 않은 개별자를 의미할 수 있다. 이를테면 '인간'이란 보편자에 대한 이름은 '인간'이란 말에 해당하는 한정되지 않은(apeira) 개별자를 의미한다.

53 즉, 말의 가능성에 대한 경험이 없는 사람들.

54 아리스토텔레스는 제1장에서 언어의 특징 중 하나로 '여러 의미'를 가질 수 있다는 점을 포착해낸다. '여러 의미'를 가질 수 있다는 것은 '언어의 힘'이며 인간의 언어에서 필연적일 수밖에 없다. 우리가 말하는 '이름'은 한정적이나, 이름에 의해 지칭되는 '사물'은 한정적이지 않은 것이다. 이 구조적 비동일성 내지는 불일치가 '언어의 다의성'을 만들어낼 수밖에 없다. 그렇다고 다의적 의미에 대한 언어의 '힘'이 언어의 난점은 아니다. 이런 언어의 특징이 없다면 언어의 세계에 대한 인간의 올바른 인식의 필요성을 자극할 수 없을 것이다. 그래서 아리스토텔레스는 언어의 '다의적' 특징을 올바르게 깨달아야만 거짓 추론을 찾아내고 올바른 추론으로 이끌릴 수 있다고 주장하는 것이다.

55 sophistikē는 '소피스트적 기술 내지는 앎'이다.

외견상으로는 지혜로워 보이지만 실제로는 그렇지 않으며, 또 소피스트는 외견상으로는 지혜로워 보이지만 실제로는 그렇지 않은 지혜로부터 돈을 버는 자이니까), 그러한 사람들에게는 또한 지혜로운 사람의 일[기능]을 수행[성취]한다고 여겨지는 것이 실제로 지혜로운 사람의 일을 수행하면서도 그렇게 여겨지지 않는 것보다 더 필연적이라는 것은 분명하다.

|25| 그래서 [지혜로운 사람들과 이와 비슷한 사람들이 수행하는 일을] 그 하나하나에 대해서 대조적으로 말함으로써, 한편으로 답변자는 자신이 알고 있는(oide) 것에 대해 거짓(거짓 진술)을 말하지 않도록 하고, 다른 한편으로 질문자는 거짓(거짓 진술)을 말하는 사람을 폭로할 수 있어야 하는 것이, 각각의 것에 대해서 [학적으로] 알고 있는 사람의(tou eidotos) 임무(ergon)이다.[56] 이 두 가지 임무 가운데 전자는 그 논의(로고스)를 내놓을 수 있는 능력이 있어야 하고, 후자는 [올바른 논의를] 요구할 수 있는 능력이 있어야 한다.[57] 그렇기에 소피스트가 되고자 원하는 사람들은 앞에서 언급한 것과 같은 부류의 [질문과 답변의] 논의를 반드시 탐구해 |30| 야만 하는 것이다. 이것이 그들의 일(ergon)을 위한 것이니까. 왜냐하면

●●●

56 '거짓을 범하지 않도록 하고'(apseudein)와 '거짓을 말하는 사람'(ton pseudomenon)을 밝혀내는 것이 지혜로운 자의 임무이다.
57 '논의(이유)를 내놓고 논의(이유)를 요구한다'는 말의 의미는 이렇게 새겨볼 수 있다. 자신이 알고 있는 앎을 남에게 전해주기 위해서는 상대방의 논박을 피하면서 올바른 논의를 전개해야만 한다. 올바른 논의란 자신이 알고 있는 바에 대한 그 '이유 내지는 까닭(로고스)'을 정확히 제시하는 것이다. 다시 말해 '논의를 내놓는(승인받는) 것'(didnonai logon)이야말로 묻고 답하는 변증술에서의 답변자의 임무가 되는 것이다(169b26-27, 172a17, 20, 24; 『토피카』 159b2-4, 155b22, 160a25, 161b11-17 참조). 다른 한편으로 잘못된 논의를 전개하는 사람에 대해서는 그 논의에서 무엇이 잘못되었는지를 정확히 지적해야만 하는데, 그렇게 하기 위해서는 상대방의 주장이 어떤 근거에 입각해서 따라 나왔는지를 따져 물을 수 있어야 한다. 만일 상대방이 제시한 논거가 잘못되었다면 그의 논리적 잘못을 드러낸(폭로한; emphanizein) 셈이 된다. 다시 말해 '논의를 요구하는(확보하는)'(lambanein logon) 것은 질문자의 임무이다(172a23-27, 183b4-5; 『토피카』 155b17-21 참조). 그렇기에 지혜로운 사람은 한편으로 하나의 논의에 대해 올바른 이유를 제시할 수 있어야 하고, 또한 논의에 대한 올바른 이유를 요구해야만 한다.

이러한 [질문을 하고 질문에 답하는] 능력은 사람을 지혜롭게 보이도록 만들고, 소피스트들이 바로 그 의도[58]를 가지고 있는 것이기 때문이다.[59]

이렇게 해서 이러한 논의들의 어떤 부류가 있다는 것, 그리고 우리가 소피스트라고 부르는 사람들은 이러한 [앞서 언급한 것과 같은 논의를 펼치는] 능력을 지향한다는 것은 명백하다. 소피스트적 논의의 종류가 얼마나 있는지, 이와 같은 능력이 숫자적으로 얼마만큼의 요소들로 구성되는지, 이 논고는 모두 몇 부분으로 나누어지는지, 그리고 이와 같은 기술에 이바지하는 다른 요인들과 관련된 것 등의 문제들에 대해 이제부터 논의해보자. |35|

제2장
묻고 답하는 방식에서 네 종류의 논의; 교수적 논의, 변증술적 논의, 검토적 논의, 쟁론적 논의

묻고 답하는 방식으로 추론을 수행하는 논의들[60]에는 네 가지 부류가 있다. 즉 교수적 논의, 변증술적 논의, 검토적 논의, 쟁론(爭論)적 논의 등이다.

(1) **교수적 논의**는 답변자의 의견으로부터가 아니라(배우는 자는 [가르쳐 진 것을 그대로] 믿고 받아들여야만 하니까) 배우게 되는 각각의 것[학문 분야]에 고유한 원리들로부터 추론하는 것이고, (2) **변증술적 논의**는 일반 165b

●●●

58 즉 '지혜롭게 여겨지도록 만드는 것'.

59 이상에서 언급된 소피스트적 기술과 소피스트들이 지향하는 삶의 목표에 대해서는 플라톤이 이미 『소피스테스』의 전반부(221C 아래)에서 자세하게 논의한 바 있다. 또한 이 책의 주제인 '논박의 구분'에 대해서도 플라톤의 같은 저서에서 많은 시사를 받을 수 있다.

60 원어로는 en tō dialegesthai logōn이다. 네 종류의 논의는 각각 didaskalikos, dialektikos, peirastikos, eristikos logos를 말한다.

|5| 적으로 받아들여진 견해(endoxa, 통념)로부터 [주어진 주장(명제)에] 모순되는 것[결론]으로 추론해가는 것이다.[61] **검토적 논의**는 답변자에게 그렇다고 생각되고 있으며, 또 해당하는 주제(논제)에 대한 학적인 앎을 갖고 있는 척하는 사람들이 알고 있어야만 하는 명제들로부터 추론하는 것이다. (어떤 방식으로 추론을 수행해야 하는지는 다른 곳에서[62] 규정한 바 있다.) (4) **쟁론적 논의**는 통념으로 보이지만 실제로는 그렇지 않은 명제들로부터 추론하거나 혹은 추론하는 것처럼 보이게 하는 것이다.[63]

|10| 그런데 '논증적 논의'(apodeiktikē)에 대해서는 이미『분석론』에서 논의했으며,[64] 변증술적 논의와 검토적 논의에 대해서는 다른 곳에서[65] 다루었다. 이제 경쟁적 논의와 쟁론적 논의에 대해 이야기해보자.

● ● ●

61 『토피카』제1권 제1장 100a29 아래에서는 "통념으로부터 추론하는 것을 변증술적 추론"이라고 정의하고 있다. 통념(엔독사)에 대해서는 『토피카』100b21−29 참조.

62 『토피카』제8권 제5장 159a25 아래. 159a25는 '검토'(peira)라는 말이 처음 나타나는 대목이다.

63 교수적 논의를 제외한 이상의 세 가지 종류의 논의의 구분에 대해서는 『토피카』제1권 제1장의 추론의 종류에 대한 규정과 비교해보는 것이 유익하다.

64 학문 방법론으로서 논증(apodeixis)을 구체적으로 논의하는 저서는 『분석론 후서』이다. 논증의 규정에 대해서는 『토피카』제1권 제1장 참조. 거기에서는 논증을 "추론이 시작되는 전제들이 참이고, 최초인 것들로부터 출발해서 성립되는 경우이거나 혹은 몇 개의 최초의 것들과 참인 것들을 통해서 이것들에 대한 앎의 원리(출발점)가 파악되는 그러한 것(전제)들로부터 출발하고 성립되는 경우"(100a27−29)라고 정의하고 있다. 어쨌거나 '논증'도 넓은 의미에서는 논의(로고스, 즉 논의 방식)의 한 형식이지만 그 논의의 출발점, 즉 아르카이(원리들)가 엄격한 학문의 규정성을 요구하는 것이기 때문에 통념(엔독사)으로부터 출발하는 변증술적 방법과는 대립되는 것으로 이해할 수 있다. 그러나 변증술적 방법과 논증의 방법이 다 같이 학문 탐구에서 요구되고 또 유용하다는 측면에서는 이 두 방법이 상호 보완적이다.

65 『토피카』전체를 가리킨다.

ARISTO
TELĒS

오류의 발생과
오류 형식

PERI TŌN

SOPHISTIKŌN

ELENGCHŌN

제3장
쟁론적 논의의 다섯 가지 목표

첫째로 우리는 논의에서 경쟁을 일삼고 승리 거두기를 좋아하는[66] 사람들이 지향하는 목표가 얼마나 되는지를 파악해야만 한다. 그것들은 숫자상 다섯 가지이다. 즉, 논박, 거짓(pseudos), 역설(paradoxa)[67], 어법 어김(soloikismos)[68], 그리고 다섯 번째로 묻고 답하는 상대방을 수다를 |15| 떠는 상태로 빠지게 하는 것(to poiēsai adoleschēsai)(이것은 어쩔 수 없이 동일한 것을 몇 번이나 되풀이해서 말할 수밖에 없도록 만드는 것)이다.[69] 또는 [그들이 목표로 하는 바는] 이것들 각각을 실제로 수행하는 것이 아니라, 수행하는 것처럼 보이게 만드는 것이다.

왜냐하면 그들이 무엇보다도 먼저 선택하는 것은 논의하는 상대방을 논박하고 있는 것처럼 보이게 만드는 것이고, 두 번째로 선택하는 것은 상대방이 무언가 거짓을 말하고 있다는 점을 드러내는 것이고, 세 번째는 상대방을 역설로 이끌어 가는 것이고, 네 번째는 상대방이 어법 어김 |20| 을 저지르도록 만드는 것(이것은 답변자가 논의의 진전에 따라 문법적으로 어긋난[70] 표현을 사용하도록 만드는 것)이고, 그들이 맨 마지막으로 선택하는

● ● ●

66 '승리 거두기를 좋아하는'이라는 말은 내용적으로는 쟁론술을 가리킨다.
67 이 말은 '일반적으로 사람들이 갖고 있는 생각(doxa)에서 벗어난다는 것'을 의미한다.
68 어쩔 수 없이 어법(語法) 어김이라고 옮겼지만, 좀 더 정확히 풀어서 말하면 '헬라스 어의 어형 변화 때문에 생겨나는 것'을 의미한다.
69 이에 대해서는 제13장, 제31장에서 논의된다.
70 원어로는 barbarizein이다. 이 말의 문자적 의미는 헬라스인이 아닌 사람들이 말하듯 이 '알 수 없는 말을 지껄인다'이다. 제14장, 제32장에서 논의된다.

것은 상대방이 동일한 것을 몇 번이나 말하도록 만드는 것이기 때문이다.

제4장

(가) 논박

1 말에 기인하는 6가지 오류[71]

논박[72]에는 두 가지 유형이 있다. 어떤 것들은 표현된 말과 관련된 것
|25| 이고, 다른 것들은 표현된 말과 관련이 없다. 표현된 말과 관련해서 [논
박처럼 보이게 하는] 오해(착각)[73]을 만들어내는 방법은 숫자상 여섯 가
지이다.

그것들은 말의 다의성(동명이의, homonumia), 문장의 모호함
(amphibolia), 결합(sunthesis), 분리(diairesis), 억양[74](악센트, prosōdia), 표
현 형식(schēma lexeōs) 등이다.[75] 이것[76]에 대한 확증(증명, pistis)은 귀납

● ● ●

71 오늘날 오류의 분류 기준에 의하면 언어상의 오류들(verbal fallacies)에 해당한다.

72 아리스토텔레스가 말하는 논박은 '외견상의 논박'을 말하는 것으로, '타당한' 논박이
아닌데 '타당한 것처럼 보이는 논박'을 말한다.

73 원어로는 phantasia(현상, 겉모습)이다. 이 말은 『혼에 대하여』, 『형이상학』을 비롯한
다른 여러 저작에서 인간의 정신적인 것 혹은 인식론적으로 감각을 통해 획득된 '인
상'과 같은 것 또는 '재현', '상상'(imagination)을 표상하는 전문적인 용어로 사용되지
만, 여기서는 '착각'으로 '오해' 내지는 '외견상 드러나는 논리적 잘못', 즉 '오류'를 가
리키는 말로 쓰였다.

74 intonation을 말한다.

75 언어 표현(lexis)을 이루는 부분들은 음절의 첫 번째 구성요소(stoicheion), 음절, 연결
사(sundesmos), 분절사(arthron), 이름, 동사, 변화형, 진술 등이다.(『시학』 1456b20–
21) 어법 내지는 말과 관련된 언어상의 오류를 정리하면 다음의 6가지이다. fallacia
in dictione(언어상의 오류); (1) fallacia aequivocationis(다의성의 오류) (2) fallacia
ambiguitatis(모호한 문장의 오류) (3) fallacia compositionis(결합의 오류) (4) fallacia
divisionis(분리의 오류) (5) fallacia accentus(강조 혹은 억양의 오류) (6) fallacia figurae
dictionis(표현 형식의 오류)

76 단지 6가지 오류만이 있다는 것.

⁷⁷을 통해 또 연역(sullogismos)에 통해서이다. 어떤 다른 연역⁷⁸이 받아들여졌을 때, 즉 우리가 동일한 이름이나 동일한 설명(표현)을 사용해서 동일한 것을 표시할 수 없는 그만큼의 경우의 숫자는 이것[즉, 여섯 가지 방식]만이라는 것을 보이는 연역⁷⁹을 통해서 우리는 그것을 확인할 수 있다.

●●●

77 여기서 귀납(epagōgē)은 전문적인 의미의 논리적 추론 형식을 가리키기보다는 실제로 우리가 '말과 관련해서 만들어낼 수 있는 논박의 숫자들이 앞에서 열거한 6가지로 한정될 수밖에 없다는 점'을 이끌어낼 수 있다는 의미로 사용되었다. 다시 말해 왜 여섯 가지밖에 없느냐 하는 점은 언어와 관련해서 하나하나 따져 보면 결론적으로 그와 같은 결론이 이끌려 나온다는 것이다. 즉, 귀납적으로 증명한다는 것은 다음과 같은 방식이다. 귀납을 사용하는 사람은 6가지 오류들이 어떻게 생겨나는지를 '이미' 알고 있어야만 한다는 사실을 암묵적으로 전제하고 있다.

(1) 말과 관련해서 만들어질 수 있는 논박(오류)은 6가지이다.

(2) 말과 관련된 모든 소피스트적 논박들을 검토하고, 또 그것들이 6가지에 의존하는지 검사한다.

(3) 이 6가지 중에 어떤 하나로도 설명할 수 없는 언어적 소피스트적 논박이 찾아지지 않는다면,

(4) 그렇다면 (1)의 주장은 귀납을 통해 증명되었다.

78 포스터는 어떤 다른(tis allos)에 붙는 것을 '가정'으로 해석한다. 하스퍼(2013)는 '어떤 다른' 다음에 '논의'(logos)가 붙는 것으로 해석한다. 하스퍼는 '어떤 다른 논의(경우)가 받아들여졌을 때'를 귀납과 연결시키고, '동일한 말과 문장으로 동일하지 않은 것을 의미할 수 있는 그렇게 많은 방식으로'를 연역과 연결시키고 있다. 그렇지만 logos는 165b31에 가서야 비로소 나온다. 옮긴이는 문맥이 자연스럽도록 sullogismos가 붙는 것으로 해석하고 번역했다(슐라이버[2003] 20쪽; 도리옹[1995] 124쪽). 여전히 만족스럽지는 않다. '어떤 다른 연역'이 무엇을 말하는지가 모호하다. 이 문단의 여러 가지 번역 가능성에 대해 검토하고 있는 Di Lascio, E. V.(The Theoretical Rationale; Behind Aristotle's Classification of the Linguistic Fallacies in the *Sophistical Refutations*, in ed. by C. Rapp & P. S. Hasper, *Logical Analysis and History of Philosophy*, Vol. 15, Special Issue; Fallacious Arguments in Ancient Philosophy, Mentis, Münster, 2013)의 논의 참조.

79 형식적 추론에 의한 증명이라고 볼 수 있는데, 이 추론은 이렇게 이해할 수 있겠다(알렉산드로스 주석 21-23).

즉, (1) 말과 관련된 논박은 이름과 표현이 늘 동일한 것을 의미하지 않는다는 점에서 이루어진다(대전제).

(2) 그런데 이름과 표현이 동일한 의미를 갖지 않은 경우는 앞에서 언급한 6가지이다(소전제).

(3) 그러므로 말과 관련된 논박은 앞에서 말한 6가지이다(결론).

(1) 말의 다의성으로 발생하는 오류

|30| 말의 다의성(homōnumia, 호모뉘미아)[80]에 따르는 논의들은 다음과 같은 것이다. 예를 들면 '알고 있는 사람들이 **배운다.** 왜냐하면 [학생들이] 구술하는 것을 **배우는** 것은 문법을 아는 사람들[81]이기 때문이다'와 같은 것이다.[82] 이 논의가 다의적이라고 하는 것은 여기서 '**배우는**'(manthanein)이라는 말이 [이미 소유하고 있는] '앎을 사용해서 이해한다'는 의미와 '앎을 획득한다'는 의미로 다의적으로 사용되고 있기 때문이다.[83]

|35| 게다가 또한 '나쁨(악)들은 좋은 것(선)이다.왜냐하면 **마땅히 있어야만 하는 것들**은 좋음이고, 나쁨들도 **마땅히 있어야만 하는 것**이기 때문이다' 와 같은 논의도 마찬가지이다. 여기서 '**마땅히 있어야만 하는 것**'(to deon)은 두 가지 의미로 사용되고 있으니까. 한편으로는 '필연적으로 있어야만 하는 것'을 의미하고 (어떤 나쁨은 필연적이기 때문에, 필연적으로 있어야만 하는 것은 경우에 따라 나쁨에 대해서도 적용된다), 다른 한편으로는 우리가 또한 좋은 것들도 '마땅히 있어야만 한다'고 말한다는 의미로 사용되고 있기 때문이다.[84]

• • •

80　이 말은 경우에 따라 "여러 의미를 가진"으로 옮겼다. 호모뉘미아의 정의는 『범주론』 1a1-2에 나온다. 이 오류의 해소는 제19장에서 논의된다.

81　원어로는 grammatikoi(문법가들)이다. 이 말은 '읽고 쓰는 능력을 가진 사람들'을 일컫는다. 즉, 선생을 가리킨다.

82　"클레이니아스, 배우는 사람들은 어느 쪽 사람들인가? 지혜로운 사람들인가, 무지한 사람들인가?"(플라톤, 『에우튀데모스』 275D) "클레이니아스, 어때? 자네에게는 전문가가 음송해줄 때마다 그것을 배운 아이들은 어느 쪽이었는가? 지혜로운 쪽이었는가, 아니면 무지한 쪽이었는가?" "지혜로운 쪽이었습니다." "그러니 무지한 사람들이 아니라 지혜로운 사람들이 배우는 것이고, 자네는 좀 전에 에우튀데모스에게 대답을 잘한 것이 못되는군."(플라톤, 『에우튀데모스』 276C)

83　"누군가가 처음에는 어떤 대상에 대하여 아무런 앎도 갖고 있지 않다가 나중에 그것에 대한 앎을 받아들일 때, 사람들은 그와 같은 경우에도 '배우다'(manthanein)라는 이름을 붙여 부르지만, 이미 앎을 갖고 나서 동일한 대상을 그것이 행위이든 말이든 간에 이 앎을 갖고 헤아릴 때에도 같은 이름을 붙여 부른다는 것을, 사람들은 이 경우를 '배우다'보다는 '이해하다'(sunienai)로 부를 때가 더 많긴 하지만, 때로는 '배우다'로 부르지."(플라톤, 『에우튀데모스』 277E5-278a5)

84　여기서 '필연적으로 있어야만 하는 것'과 '마땅히 있어야만 하는 것들'로 옮긴 원어는

게다가 '동일한 사람이 앉아 있으며 서 있고, 병들어 있으며 건강하다. 왜냐하면 서 있는 사람이 서 있던 사람이고 건강한 사람이 건강하게 된 그 사람인데, 서 있던 사람은 앉아 있던 사람이고, 건강하게 된 사람 은 병든 사람이기 때문이다'라는 논의 역시 마찬가지이다. 왜냐하면 '병든 사람'이 이러이러한 일을 행하거나 혹은 이러이러한 일을 당한다는 것이 여기서는 한 가지 것을 의미하는 것이 아니라, 어떤 때에는 '현재 병들어 있는 사람'[85]을, 다른 어떤 때에는 '이전에 병들었던 사람'을 의미하기 때문이다. 물론 건강하게 된 사람은 병자였고, 그때에는 병들어 있던 사람이다. 그러나 건강한 사람은 [건강한 그때에는] 병들어 있는 것 이 아니다. 건강한 사람을 '병든 사람'이라고 말할 수 있는 것은 지금 병들어 있다는 의미에서가 아니라 이전에 병들어 있었던 사람이라는 의미에서이다.

(2) 모호성의 오류

[문장의] 모호성에 따르는 논의는 다음과 같은 것이다. '나의, 적의, 사로잡기를 바람.'[86] 또는 '그러니, 누군가가 아는 것은, 그것은 아는[87] 것

● ● ●

각각 to anangkaion과 ta deonta이다. 이 오류의 예는 널리 알려져 있다시피 악(나쁨)에 대해 사용되는 전자를 **사실적 의미**의 '있음'으로, 선(좋음)해 대해 사용되는 후자를 **당위적 의미**의 '있음'으로 받아들이면 쉽게 이해할 수 있다.

85 보리스, 포스터, 피카드-케임브리지 등을 좇아 kamōn(병들어 있는) 다음에 ē kathēmenos(혹은 앉아 있는 사람)을 생략하고 읽었다.

86 이 문장('to boulesthai labein me tous polemious')을 정확히 우리말로 옮기기는 어렵다. 여기서 인칭 대명사 me는 다의적으로 사용되지 않았고, 일의적으로 한 사람만을 언급한다. 따라서 이 말은 모호하지 않다. 모호성은 labein me tous polemious에 놓여 있다. 하지만 어렵지 않게 이해할 수 있는 것은, 이 예문이 '내가 적을 사로잡기를 바란다'와 '적이 나를 사로잡기를 바란다'라는 두 가지 의미를 갖는 문장으로 해석할 수 있다는 점이다. 게다가 이 두 경우에 '바람'의 주체도 각각 '내가 바람'과 '적이 바람'이 가능하기 때문에 네 가지 의미로 해석할 수 있다. 이에 대한 설명은 아래의 각주를 보라.

87 '그것은 아는'은 '**그것이 아는**'이라는 의미로, 또 '**그것을 아는**'이라는 의미로도 이해할 수 있다. 중성 지시대명사 touto(그것)는 주격과 목적격이 같은 형태이기 때문에 두 가지 의미로 사용될 수 있다. 다시 말해 '그것은 아는'은 그 앎의 소유자 편에서의 지

인가?'도 그렇다. 왜냐하면 후자의 문장(표현, logos)으로는 '아는 사람'과 '알려진(인식된) 것'이 모두 '안다'라는 의미를 갖는 것이 가능하기 때

|10| 문이다. 그리고 '그러니, 누군가가 보는 것, 그것은 보는 것인가?[88] [상대방이 '그렇다'라고 답변하게 되면] 그런데 말야, [어떤 사람이] 기둥을 보네. 그러므로 기둥은 보는 것이네.' 또 '그러니, 당신이 이다(있다)라고 말하는 것, 당신은 그것이 이다(있다)[그것이다]라고 말하는 것은 아닌가? 그런데 말야, 당신은 돌을 이다(있다)라고 말한다. 그러므로 당신은 돌이다라고 말하는 것이네.' 또 '침묵한 것의 말함은 가능한가?'도 마찬가지이다. 왜냐하면 '침묵한 것의 말함'도 역시 말하는 자가 침묵한다는 것과 [그에 의해] 말해진 것들이 침묵한다는 것이란 두 가지 의미를 갖고 있기 때문이다.[89]

|15| 그런데 다의성과 모호함에 연관된 [오류를 일으키는] 논의에는 세 가지 방식이 있다. (1) 하나는 표현 또는 이름이 표준적으로(본디, kuriōs)[90]

• • •

식을 의미하거나 또는 인식된 것에 대한 지식을 동시에 의미할 수 있다. 문법적으로 이야기하자면, 헬라스어의 소유격(genitive)은 주어를 의미하는 소유격과 목적어를 의미하는 소유격으로 사용될 수 있다. 앞서의 예와 마찬가지로 원문은 명사가 아닌 동사의 소유격 표현으로, 동사의 주어와 목적어를 취하는 형식의 문장이다(H.W. Smyth, *Greek Grammar*, Harvard, 1984, pp. 318-320 참조).

88 앞의 예들과 마찬가지의 설명이 가능한데, 원문(touto hora)의 중성인 touto는 동사인 hora의 주어 혹은 목적어로 사용될 수 있다.

89 '말함'의 주어로서 남성 단수 목적격으로 '사람'을 취할 수도 있고, 중성 복수 목적격으로 '사물'을 취할 수도 있다. 플라톤, 『에우튀데모스』 300B-C. 하나의 예; "그러면 또한 말하는 것들은 침묵할 수 없는가?" "훨씬 더 안 되지요." "하지만 돌과 나무와 쇠붙이를 자네가 말한다면, 침묵하는 것들을 자네가 말하는 것이 아닌가?" 다른 예; "침묵할 때면 자네는 모든 것에 대해 침묵하지 않는가?" "나야 그렇지요." "그 모든 것에 말하는 것들이 속한다면, 말하는 것들에 대해서도 자네는 침묵하지 않는가?" "모든 것은 침묵하지 않나요?" "전혀 그렇지 않네." "그렇다면 모든 것은 말하나요?" "말하는 것들이야 분명 그렇겠지." "하지만 나는 그걸 묻는 게 아니라 모든 것은 침묵하는지 아니면 모든 것은 말하는지를 묻는 겁니다."

90 번역하기 어려운 말이다. "가장 엄밀한 의미로 또 제일의적으로"(kuriōtata … kai prōtōs)(『토피카』 103a26)를 염두에 두고 이렇게 옮겼다. 아리스토텔레스는 언어의 규약설(conventionalism)을 받아들인다. 그에 따르면 표준적 이름(kurion onoma)은 사물에 대한 규약적 이름일 수 있으나, 모든 규약적 이름이 표준적 이름은 아니다. "내

한 가지 이상의 것을 의미하는 경우, 예를 들면 aetos(독수리, 박공벽[博栱壁])와 kuōn(개, 천랑성[天狼星, Seirios][91], 견유학파 철학자들) 등이 그렇다.[92] (2) 다른 하나는 우리가 습관적으로 이와 같은 식으로[93] 하나의 말을 사용하는 경우이다.[94] (3) 세 번째는 하나의 말이 그것 자체만으로 단독으로 사용되는 경우에는 단지 하나의 의미만을 갖지만 다른 말과 결합해서 사용된다면 하나 이상의 의미를 갖는 경우이다. 예를 들면 '글자들을 아는'(epistatai grammata) 것이 그렇다. 왜냐하면 '아는'이라는 말과 '글자들'이라는 말 각각이 단독으로 사용되는 경우에는 하나의 의미만을 갖지만, 이 두 낱말이 결합되어 사용된다면 '글자들 자체가 앎을 가진다' |20| 라거나 혹은 '다른 누군가가 글자들의 앎을 가진다'라는 하나 이상의 의미를 가지기 때문이다.[95] 그렇기에 모호함과 다의성은 이와 같은 방식에 따라서 이루어진다.

● ● ●

가 표준어(kurion)라고 말한 것은 각각의 [지역에 살고 있는] 사람들이 [일상적으로] 사용하고 있는 말을 뜻하며, 외래어(glōtta)란 다른 [지역에 살고 있는] 사람들이 사용하고 있는 말을 뜻한다. 그러므로 분명한 것은 똑같은 말이, 물론 동일한 사람들에 대해서 그렇지는 않겠지만, 외래어이며 [동시에] 표준어일 수 있다는 사실이다. 실제로 [창(槍)을 뜻하는 말] '시귀논'(Sigunon)은 퀴프로스 사람들에게는 표준어이지만 우리[아테나이인들]에게는 외래어이기 때문이다."(아리스토텔레스,『시학』 1457b1-6)

91 항성 중에 가장 밝은 별(Sirius, dog-star).
92 aetos의 '표준적 이름'(kurion onoma)은 독수리와 박공벽[博栱壁]이다. 아마 당시에는 건축물 박공(pediment)에 독수리를 장식했던 것 같다. 그래서 환유를 통해 전체 '벽공'을 '독수리'라고 부른 듯하다. kuōn의 '표준적 이름'은 개다. 양자는 또한 물고기 종류에 대한 표준적 이름이기도 하다(아리스토텔레스,『동물지』 540b18, 566a31). kuōn은 '상어', '천랑성'(dog-star; Seirios), '견유학파 철학자들'을 의미한다. 자신의 '개'를 칭송하기 위해 '하늘의' 개('별')를 찬양하는 수도 있다.
93 한 가지 이상의 것을 의미하는 방식으로.
94 한 낱말을 비유적으로 사용하다 보니 원래 그 말이 갖고 있던 의미와 병행하여 다른 의미로도 사용되는 경우이다. '못대가리', '책상다리', '우두머리' 등의 경우를 고려해보면 될 것이다. 특히 이 예들에서 '대가리', '다리', '머리'에 주목하라.
95 '글자들'이 구문에서 이중적 역할을 하기 때문이다. '글자들'(grammata)은 그 동사(epistatai)의 주어와 목적어 역할을 할 수 있다. 그래서 이야기되는 맥락과 동떨어지면 문장의 모호함을 가져온다는 것이다. 하지만 이 문장('글자들을 안다')의 의미론적 차원에서는 전혀 모호하지 않다. 글자가 앎의 목적이지 주어가 될 수는 없기 때문이다.

(3) 결합의 오류

|25| 말의 결합과 관련된 논의는 다음과 같은 것들이다. 예를 들면 '사람은 앉아 있으면서도 걸을 수 있고, 쓰고 있지 않으면서도 쓸 수 있다.' 왜냐하면 누군가가 말(낱말들)을 나누어서 말하는 경우[96]와 이 말들을 결합시켜서 '앉아 있으면서 걷는 것이 가능하다'[97]고 말하는 경우에[98] 그 의미는 동일하지 않기 때문이다. 이것은 누군가가 말들을 결합해서 '쓰지 않으면서도 쓰고 있는'이라고 말하는 경우도 마찬가지이다. 왜냐하면 [이 말을 하는 그때에] '그 사람은 쓰지 않으면서 동시에 쓸 수 있는 능력

|30| (dunamis)을 갖고 있는' 것을 의미하지만, 이 말들을 결합해서 말하지 않는다면, 이것은 '그 사람이 지금 쓰고 있지 않을 때 쓰는 능력을 갖고 있는'[99] 것을 의미하기 때문이다.[100] 다른 예를 하나 더 들자면, '만일 그가 아는 것을 배웠다면 그는 지금 글자를 배운다'[101]가 그렇다. 게다가 '단지

● ● ●

96 즉, 나누어 말하는 경우에 그 말의 의미는 '누군가가 앉아 있지만 (그가 그렇게 하고자 한다면) 걸을 수 있는 능력을 갖고 있다'가 된다.

97 이 말의 의미는 '동시에 걸을 수도 있고 앉아 있을 수도 있다'는 것이다.

98 로스와 포스터의 읽음을 좇아서 사본(hōs dunaton ton kathēmenon badizein [kai mē graphonta graphein])의 ton을 to로 읽고, 보리스와 포스터와 더불어 badizein 다음에 kai mē graphonta graphein(그리고 그리지 않으면서 그리는 것이)을 생략하고 읽었다.

99 다시 말해, '동시에가 아니라 앞으로 언젠가 쓸 수 있는 능력을 갖고 있다(echei dunamin)'는 의미이다.

100 이상의 논의에서 경우의 수를 나누어 보면 이렇게 된다. **(가-1)** Sa & D(Wa), **(가-2)** D(Sa & Wa), **(나-1)** -Ga & D(Ga), **(나-2)** D(-Ga & Ga) [단, 여기서 a는 개별자, S는 '앉아 있다', W는 '걷는다', G는 '쓰고 있다', 그리고 '-'는 부정을, D는 문장 양상자(sentential modal operator)로 '가능하다'를 표시한다.] 그러면 **(가-2)**와 **(나-2)**는 모순율을 범하고 있다.

101 '당신이 아는 것은 당신이 배운 것이다. 그는 지금 문법을 배우는 중이다. 그렇다면 그는 지금 문법을 배웠거나 혹은 배우는 중이다.' 피카드-케임브리지(1928)의 수정 번역본(1984, 반스 편집판)은 옥스퍼드 판, 즉 로스(1958)의 텍스트(kai manthanei nun grammata eiper manthanei ha epistatai)에서 ha epistatai를 생략하고 eiper emanthnen으로만 읽어서 '만일 그가 그의 글자를 배웠다면 그는 지금 안다'로 옮기고 있다. 포스테(Poste, 1866)는 manthanōn grammata haper manthanei epistatai(글자를 배움으로써 그는 그가 배우는 것을 안다)로 수정해 읽는다. 포스터는 원문을 로스("만일 그가 자신이 아는 것을 배운다면 그는 지금 그의 글자를 이해한다

하나의 것을 운반할 수 있는 사람은 많은 것을 운반할 수 있다'[102]도 마찬가지이다.

(4) 분리의 오류

다음과 같은 논의들은 분리와 관련된 것들이다. '5는 2와 3이므로 5는 또한 홀수이고 짝수이다', 그리고 '[어떤 것보다] 더 큰 것은 [더 작은 것과] 같다.'[103] 왜냐하면 그것은 그것[그 어떤 것]만큼 큰 것이고 그리고 게다가 그것[그 어떤 것] 이상으로 크기 때문이다.[104] 왜냐하면 동일한 |35|

• • •

[배운다])"와 같이 읽고 있으나, eiper manthanei 대신에 eiper emanthanen으로 읽고 있다. 포스터는 이 문장을 다른 방식으로 결합해 읽으면 '그가 글자를 배웠기 때문에 그가 아는 것을 지금 배운다'의 의미로도 새길 수 있다고 덧붙이고 있다. 결국 이 논의에서 오류의 예는, '지금'을 '배운다'와 결합해서 말하면 '(지금) 아는 것을 지금 배운다'라는 의미가 성립한다는 것이다. 앞의 예들과 비교해서 생각해보면, 말의 결합에 따라서 이 말은 '알고 있지만 배우지 않으면, 배울 수 있는 능력을 갖고 있는 것'이고, '알고 있으면서 배우면, 아는 것을 지금 배우는 것'이 된다. "자네가 모든 글자를 알고 있다면 자네는 아는 것을 이해하는 것이네."(플라톤, 『에우튀데모스』 277A9 - B1)

102 100kg을 나를 수 있는 자는 200kg이나 300kg도 나를 수 있다. 하지만 단번에 나를 수 있는 것은 아니고 한 번씩 나를 수 있다. 즉 '많은 것을 나를 수 있다는 것은 단지 하나의 것만을 나를 수 있다'로 새길 수 있다. 이 문장에서 단지(monon)를 '하나'(hen) 혹은 'dunamenon'(……할 수 있는)과 결합시켜 읽을 수도 있다. '하나'와 분리해서 dunamenon과 결합시켜 해석하면 "하나의 것을 **나를 수 있을 때만** 많은 것을 나를 수 있다"가 된다. 그렇다면 '단지 하나의 능력을 갖는다는 것이 다른 어떤 능력도 갖는 것이다'라는 불합리한 주장이 나올 수 있다. 플라톤의 『에우튀데모스』 294A에도 이와 유사한 예가 나온다. 거기에서는 인간의 앎과 관련해서 '하나의 것이라도 알고 있다면 모든 것을 아는 것인가(eiper kai hen epistasai, panta epistasai)?'라는 물음이 주된 논의의 대상이 되고 있다.

103 (1) 5는 2와 3이다. (2) 5는 2보다 크다. (3) 2는 5보다 작다. (4) 그러므로 더 큰 것은 더 작은 것과 같다.

104 이 논의는 다음과 같이 이해할 수 있다. 만일 5가 2와(kai) 3이라면, 즉 5=2+3이라면, 소피스트적 추론에서 하는 것처럼 - 답변자가 승인한 것처럼 - 2와 3을 각각 따로 분리할 경우에 5는 2이고 또 5는 3이다. 여기서 연언(conjunction)의 kai는 덧셈의 수학적 기능이기도 하다. 다시 말해 5는 2로서는 2와 같고, 3으로서는 3과 같다(5=2, 5=3). 그러므로 5는 홀수이면서 짝수이다. 나아가 만일 5는 2이고 또 5는 3이라면(5=2, 5=3), 3은 2이다(3=2), 즉 더 큰 것은 더 작은 것과 같다. 즉 (x+y) = (x)+(y)로부터, (x+y) = x and (x+y) = y를 추론해낸다. 왜냐하면 3은 또한 2+1이

문장이 분리된 경우와 결합된 경우에 항상 동일한 의미를 가진다고 생
각되지 않기 때문이다. 예를 들면 '내가 너를 자유로운[해방] 노예로 삼
았다'[105]와 '신과 같은 아킬레우스는 사람들 중에 백 명–오십 명을 잃었
다(뒤에 남겼다)'[106]가 그러하다.[107]

(5) 악센트(抑揚)의 오류

글로 쓰여 있지 않은 문답의 논의에서 억양(악센트)에 따르는 오류를
만들어 내는 것은 쉽지 않지만, 글로 쓰여 있는 문장과 시(詩)에서는 [앞
의 경우보다] 더 쉽다. 예를 들면 호메로스가 'to men hou kaputhetai
ombrō'[108]라고 말하는 표현이 이상하다고 비판하는 사람들에 대해 어떤

• • •

기 때문이다.

105 원문은 egō s' ethēka doulon ont' eleutheron이다. 이 문장은 어디에서 끊어 읽느
냐에 따라 의미가 달라질 수 있다. ont'를 앞의 노예(doulon)에 결부시켜 읽느냐, 아
니면 뒤에 이어지는 자유인(eleutheron)에 결부시켜 읽느냐에 따라서, 다시 말하자
면 어느 쪽에서 분리시키느냐에 따라서 이 문장의 의미가 달라질 수 있다. 즉 (1)
'나는 자유롭던 너를 노예가 되게 했다'라는 의미와 (2) '나는 노예였던 너를 자유롭
게 했다'라는 의미로 해석이 가능하다. 또 (3) '나는 너를 자유로운 노예로 삼았다'로
달리 읽을 수도 있다. 이 말은 헬라스 희극에서 유래하지만 그 출전은 분명하지 않
다. 트리꼬(1995)는 로마시대 희극작가 테렌티우스(Terentius)의 『안드리아』(Andria)
1.1.10(feci e servo ut esses libertus mihi; 내가 너를 노예에서 자유로운[해방] 노예가
되도록 했다)에도 나온 것으로 보고 있다. 혹자는 메가라의 스틸폰으로 보고 있지
만, 고대의 그 누구도 이에 대한 언급은 하지 않았다.

106 이 말 역시 출전은 분명하지 않지만 아마도 사시(史詩, 전설)와 관련된 시에서 인
용된 것으로 추정되는데, 원문은 pentēkont' andrōn hekaton lipe dios' Achilleus
이다. 사람(andrōn)을 앞의 오십(pentēkont')과 결부시키느냐, 아니면 바로 뒤의 백
(hekaton)과 결부시키느냐에 따라 그 의미가 달라진다. 즉, (1) '100명 가운데 50명
을 남겼느냐(잃었느냐), 아니면 (2) 50명 가운데 100명을 남겼느냐(잃었느냐), 혹은
(3) 사람들의 100명과 50명을 남겼느냐(잃었느냐)]라는 의미로 해석할 수 있다. 물론
'50명 가운데 100명'이라는 표현은 논리적 모순을 범하는 것이기 때문에 아무런 의
미를 갖지 않지만 말이다.

107 이 두 인용문의 출전에 관한 논란에 대해서는 도리옹(Dorion, 1995, pp227-228) 참조.

108 호메로스, 『일리아스』 제23가 328행. 이것을 우리말로 옮기면 "거기에서(hou) 비에
의해 썩는 (나무) …"이다. 이곳은 전차경기를 하기 위해 네스토르가 자신의 아들에
게 반환점을 도는 올바른 방법을 충고하는 대목이다. 비에 썩지 않는 나무가 바로

사람들은 호메로스의 시구를 수정한다. 왜냐하면 그들은 그 난점을 억
양을 바꿈으로써, 즉 ou를 좀 더 예음조(銳音調)의 악센트를 가진 oὐ로
읽음으로써 해결하기 때문이다.[109]

또한 아가멤논의 꿈에 대한 대목에서도 그들은 제우스 자신이 '우리
[신들]가 아가멤논에게 그의 기원의 성취를 허락한다(didomen)'라고 말
한 것이 아니라, 제우스가 '꿈에게' 아가멤논의 기원을 들어주도록 명령
을 내린(didomen=didonai) 것이라고 주장한다.[110] 그렇기에 이와 같은 예
들은 억양에 따른 논의들이다.

(6) 표현 형식의 오류

표현 형식에 의존하는 논의들은 동일하지 않은 것이 동일한 형식으로
표현될 때 생겨난다. 예를 들면 남성인 것이 여성의 형식으로, 혹은 여

• • •

반환점 노릇을 하고 있다.

109 호메로스의 표현에서 hou를 oὐ(not)로 읽어서 '비에 의해 썩지 **않는**…'으로 고친다
는 것이다. 호메로스의 『일리아스』가 문자화되기 시작한 것은 기원전 8세기 즈음으
로 추정되지만, 악센트 부호가 사용되기 시작한 것은 기원전 3세기경이라고 한다.
아리스토텔레스는 『시학』 제25장 1461a21-23에서 지금 우리가 논의하는 호메로스
의 시가를 악센트에 따라 수정하는 방법이 타소스 출신인 히피아스(Hippias)의 해
결책이었다고 보고하고 있다. 전해지는 호메로스의 원문은 ou로 되어 있다. 어쨌든
여기서 논의되는 악센트(prosōdia)는 강조(stress)뿐만 아니라, 억양과 인토네이션,
음(音)의 높낮이 그리고 숨을 들이쉬고 내뱉는 발음 문제까지도 포괄하는 넓은 의미
를 가진다. 그러므로 오늘날 대학의 논리학 시간에 흔히 '강조의 오류'라고 가르치
는 것보다도 더 넓은 외연을 가진다. 악센트(예음[´], 억음[`], 곡음[circumflex, ⌒];
동일 음절에서 높낮이가 이뤄지는 것)에 따라서 그 말의 의미가 달라지는 것은 고대
헬라스어의 특징이다.

110 이른바 '아가멤논의 꿈'에 대한 이야기는 『일리아스』 제2가 1-35행에 기술되어 있
다. 그러나 여기서 논의하는 인용 문장은 『일리아스』 제21가 297행으로, 포세이돈이
위급한 상황에 처한 아킬레우스에게 신의 전갈을 전해줌으로써 용기를 북돋워 주는
말("우리가 그대에게 영광을 얻도록 해주리라", didomen de toi euchos aresthai)이다.
여기서 문제가 되는 것은 텍스트(didomen de hoi euchos aresthai)의 didomen(우리
는 허락한다)을 didomen(도리아식 방언으로 didomenai[=didonai]를 짧게 줄인 부정
법의 형태로 명령문에 사용되는 말)으로 악센트의 위치를 바꿈으로써 문장의 주어가
'꿈'이 되도록 문장의 의미를 바꾸는 것이다. 『시학』 제25장 1461a22-23 참조.

성인 것이 남성의 형식으로, 혹은 중성인 것(to metaxu)이 남성 혹은 여성의 형식으로, 혹은 질적인 것이 양적인 것의 형식으로, 혹은 양적인 것이 질적인 것의 형식으로, 혹은 능동적인 것이 수동적인 것의 형식으로, 혹은 상태가 능동적인 것의 형식으로 표현되는 경우가 그렇고, 또한

|15| 앞서 구분된 바 있는 다른 형식들[111]에 대해서도 마찬가지이다. 왜냐하면 능동의 범주(카테고리아)에 속하지 않는 것을 능동에 속하는 어떤 것으로서 표현 형식을 사용하여 표시하는 것이 가능하기 때문이다. 예를 들면 '건강한 것'이라는 말은 표현 형식에서 '자르는 것' 혹은 '집을 건축하는 것'이라는 말과 비슷한 것이다.[112] 그렇지만 전자는 어떤 질을, 즉 어떠한 상태를 나타내는 데 반해, 후자는 어떤 행위를 나타낸다.[113] 다른 모든 경우들에도 동일한 방식이 적용된다.

2 말에 기인하지 않은 7가지 오류

|20| 따라서 말과 관련된 논박들은 [앞에서 설명한] 이와 같은 토포스(공통되는 논리적 규칙)에서 이끌어낸 것들이다. 한편, 말과 관련되지 않은 오류(paralogismos)[114]들은 다음의 7가지 종류가 있다.

첫째는 부수하는 것[115]과 관련된 것이고, 둘째는 어떤 표현을 단적으로(무제약적으로) 혹은 단적으로가 아니라 어떤 관점, 장소, 때, 관계에

●●●

111 『토피카』 제1권 제9장(103b20 아래)에서 규정된 바 있는 10개의 범주를 가리킨다. 결국, 표현 형식의 오류는 다른 범주에 속하는 것을 같은 범주에 속하는 것으로 간주해서 말하는 경우에 발생한다. 이것은 범주상의 오류(categorical mistake)를 가리킨다.

112 동사의 부정법을 가리킨다. 다시 말해 '건강한 것', '자르는 것', '집을 건축하는 것'은 부정법의 표현 형식을 취한다. 그러나 표현 형식이 같더라도 '건강한 것'은 어떤 '질'(상태)를 나타내고, '자르는 것', '건축하는 것'은 '행위'를 나타낸다.

113 가령, '병든'(ailing)이 '자르는'(cutting), '집을 짓는'(building)과 같은 어미(ing)를 갖고 있다고 해서 병든(ailing)을 하나의 '행동'으로 생각해서는 안 된다.

114 paralogismos를 스토아 철학자들은 sophisma(오류, 소피스트적 추론) 혹은 aporos logos(다루기가 불가능한 논증, 해결책이 없는 논증, 길이 꽉 막혀 있는 논증)라고 불렀다(디오게네스 라에르티오스, 『유명한 철학자들의 생애와 사상』 제7권 82).

115 원어로는 to sumbebēkos이다.

한정해서 말하는 것이고, 셋째는 논박의 무지와 관련된 것이고, 넷째는 결론과 관련된 것이고, 다섯째는 증명되어야 하는 애초의 논점을 승인 된 것으로 전제하는 것과 관련된 것이고,[116] 여섯째는 원인이 아닌 것을 원인으로 놓는(내세우는) 것이고,[117] 일곱째는 여러 개의 질문을 하나의 질문으로 만드는 것이다.[118] |25|

제5장
말에 기인하지 않은 오류의 예들[119]

(1) 부수하는 것(우연)의 오류

그런데 부수하는 것과 관련된 오류들은 어떤 속성이 그 사물 (pragmata)과 그 사물의 부수하는 것에 비슷한 방식으로 속한다고 주장 하는 경우에 생겨난다.[120] 왜냐하면 동일한 사물이 부수하는 많은 것을 |30|

●●●

116 원어로는 to para to en archē lambanein이다. 선결문제 요구의 오류(begging the question), 즉, 논점 절취의 오류(petitio principii)를 가리킨다.

117 원어는 to mē aition hōs aition tithenai이다.

118 원어로는 to ta pleiō erōtēmata hen poiein이다. 즉, 복합질문의 오류(fallacy of complex question)를 가리킨다. 플라톤도 『고르기아스』에서 'duo hama me erōtas'(두 가지 것을 한 번에 묻는다; 466C), 'ouch haploun touto erōtas'('그 질문은 단순한 것이 아니다'; 503A)라는 유사한 표현을 사용하고 있다. 이 복합질문의 오류 는 논의가 아니기 때문에 오류라기보다는 '하나의 기만적 질문'으로 보는 편이 더 옳을지도 모르겠다. 어쨌든 말에 기인하지 않은 이상의 논의를 정리해보면 다음과 같다. fallacia extra dictionem(언어와 관련이 없는 오류); (1) fallacia accidentis(우 연의 오류) (2) fallacia a dicto secundum quid ad dictum simpliciter(한정된 표현 을 단적인 표현으로 사용하는 오류) (3) ignoratio elenchi(논박의 무지에 의한 오류) (4) fallacia consequentis(결론의 오류, 논증 부족의 오류, 부당 귀결의 오류) (5) petitio principii(논점 절취의 오류, 선결문제 요구의 오류) (6) non causa pro causa(원인이 아 닌 것을 원인으로 삼아서 생기는 오류) (7) fallacia plurium interrogationum ut unius(복 합질문의 오류)

119 논의 주제와 내용에 관련된 오류들.

120 부수하는 것의 오류는 제24장에서 그 해소책이 논의된다.

갖고 있기 때문에, 모든 동일한 속성이 [한 사물의] 모든 술어와 그것들이 술어가 되는 것[술어들의 주어]에 속해야만 한다는 것은 필연적으로 따라 나오지 않기 때문이다.[121] 예를 들면 '만일 코리스코스가 "인간"[122]과 다르다고 하면, 그는 그 자신과 다르다. 그는 [한] "인간"[123]이니까.' 혹은 '만일 코리스코스가 소크라테스와 다르고, 소크라테스가 인간이라면, 코리스코스는 인간과 다르다'[124]고 하는 것에 사람들은 동의할 수 있다고 말한다. 왜냐하면 코리스코스가 그것[소크라테스]과 다르다고 [사람들이] 말한 그것[소크라테스]이 부수적으로 인간이기 때문에 [결국 이러한 소피스트적 추론이 성립하게 된다].

|35|

● ● ●

121 부수하는 것(sumbebēkos, 동반하는 것)은 정의나 고유 속성 또는 유(類)에는 없는 것이나 그 사물에는 속한다(『토피카』 제1권 제5장 102b5 아래). 한 사물에 부수하는 것은 술어를 통해서 나타난다. 또한 술어는 주어(기체)의 본질 혹은 속성을 포함한다. '소크라테스는 인간이다', '소크라테스는 희다', '소크라테스는 작다'와 같은 예를 생각해보자. 여기서 '인간, 희다, 작다'는 술어이면서도, '인간'은 소크라테스의 본질을, '희다'와 '작다'는 소크라테스의 속성을 표시한다. 그 사물의 속성은 또한 주어에 부수하는 것이다. 결국 여기서 요점은 '소크라테스는 희다'라고 말할 수는 있지만, '흼은 작다' 혹은 '작음은 희다'라고는 말할 수 없다는 것이다. '우리가 한 사물의 술어가 되는 것은 어떠한 것이든지 그 사물에 부수하는 것 각각에 대해서도 술어가 된다'고 가정해보자. 또한 그 역도 성립한다. 그러면 다음과 같은 소피스트적 논의가 성립할 수 있다. 즉 '만일 코리스코스가 소크라테스와 다르고 또 소크라테스가 인간이라면, 코리스코스는 인간과 다르다'가 따라 나온다는 것이다.
122 보편자로서의 '인간'으로 이해하면 되겠다.
123 개별적 '인간'으로 이해하면 이 논의는 성립한다. 이 오류 논변은 '인간'(anthrōpos)의 다의성(equivocation)으로 설명할 수 있다. 그런데 아리스토텔레스는 오류의 근거를 다의성으로 설명하지 않을까?
124 이 논의에서는 '인간'에 대한 다의성은 없다. 전제와 결론에서 '인간'은 개별적 인간을 의미한다. 아리스토텔레스는 앞의 논의와 이 논의를 다의성의 오류가 아닌 비언어적 해결책으로 제시한다. 즉 '부수하는 것의 오류'로 설명하고 있다. '다르다'(heteron)는 것을 다의성으로 설명할 수는 없을까? 전제에서의 다름은 '… 와 다른 개별자임'을 의미하고, 결론에서의 다름은 '종적 인간에 속하지 않음'을 내포하는 것으로 해소해볼 수는 없을까?

(2) 특정한 표현이 단적으로 사용되느냐, 아니면 제한적으로 사용되느냐에 관련된 오류들

어떤 특정한 표현이 단적으로(무조적적으로, haplōs) 말해지느냐, 혹은 어떤 관점에서(pē) 그리고 표준적이지(주된 의미에서, 본래적이지, kuriōs) 않게 말해지느냐와 관련된 오류들은 부분적으로(en merei) 말해진 표현이 단적으로 말해진 표현으로 받아들여질 때 생겨난다.[125]

예를 들어 '만일 **있지 않은 것**이 생각의 대상이라면, **있지 않은 것**은 있다'라는 논의가 있을 수 있겠다. 왜냐하면 적어도 '어떤 것이 있다는 것'과 '단적으로 있다는 것'은 같지 않기 때문이다.[126] 더욱이 '있는 것은, 만일 그것이 있는 것들 중에 어떤 것이 아니라면, 예를 들어 어떤 인간이 아니라면 있는 것이 아니다.' 왜냐하면 '어떤 [특정한] 것이 아닌 것'과 '단적으로 있지 않은 것'은 같지 않기 때문이다. 그러나 **말의 근접성(밀접한 유사성**, pareggus) 때문에, '어떤 것이 있다는 것'은 [단적으로] 있는 것'과, 또 '어떤 것이 아닌 것'은 '[단적으로] 있지 않은 것'과 아주 작은

167a

|5|

● ● ●

125 (1) 단적으로(무조건적으로) 존재하는 x. (2) 단적으로 속성 f인 x. (3) 어떤 조건에서 f인 x. 여기서 아리스토텔레스는 이 세 가지 '존재'(있음) 상태를 구분하지 못한다면 속임수 논변에 빠질 수 있다는 것이다. 속임수 논변이 생기는 이유는 이러한 '있음에 대한 다른 상태'가 항시 우리가 사용하는 언어에서 명백하게 드러나지 않기 때문이다. (1)과 (2) 간의 혼돈은 이른바 여기서 이야기하는 Secundum Quid(조건적으로, 어떤 점에서) 유형의 오류를 만들어낼 수 있다. Secundum Quid는 무조건적으로나 단적으로(per se, simpliciter)와 대조된다. 이것은 존재의 '이다'와 술어의 '이다'를 혼동하는 오류이다. 그래서 우리는 'x는 f(속성)이기 때문에 x는 있다(존재한다)'와 'x는 f가 아니기 때문에, x는 있지 않다(존재하지 않는다)'라고 말할 수 있다. 있는 것들에 대해서 우리는 참될 수 없는 수많은 술어를 덧붙일 수 있다. 가령 '나무들은 인간들이 아니다. 그러므로 나무는 존재하지 않는다'라는 식으로 말하는 것처럼.

126 특별한 경우에 어떤 특정한 단어와 어구가 우리에게 무언가를 의미하지만 실제로는 아무것도 의미하지 않을 수도 있다. 예를 들어 '뿔을 가진 말이 있다'는 우리의 믿음의 대상이 되며, 그래서 우리는 '있지 않은 것'이 존재한다고 생각할 수 있다. 실제로 그런 존재가 있지 않음에도 말이다. 따라서 '단적으로 있다'는 것과 '무언가가 있다'는 구분되어야 한다. 파르메니데스 존재론의 전통과 다르게 아리스토텔레스는 '존재하지 않는 것'에 대한 '의미를 가진 술어'를 인정하고 있다. 요컨대 존재적인 구분을 제대로 하지 못하면 논리적 오류를 범할 수 있다는 것이다.

차이만을 갖는 것처럼 보인다.[127]

어떤 것이 어떤 관점에서 말해지느냐 혹은 단적으로 말해지느냐에 따라 생겨나는 오류들도 이와 마찬가지이다. 예를 들면 '만일 한 인도인이 전체적으로는 검지만 이[齒牙]라는 측면에서 하얗다면, 그렇다면 그는 하얗고 동시에 하얗지 않다'가 그것이다.[128] 혹은 만일 검음과 하양이 어떤 관점에서 그 사람에게 속한다면, 반대되는 두 개의 속성이 동시에 그 사람에게 속한다.

|10| 이러한 오류를 간파하는 것은 어떤 경우에는 모든 사람에게 아주 쉬운 일이다. 예를 들어 만일 어떤 사람이 '에티오피아인은 검다'는 명제를 답변자에게서 확보한 다음에, '그의 이[齒牙]가 하얀가'라고 물어본 경우이다. 만일 '이러한 점에서 하얗다고'고 동의하면, 질문자는 추론으로 물음을 끝맺고 문답을 통해 '에티오피아인은 검고 동시에 검지 않다'를 결론으로 이끌어냈다고 생각할 것이다.

이와는 달리 어떤 경우에는 이 오류가 간파되지 않은 채 지나치는 경우가 종종 있다. 그 같은 경우는 어떤 것[속성]이 어떤 관점에서 말해질 |15| 때 단적으로 그것을 말하는 것도 역시 당연히 따라 나올 것이라고 생각될 듯한 모든 경우들이고, 그리고 그것들 중에 어느 것이 알맞게[본래적으로] 술어가 되어야만 하는지를 손쉽게 알아낼 수 없는 경우들이다. 이러한 예는 서로 대립하는 속성이 [동일한 주어에] 마찬가지로 속하는 경

●●●

127 표현상의 차이가 거의 없는 것처럼 보이기 때문에 그 표현들이 같은 것처럼 보인다는 의미이다. 아리스토텔레스의 주장은 이렇게 정리할 수 있다. 즉, 여기서 제시하고 설명하는 오류는 언어 사용과 그 존재적 혼동의 밀접한 연관성' 때문에 생겨난다는 것이다.

128 Secundum Quid 오류의 두 번째 유형은 앞서와 같은 존재의 있음과 술어의 있음 간의 혼동이 아니라, 두 종류의 술어적 존재, 즉 조건적인 술어와 무조건적인(단적인) 술어 간의 혼동으로 생겨난다. 아리스토텔레스는 이 오류의 고전적인 예를 에티오피아인을 들고 있다. 에티오피아인은 치아의 관점에서는 희지만, 단적으로는 희지 않은 검은 사람이다. 이로부터 소피스트적 추론은 '그는 동시에 희며 희지 않다'는 결론을 이끌어낸다.

우에서도 일어난다. 왜냐하면 그 경우에는 양쪽[대립되는 술어들]을 단
적으로 동시에 술어가 될 수 있는 것으로 받아들여야만 한다든지 혹은
그 어느 쪽도 단적으로 술어가 될 수 없는 것으로 받아들여야만 한다고
일반적으로 생각되기 때문이다.[129] 예를 들면 '어떤 것의 반쪽은 하얗고
반쪽은 검다면, 그것은 하얀 것인가 아니면 검은 것인가?'라고 묻는 경　|20|
우이다.

(3) 논박의 무지에 의한 오류(ignoratio elenchi)

'추론'(연역)이 무엇인지 혹은 '논박'이 무엇인지에 대한 규정이 내려지
지 않았기 때문에, 또[130] 그것들[추론(연역)이나 논박]의 정의(logos)에서
빠진 것(결함)으로 말미암아 생겨나는 오류들이 있다. 왜냐하면 논박은
[모호성에 의한] 이름이 아니라 사물(대상)에 대한, 하나의 동일한 것[술
어]에 대한 모순[131][의 추론]이고, 그리고 이름의 경우라면[132] 동명동의　|25|
적(sunōnumos)[133] 이름이 아니라 [상대방의 주장에서처럼] 동일한 이름

●●●

129　"어떤 것의 반쪽은 하얗고 반쪽은 검은" 경우를 생각해보자. 이 경우에 단적으로 하
나의 술어(속성) 대신에 다른 술어로 '어떤 것'에 대해 말할 수 없을 것이다. 그렇다
면 반대되는 술어를 이것에 무조건적으로(단적으로) 적용하거나 혹은 적용할 수 없
다고 생각해야만 할 것이다. 두 술어가 그 대상에 적용된다면, 그것은 무조건적으
로 f이고 무조건적으로 not-f이다. 이것은 모순이다. 두 술어가 그 대상에 적용되지
않는다면, 그것은 무조건적으로 f가 아니고 또 무조건적으로 not-f가 아니다. 이것
은 외견상의 모순일 뿐이다. 왜냐하면 '무조건적인 f임이 아님'의 부정은 '무조건적
인 f임'이고, '무조건적인 f임'은 '무조건적인 not-f임이 아님'과 동일한 것이 아니기
때문이다(S.G., Schreiber, *Aristotle on False Reasoning*, N.Y., 2003, pp.142-144).

130　피카드-케임브리지는 원문의 elengchos 다음에 alla를 삭제해서 읽고 있으며, 로
스는 allōs로 읽고 있다. 포스터는 alla로 읽는다. 피카드-케임브리지 방식으로 읽
으면 "'추론'(연역)은 무엇인지 또 '논박'은 무엇인지에 대한 정의가 내려지지 않았기
때문에 생겨난 오류들은 그것들의 정의에서 빠진 것(결함)으로 말미암아 생겨난다"
로 옮겨진다.

131　원어로는 antiphasis(모순)이다. 여기서는 antikeimena는 '대립'으로, enantia는 '반
대'로 옮겼다.

132　피카드-케임브리지는 onomatos를 생략하고 읽는다.

133　이름이나 설명이 동일한 지시체나 의미를 갖는 관계를 말한다(『토피카』 162b37 참조).

에 대한 모순인데, 이 모순은 [상대방이 인정한] 주어진 명제(전제)들로부터 필연적으로 - 증명되어야만 하는 애초의 논점을 [이미 승인된 것으로] 계산에 넣지 않고[134] - 따라 나와야 하며, 또 주장된 것과 동일한 점에서 동일한 관계에서 동일한 방식으로 그리고 동일한 시간에서 따라 나와야 하기 때문이다.[135] (어떤 것에 대한 거짓된 주장(진술)도 또한 [지금 설명한 것과] 동일한 방식으로 행해져야 한다.)

|30| 그런데 어떤 사람들은 앞서 말한 것들 가운데 어떤 것을 빠뜨린 채로 논박하는 것처럼 보인다. 예를 들면 다음과 같은 것들이 그러하다. '동일한 것이 두 배인 동시에 두 배가 아니다.' 왜냐하면 둘은 하나의 두 배이지만, 셋의 두 배는 아니기 때문이다. 혹은 동일한 것이 동일한 것의 두 배인 동시에 두 배가 아니라면, 이것은 '같은 점에서' 두 배가 아니다. 길이라는 점에서는 두 배이지만, 넓이라는 점에서는 두 배가 아니니까. 혹은 그것이 '같은 점에서' 또 '같은 방식에서' 동일한 것의 두 배인 동시에 두 배가 아니라면, 그것은 '동시에'는 그렇지 않은 것이다. 그렇기에 [이와 같은 방식으로 논하는] 이들의 논박은 단지 외견상의 논박 |35| (phainomenos elenchos)에 지나지 않는다. 그런데도 어떤 사람은 이것을 또한 '언어[표현]와 관련된 오류'들 속으로 끌어들일 수도 있을 것이다.

(4) 선결문제 요구의 오류(petitio principii)

증명되어야만 하는 애초의 논점을 답변자가 인정하게 함으로써 생겨나는 오류들은, 질문자가 애초의 논점을 요청하는 것이 가능한 것과 동

• • •

134 이른바 선결문제 요구의 오류 혹은 논점 절취의 오류(petitio pricipii)를 범하지 않는다는 의미이다. 이 오류에 대해서는 167a35 아래에서 논의하고 있다.

135 참된 논박은 다음의 조건을 만족시킨다. (1) 전제는 결론을 포함하지 않으며, (2) 결론은 전제들로부터 필연적으로 따라 나온다, (3) 하나의 동일한 술어를 부정하는 결론은 답변자에 의해 확증된다. 부정된 술어는 (3a) 이름이 아니라 의미된 사물이어야 한다. (3b) 동일한 이름에 의해 의미된 것은 답변자에 의해 확증된다. 그리고 (3c) 한정된 것은 정확하게 동일한 방식으로 답변자에 의해 확증되어야 한다.

일한 방식으로, 또 그것이 가능한 경우의 숫자만큼 일어나는데, 이것들이 논박으로 보이는 것은 사람들에게 동일한 것과 다른 것을 한꺼번에 꿰뚫어 볼 수 있는 능력이 없기 때문이다.[136]

(5) 결론에 의한 오류

따라 나온 것(결론 혹은 귀결되는 것)과 관련된 논박은 [전제와 결론의] 따름(akolouthēsis)[137]이 환위될 수 있다(antistrephein)는 생각 때문에 생겨난다. 왜냐하면 'A가 있을 때 B가 필연적으로 있다'고 하는 경우에 사람들은 또한 후자가 있을 때 전자가 필연적으로 있다고 생각하기 때문이다.[138] 감각에 기인한 믿음(판단)과 관련된 속임수들도 바로 이와 같은 곳에서 생기는 것이다. 왜냐하면 사람들은 벌꿀에 노란색이 수반되므로 자주 노란색 담즙(膽汁)을 벌꿀로 받아들이기 때문이다. 그리고 비가 내렸을[전제] 때에는 [언제나] 땅이 젖어 있기[결론] 때문에, 만일 땅이 젖어 있다면 비가 내린 것이라고 우리는 생각한다. 하지만 이 추론을 필연적이라고 할 수는 없다.[139]

수사술적 논의에서도 징표에 따르는 증명들[140]은 결론에 입각해서 이

167b

|5|

• • •

136 선결문제 요구의 오류, 즉 '애초부터 [상대방에게] 요구하고 [승인한 것으로] 받아들이는 것(to en archē aiteisthai kai lambanein)'에 대해서는『분석론 전서』제2권 제16장 64b28 아래와『토피카』제8권 제13장 162b34−163a28에서 자세하게 논의하고 있다. 특히『토피카』에서는 선결문제 요구의 오류를 범하는 다섯 가지 방식에 대해 서술하고 있다. 선결문제 요구의 오류를 논의하는『토피카』의 대목은 아리스토텔레스나 혹은 후기의 누군가가 나중에 삽입한 것으로 여겨진다(Brunschwig 1967, lxxxvn1).

137 혹은 수반(entailment), 함의(implication).

138 원문대로 번역하면 A, B 대신에 '이것', '저것'이라는 표현을 사용해야 하지만 편의상 이렇게 옮겼다.

139 '만일 비가 내리면, 땅은 젖어 있다'라는 논증에서 전제와 결론을 바꾸어서 구성된 '만일 땅이 젖어 있다면 비가 내렸다'라는 추론은 논리적 필연성을 갖지 않는다. 왜냐하면 땅이 젖어 있을 수 있는 모든 가능한 경우들을 고려하고 있지 않기 때문이다. 누군가가 물을 뿌렸다면 땅이 젖어 있을 수도 있다.

140 원어는 hai kata to sēmeion apodeixeis이다. 이 논증은 enthumēma(엔튜메마, 수

루어진다. 왜냐하면 누군가가 간통한 사내(姦夫)라는 것을 증명하기를 원할 때, [간통한 사내에게서] 따라 나오는 것[결론][141]을 붙잡는다. 즉, 그 남자가 아름답게 몸을 치장한다든지 혹은 밤중에 여기저기를 방황하는 것을 볼 수 있었다든지 하는 따위. 그러나 이런 것들은 많은 사람에게 속하나, [간통한 사내라는] 그 고발[술어][142]은 많은 사람들에게 속하지 않는다. 추론(연역)의 경우에도 이와 마찬가지이다.

예를 들면 '우주는 무한하다'는 멜리소스(Melissos)[143]의 논변[144]은 한편으로 우주는 생성된 것이 아니라는 전제(있지 않은 것[비존재]으로부터는 아무것도 생성될 수 없을 테니까)을 확보하고 있으며, 다른 한편으로 생성된 것은 시작부터 생성된 것이라는 전제를 확보하고 있다. 그렇기에 '우주가 생성된 것이 아니었다면, 우주는 시작을 갖지 않는 것이고, 따라서 무한하다.'고 주장한다. 그러나 이것은 필연적으로 따라 나오지 않는

● ● ●

사술적 연역)를 가리킨다. 이에 대해서는 『분석론 전서』 제2권 제27장과 『수사술』 제1권 제2장 1356b4 아래 참조. 엔튀메마도 일종의 쉴로기스모스인데, 아리스토텔레스는 엔튀메마를 '수사술적 추론(연역) 형식'이라고 부르고, 사례 제시를 통한 추리 형식을 '수사술적 귀납'이라고 부른다.

141 원어로는 to hepomenon(따르는 것)이다. 이런 측면에서 '부당 귀결의 오류'라고 말할 수 있다.

142 원어로는 to katēgoroumenon이다.

143 플루타르코스(Plutarchos)의 보고에 따르면(H. Diels & W. Kranz, *Fragmente der Vorsokratiker,* 30A3; 아래에서는 Diels & Kranz로만 표시하겠다), 이타이게노스의 아들인 멜리소스는 사모스 출신으로 사모스의 정치적 지도자로 있으면서 사모스인들을 설득해서 아테네의 함대를 격파하고 에게해의 패권을 장악했다고 하며, 아리스토텔레스의 보고에 의하면(지금은 전해지지 않는 『사모스인들의 정치제도』) 페리클레스도 멜리소스에게 해전에서 패한 적이 있다고 한다. 한편 디오게네스 라에르티우스(Diogenes Laertius)는 『유명한 철학자들의 생애와 사상』 제9권 25 항목에서 그를 파르메니데스의 제자이며, 헤라클레이토스와 친교가 있었다고 보고하고 있지만 확실치 않다.

144 멜리소스 『단편』 1("있던 것은 항상 있었고 항상 있을 것이다. 만일 생성되지 않았더라면 생성되기 전에는 반드시 아무것도 없어야만 했다. 따라서 아무것도 없었다면, 어떤 것도 있지 않은 것으로부터 생성될 수 없다."), 『단편』 2("생성되는 것이 없기 때문에, 또 있고 항시 있었고 항시 있을 것이기 때문에 시작도 끝도 갖지 않을 것이고 무한하다.") Diels & Kranz, 30B1,2 참조.

다.[145] 왜냐하면 생성된 것이 모두 시작을 갖더라도, [그렇다고 해서] 어떤 것이 시작을 갖고 있다면 그것은 생성된 것이라는 결론이 따라 나오지는 않기 때문이다. 이것은 마치 몸에 열이 있는 누군가가 뜨겁다고 해서, 곧 뜨거운 사람은 몸에 열이 있다고 하는 것이 필연적으로 따라 나오지 않는 것과 마찬가지이다. |20|

(6) 원인 오해의 오류

원인 아닌 것을 원인으로[146] 내세우는 것과 관련된 논박[147]은, 원인이 아닌 것을 마치 논박이 그것에 의해 생겨나는 것처럼 논박 가운데 덧붙

●●●

145 멜리소스의 논변은 이렇게 구성된다. **(1) 우주는 생성되지 않는다. (2) 생성된 것은 시작을 갖는다. (3) 우주는 시작을 갖지 않는다. 따라서 우주는 무한하다.** 여기서 아리스토텔레스는 (A→B)에서 (B→A)를 이끌어내는 멜리소스의 추론 형식을 비판하고 있다. (2)가 참이라고 해서 그 환위(conversion)가 참을 함의하지는 않는다는 것이다. 즉 '모든 생성된 것이 시작을 갖는다는 사실은 시작을 갖는 모든 것이 생성되었다는 것'을 **수반하지**(entail) 않는다. 제28장(181a26–30)에서는 역–수반관계[(every A→B) ⇒ (every non A→non B)]를 이용해서 멜리소스의 논변을 비판하고 있다. "만일 이것이 저것을 수반한다면, 이것의 반대도 또한 저것의 반대를 수반한다는 것이 요청되기 때문이다. 멜리소스의 논의 역시 이것에 의존해서 이루어지고 있다. 왜냐하면 그는 만일 생성되었던 것이 시작을 갖고 있다면, 생성되지 않았던 것도 시작을 갖지 않았던 것이고, 따라서 만일 우주가 생성되지 않았던 것이라고 한다면 그것은 또한 무한하다고 주장하고 있기 때문이다. 하지만 이것은 그렇지 않다. 그 수반 (entailment, implication)은 그 역이니까 말이다." 『자연학』186a10 아래에서도 '생성된 것은 모두 시작을 갖고 있다'(A→B)에서 '생성되지 않았던 것은 시작을 갖고 있지 않다'(non A→non B)라는 결론을 이끌어내고 있다고 비판한다. 왜냐하면 후건의 부정은 전건의 부정을 수반하지만, 전건의 부정이 후건의 부정을 수반하지는 않기 때문이다. 결국 아리스토텔레스는 멜리소스의 논변을 '시간적으로 시작을 갖지 않는' 것으로부터 '공간적으로 시작을 갖지 않는(무한하다)' 것으로의 추론으로, 그리고 '비존재(無)에서 아무것도 생성될 수 없다'로부터 '질적인 변화의 시작이 없다'는 것으로의 추론으로 파악해서 그를 비판하고 있다.

146 원어로는 to mē aition hōs aition이다. 여기서 원인을 '이유' 내지는 '까닭'으로 옮길 수도 있다. 논증에서 하나의 결론을 이끌어내기 위해서 제시된 이유, 즉 전제를 말한다. 현대의 논리학자들은 이 오류를 성급한 일반화(hasty generalization)의 오류라고 부른다.

147 『분석론 전서』제2권 제17장 논의 참조.

임에 따라서 발생한다. 그런데 이러한 오류는 '불가능한 것[결론]으로 이끄는 추론'(귀류법, reductio ad impossibile)[148]에서 일어난다. 왜냐하면 이 추론에서는 [불가능한 결론으로 이끌기 위해서] 내세운 전제들 중에 하나를 필연적으로 파기해야만 하기 때문이다. 그렇기에 만일 따라 나오는 것(결론)이 불가능하다는 것을 증명하기 위해서 필연적으로 필요한 질문(전제)들[149]에다 [원인 아닌 것을] 집어넣고 고려하면, 그 논박이 그것 때문에 생겨나는 것으로 흔히 생각될 것이다.

|25|

예를 들면 '혼과 생명이 같지 않다'는 논변이 그렇다. 왜냐하면 생성이 소멸에 반대되는 것이라면, 어떤 생성은 어떤 소멸에 반대될 것이다. 그런데 죽음은 어떤 소멸이고 생명에 반대이다. 그러므로 생명은 생성이고, 산다는 것은 생성하는 것이다. 그러나 이것은 불가능하다. 따라서 혼과 생명은 같지 않다는 결론이 따라 나온다.[150]

|30|

그런데 이 결론은 추론(연역)된 것이 아니다.[151] 왜냐하면 누군가가 생명은 혼과 같은 것이라고 주장하지 않고, 오히려 단지 생명은 어떤 소멸인 죽음에 반대되는 것이고 또 생성은 소멸에 반대되는 것이라는 것만

● ● ●

148 reductio ad impossibile에 대해서는 『분석론 전서』 제1권 제23장, 제44장, 제2권 제11장~제14장 참조.

149 이 책에서 질문은 대개 전제를 가리킨다. 질문자는 질문을 통해서 전제를 확보하기 위해 추궁한다. 그것을 통해서 답변자를 논박하는 것이다.

150 누군가가 혼은 생명과 같은 것이라는 공통의 믿음을 반박한다고 해보자. 그는 최종적으로 부정될 가정으로부터 시작한다. 즉 (1) 혼과 생명은 동일하다. 그리고는 다음과 같이 논의를 전개한다. (2) 생성은 소멸에 반대된다. 그러므로 (3) 어떤 생성은 어떤 소멸에 반대된다. (4) 죽음은 어떤 소멸이다. (5) 죽음은 생명에 반대된다. 그러므로 (6) 생명은 어떤 생성이다. 즉 (7) 산다는 것은 생성하는 것이다. 그러나 (7)은 불가능하다. 따라서 전제 (1)은 거짓이다. 이것은 일종의 '불가능으로의 환원'이다. (7)은 고대 그리스 철학에서는 분명하나 우리에게는 분명하지 않다. 아리스토텔레스에 따르면, '생성'은 실체적 변화로서 앞서 존재하지 않던 실체가 새롭게 존재하는 실체로의 변화를 말하고, '산다는 것'은 변화를 통해서 지속하는 실체가 겪는 변화의 과정이다. 따라서 (7)의 불합리성이 도출된다는 것이다. 이 논변을 혼의 불멸을 논증하는 플라톤의 논변(『파이돈』102-106)과 비교해볼 수 있다.

151 원어로는 ou dē sullelogistai이다. 엄격한 의미에서 학문적, 논리적 추론일 수 없다는 의미이다. 즉, 올바른 논리적 추론 규칙에 따르고 있지 않다.

을 주장한다고 해도 [산다는 것은 생성하는 것이라는] 불가능한 것이 따라 나오기 때문이다. 그렇기에 이러한 논의들은 단적으로 비-추론적인 (비-연역적인)[152] 것은 아니지만, 지금 문제가 되는 것[결론]과 관련해서 |35| 는 비-추론적(비-연역적)이다.[153] 그리고 질문자 자신도 답변자 못지않게 이 논점을 자주 빠뜨린 채로 지나쳐버리곤 한다.

(7) 복합질문의 오류

따라서 이러한 것들이 결론과 관련되고 또 원인이 아닌 것을 원인으로 내세우는 것과 관련된 논의들이다. 두 개의 질문을 하나로 만드는 것과 관련된 논의들은 질문이 여럿이라는 것을 깨닫지 못하고, 마치 하나의 질문만이 있었던 것처럼 하나의 답변만을 내놓게 되는 경우에 생겨난다. 그런데 어떤 경우에는 질문이 여럿이라는 것과 하나의 답변[154] 168a 을 내놓지 말아야 한다는 것을 아는 것은 쉽다. 예를 들면 '땅은 바다인가, 아니면 하늘인가?'라는 질문이 그렇다. 그러나 어떤 경우에는 그것을 깨닫는 것이 그다지 쉽지 않다. 그래서 [사람들은] 질문이 하나만 있는 것처럼 생각해서, 그 질문에 답하지 못함으로써 상대방의 주장에 동의하거나 혹은 논박된 듯이 보이게 되는 것이다. 예를 들면 '그러니, 이 |5| 것(A)도 또 이것(B)도 **사람**[155]인가?' 그렇다고 하면, 누군가가 이것(A)을

• • •

152 원어로는 asullogistoi이다. 포스터는 inconclusive(적절한 결론에 도달하지 못하는)로, 반즈의 수정판(피카드-케임브리지)과 하스퍼(2013)는 inconclusive 대신에 non-deductive(비-연역적)로 옮기고 있다.

153 논리적 관점에서 볼 때, 직접적인 증명 방법이 아니라 간접적인 증명 방법이라는 것이다. 즉, 전제와 결론 사이에 타당한 추론적 관계가 성립하지 않기 때문에, 문제가 되는 결론은 직접적으로 주어진 전제로부터 필연적으로 따라 나오지 않는다. 그러나 귀류법(reductio ad absurdum) 자체가 사실상 간접적 증명 방법이며, 간접적 증명 방법도 추론(연역, 쉴로기스모스)를 사용한다는 측면에서는 하나의 증명일 수 있다.

154 로스(옥스포드 판)와 보리스(Wallies)는 mian(하나의)을 삽입해서 읽고 있으나 생략하고 읽어도 의미상 차이는 없다.

155 여기서 사람은 단수형의 '사람'이다.

또 이것(B)을 때렸다고 한다면, 그는 **한** 사람을 때린 것이지 **사람들**을 때린 것이 아닐 것이네라는 경우가 그렇다.

혹은 게다가 어떤 부분은 좋고 어떤 부분은 좋지 않은 것에 대해서, '그 전체는 좋은 것인가, 아니면 좋지 않은 것인가?'라고 묻는 경우도 마찬가지이다. 그 경우 어느 쪽으로 답변을 하든지 외견상으로는 논박당하는 것처럼 생각되거나 혹은 거짓된 진술을 하고 있는 것처럼 생각될 |10| 수 있을 것이기 때문이다. 왜냐하면 좋지 않은 것들 가운데 어떤 것을 좋다고 말하거나 혹은 좋은 것들 가운데 어떤 것을 좋지 않다고 말하는 것은 거짓이기 때문이다.[156] 그렇지만 때때로 [그 논의에] 어떤 명제들이 덧붙여진다면 참된 논박이 생기는 경우도 있다. 예를 들면 누군가가 하나의 것과 많은 것에 대해서 '희다', '벗은', '눈먼'이라는 말이 동일한 방식으로 사용된다는 점을 인정하는 경우가 그렇다. 왜냐하면 '눈먼'[단수형]이 본래적으로는 갖고 있어야 하는 시력을 갖고 있지 않은 것[단수 |15| 형]에 대해서 사용된다면, 그 '눈먼'[복수형]이라는 말은 또한 본래적으로 갖고 있어야 하는 시력을 갖고 있지 않은 것들[복수형]에 대해서도 사용될 수 있기 때문이다. 그러므로 한쪽은 시력을 갖고 있는데 반해서 다른 쪽은 갖고 있지 않을 때, 그 양쪽 모두가 볼 수 있든가 혹은 그 양쪽 모두가 볼 수 없든가일 것이다. 그러나 이것은 불가능하다.[157]

●●●

156 (1) a는 좋다(F). (2) b는 좋지 않다(not-F). 여기서 복합질문을 제시한다. (3) (a와 b)는 F인가, not-F인가? F라고 답변하면 모순이 발생한다. (2) 때문에, (4) b는 F이면서 not-F이다(모순). 여기에는 '거짓된 가정'이 숨어 있다. 즉 (a와 b)가 F라면, a는 F이고 b도 F이다. 만일 not-F라고 답변하면 역시 모순이 발생한다. (1) 때문에, (5) a는 F이면서 not-F이다(모순). 물론 여기에도 '거짓된 가정'이 숨어 있다. 즉 (a와 b)가 not-F라면, a는 not-F이고 b도 not-F이다.

157 앞에서 이야기한 바와 같이, 만일 눈을 갖고 있는 한 사람에 대해서 '볼 수 있다'라고 말할 수 있다면, 모든 사람에게 '볼 수 있다'라고 말할 수 있을 것이다. '볼 수 없다'의 경우도 이와 마찬가지로 성립한다. 그렇다면 시력이 있는 사람과 눈은 갖고 있으나 시력이 없는 사람에게 다 같이 '볼 수 있다'라고 말해야 하든가 혹은 시력이 없는 사람과 시력이 있는 사람에게 다 같이 '볼 수 없다'라고 말해야만 하는데, 이는 논리적으로 불가능하다는 것이다.

제6장

앞에서 언급한 오류들은 하나의 오류 형식, 즉 논박의 무지에 의한 오류(ignoratio elenchi)[158]로 나타낼 수 있다

우리는 외견상의 추론과 논박을 앞에서 서술한 방식으로 구분해야만 하거나 혹은 그것들을 모두 '논박의 무지'[159]로 되돌림으로써, 이것을 출발점(원리)으로 삼아야만 한다.[160] 왜냐하면 앞에서 언급된 오류의 모든 |20| 방식들[161]은 논박의 정의(diorismos)로 수렴될 수 있기 때문이다.

첫째로 우리는 그 오류들이 비-추론적(비-연역적)인지를 살펴보아야만 한다. 왜냐하면 결론은 규정된 것[전제]들로부터 필연적이라고 말할 수 있도록 따라 나와야만 하는 것이지, 단지 외견상으로만 그런 것처럼 보여서는 안 되기 때문이다. 다음으로 우리는 논박의 정의를 구성하는 각 부분들에 따라 [오류들을 하나씩] 살펴보아야만 한다.[162]

(1) 말에 관련된 오류들

왜냐하면 '말에 관련된 오류들'[163] 중에 어떤 것들은 말의 이중적 의미로 말미암아(para to ditton) 생기는 것인데, 예를 들면 '낱말의 다의성'(동 |25| 명이의), '문장 의미의 불명확성'[164], '표현 형식의 유사성'[165] 따위가 그렇

●●●

158 논점 일탈의 오류 혹은 엉뚱한 결론의 오류(the fallacy of irrelevant conclusion).

159 원어로는 eis ton tou elengchou agnoian이다. 내용적으로는 제5장 세 번째 오류의 사례에서 볼 수 있듯이 '논박이란 무엇인가라는 정의(定義)에 대한 무지'를 가리킨다.

160 다시 말해 앞서 설명한 여러 오류들을 논박의 한 형식인 '논박의 무지에 근거한 오류'로 환원시켜야만 하는데, 바로 이 '논박의 무지의 오류'가 또한 우리 논의의 출발점이 되어야 한다는 말이다.

161 지금까지 13가지 종류의 오류가 언급되었다.

162 즉, 오류들이 논박의 정의의 부분(요소)들과 일치하는지 검토해야만 한다.

163 제4장에서 논의한 오류들 전체를 가리킨다.

164 원어로는 ho logos인데, 여기서는 그저 단순히 설명, 말이라는 의미보다는 '모호한 말이나 문장'을 가리킨다. 제7장 169a22에서도 이와 같은 의미로 쓰이고 있다.

165 원어로는 he homoioschēmosunē이다. 이것은 제4장에서 논의한 '다의성의 오류'

고(우리는 습관적으로 모든 것이 '어떤 이것'[특정한 본질][166]을 의미하는 것처럼 말하기 때문이다), 반면에 결합, 분리, 강조(억양)의 오류는 동일하지 않은 말(표현)이나 서로 다른 이름에 의해서 생기기 때문이다.[167] 그렇지만 논박이나 추론이 유효한 것으로 성립해야만 한다면, 그 표현이나 이름도 [그 이름에 따라] 의미된 것(사물, 사태)[168]이 동일해야만 하는 것과 마찬가지로 동일해야만 한다. 예를 들어 만일 외투가 논점이라면, 웃옷에 대해서가 아니라 외투에 대해서 추론해야만 한다.[169] 왜냐하면 [웃옷과 관련된] 그 결론은 참이지만[170] 추론(연역)된 것이 아니며, 게다가 왜 그런지를 묻는 사람[171]에 대해서 그 말들['외투와 웃옷']이 같은 것을 의

|30|

●●●

와 '모호함의 오류'를 모두 포괄한다.

166 원어로는 tode ti이다. 이 말은 아리스토텔레스의 주요 저작인 『범주론』, 『형이상학』 등에서 존재론적 규정인 '실체'(이 어떤 것)를 가리키는 전문용어로 사용되지만, 여기서는 그러한 의미로만 한정되지 않는다. 우리가 사용하는 말은 대상의 존재적 양상에 따라서 여러 의미를 갖는데, 대개는 이를 무시하고 '어떤 특정한 하나의 의미(tode ti)'만을 갖는 것처럼 생각한다. 이러한 경우에 '말에 관련된 오류'에 빠지게 된다는 것이다.

167 즉, 논의에 사용된 말과 표현 그리고 억양을 바꾼 말들이 애초에 상대방이 받아들였던 것과 다른 의미를 갖게 되는 경우에 생겨나는 오류들을 말한다.

168 원어로는 to pragma이다. 포스터는 '의미된 것'(the thing signified)으로 옮기고 있다. 또 그는 로스와 달리 tauton 앞에서 끊어 읽고 있으나 문맥상 큰 차이는 없다. 하나의 논의를 전개할 때 논증에 사용된 이름과 그것이 의미하는 바는 한결같은 의미로 사용되어야 한다는 것으로 이해할 수 있다. 물론 여기서 사용된 '의미하는 바'라는 말은 오늘날 문장의 '의미'를 지시하는 '명제'(proposition)를 가리키지는 않는다. 그 이름이나 표현에 대응하는 '사물'을 가리키는 것으로 이해해야 한다. 문장과 명제의 구별에 관한 논리적 문제는 아리스토텔레스 이후 스토아 논리학에 가서야 비로소 등장하기 시작한다. 스토아 '명제 논리학' 체계에서 가리키는 것 혹은 기호(to sēmaion, hē phōnē), 의미되는 것 혹은 말해진 것(to sēminomenon, to lekton), 지시된 것(대상, to tungchanon, to ektos hupokeimenon)에 관한 논의에 대해서는 B. Mates, *Stoic Logic*(Univ. of California, 1961) 제2장과 E. Kapp, *Greek Foundations of traditional Logic*(N.Y., 1967) 참조.

169 즉, 외투에 관한 결론을 이끌어내야만 한다. 외투와 웃옷이 비록 동의어일 수 있지만, 웃옷으로 대체되면 올바른 추론이 될 수 없다는 뜻이다. 그 이유는 아래에 이어지고 있다.

170 좀 더 의역하면, '참일 수 있지만'.

171 즉 '어떤 논증을 통해서 상대방을 논박했는지 묻는 사람'. 다시 말해 외투에 대한 결

미한다는 것을 보이기 위해서는 다른 질문[전제]이 던져져야만 하기 때문이다.[172]

(2) 부수하는 것과 관련된 오류

부수하는 것과 관련된 오류들은 '추론'(연역)이 정의되기만 하면 ['논박의 무지에 의한 오류'에 포함된다는 것은] 명백해진다.[173] 왜냐하면 동일 |35| 한 정의가 또한 논박에도 적용될 수 있기 때문이다. 단 [논박의 경우에는] '그 모순'이 부가된다는 점을 제외하고. 논박은 모순의 추론(연역)이니까. 그렇기에 만일 [무언가에] 부수하는 것과 관련된 추론(연역)이 없다면, 부수하는 것에 대한 논박도 생겨날 수 없다. 왜냐하면 '이것들(A와 B)이 있을 때 저것(C)이 필연적으로 있어야만 하고, 그리고 저것(C)이 '흰' 경우라면, 그것(C)이 희다'는 것이 추론(연역) 때문에 필연적으로 따 |40| 라 나오지는 않기 때문이다.[174] 또한 3각형이 2직각과 동등한 내각의 합 168b 을 갖고 있고, 어쩌다 [직선으로 된 도형의] 기본 요소이거나 혹은 [다각형의] 원리(출발점)인 어떤 도형이라고 해도 3각형이 기본 요소이거나 혹은 원리인 어떤 도형이기 때문에, 3각형이 이 특성[175]을 가진다는 것

●●●

론이 아니라 웃옷에 대한 결론을 이끌어냈을 경우에 '외투와 웃옷은 다른 것을 의미하는데, 도대체 어떻게 그것을 외투에 관한 결론으로 받아들일 수 있겠는가?'라며 그 근거를 제시해 달라고 요구하는 사람을 가리킨다. 여기서 말하고자 하는 요점은 이런 질문을 하는 사람을 납득시키기 위해서는 새로운 전제를 물어야만 하기 때문에 논쟁점이 되는 것만을 통해서 논박을 이끌어내야만 한다는 것이다.

172 외투와 웃옷이 같은 것을 의미한다는 점을 증명하기 위해서는 또 하나의 질문, 즉 '외투와 웃옷은 같은 것인가?' 하는 다른 전제를 덧붙여야만 한다는 뜻이다. 그렇기에 이러한 전제를 덧붙임으로써 생겨날 수 있는 시빗거리를 회피하기 위해서는 문제가 되는 외투에 관해서만 결론을 이끌어내야 하는 것이다.

173 추론과 논박의 관계에 대해서는 제1장 164b27-165a3 참조.

174 어떤 크기와 넓이를 가진 한 장의 흰 종이가 어떤 표면적을 가진다고 해서 그것이 반드시 흰색일 필요는 없다.

175 '3각형은 2직각과 같은 내각의 합을 가진다'는 특성.

이 반드시 따라 나오지는 않는다.[176] 왜냐하면 그 논증(아포데잌시스)[177]은 3각형이 도형인 한에서(qua) 혹은 기본 요소인 한에서가 아니라, 오히려 3각형인 한에서 이루어져야만 하기 때문이다.[178]

|5| 다른 경우들도 이와 마찬가지이다. 따라서 논박이 어떤 종류의 추론이라면, 부수하는 것에 따르는 논의[추론의 형식]는 논박일 수 없을 것이다. 그렇지만 전문가들과 일반적으로 학자들이 비-학문적인 사람들에게 논박당하는 것은 바로 이 때문이다. 왜냐하면 그들은 아는 자[학자]들에 대해서는 부수하는 것에 따르는 추론으로 논의를 전개하지만, [본질적인 것과 부수적인 것을] 구별할 수 있는 능력을 결여한 사람들은 질문을 받았을 때 [물어진 명제를] 인정해 버리거나 혹은 인정하지 않음
|10| 에도 인정했다고 생각해버리기 때문이다.

(3) 단적인 진술과 한정된 진술의 혼란

어떤 것이 어떤 점에서[179] 말해졌는지, 아니면 단적으로 말해졌는지에 따르는 오류들은 [논박의 무지에 의한 오류에 포함될 수 있는데] 그 긍

●●●

176 모든 삼각형은 2직각과 동등하다.
모든 삼각형은 도형이다.
그러므로 모든 도형은 2직각과 동등한 각을 가진다.(거짓 논변)
원래의 문장(hoti schēma ē archē ē prōton touto estin)에서 hoti를 이유를 나타내는 것으로 이해하고 archē와 prōton은 schēma와 동격을 이루는 것으로 파악해서 번역했다. 피카드-케임브리지는 애초에 '3각형이 이 특성을 갖는 것은 그것이 하나의 도형 혹은 시작점 혹은 가장 단순한 요소이기 때문이 아니다'로 옮겼는데, 이와는 달리 반즈의 수정판에서는 이 문장을 '도형 혹은 원리 혹은 기본적인 것이 이 특성을 가진다는 것을 증명하지 못한다'로 옮기고 있다.

177 원어로는 apodeixis이다. '주어진 논점의 증명'을 말한다.

178 이 오류 논의는 형식적으로 이렇게 구성된다. 형식적으로 타당하지 않음은 아주 명백하다. (1) 모든 3각형은 2직각과 동일한 각을 갖고 있다. (2) 모든 3각형은 도형이다. (3) 모든 도형은 2직각과 동일한 각을 갖고 있다. 하지만 아리스토텔레스는 '도형이 부수적으로만(우연적으로만) 3각형'이라는 것에 의존하고 있다. 그는 '부수적으로'란 말이 그 술어가 필연적이지 않다는 것을 의미한다고 생각하고 있다. 즉, 3각형은 필연적으로 도형이지만, 도형은 필연적으로 3각형이 아니다.

179 즉, 한정된 의미로.

정과 부정이 동일한 것과 관련되어 있지 않기 때문에 생겨난다. 왜냐하면 '어떤 점에서 희다'는 것의 부정은 '어떤 점에서 희지 않다'이고, '단적으로 희다'는 것의 부정은 '단적으로 희지 않다'이기 때문이다. 그렇기에 만일 답변자가 '어떤 점에서 희다'를 인정한 경우, 질문자가 '단적으로 희다'고 말하는 것으로 받아들인다면, 그는 논박을 만든 것이 아니라 논박이 무엇인가에 대한 무지 때문에 단지 논박을 만든 것으로 보일 뿐이다. |15|

(4) 논박의 정의에 대한 결함

모든 오류들 중에 가장 명백한 오류들은 앞서 언급한 것들[180]로서 논박의 정의[가 충분하게 이루어지지 않은 것]와 관련된 것들이다. 그리고 바로 그 때문에 이 오류들이 ['논박의 무지에 의한 오류'라는] 그러한 이름을 부여받게 되는 것이다.[181] 왜냐하면 이것들이 논박과 외견상 닮은 것처럼 보이는 것[182]은 정의의 결함에 기인하기 때문이다. 따라서[183] 이 |20| 와 같은 방식으로 오류를 구분하는 사람은 이러한 모든 오류들에 대해 '정의의 결함'을 공통적으로 규정해야만 한다.

(5) 선결문제 요구의 오류

'최초의 논점을 가정하는 것에 기인하는 오류들'과 '원인 아닌 것을 원인으로 내세우는 것에 기인한 오류들'이 [논박의 무지에 의한 오류에 포함되는 것은] 그 [추론이나 논박[184]의] 정의를 통해서 명백하게 드러난다. 왜냐하면 후자의 경우에 그 결론이 '이것들임'에 의해서(tō taut' einai)

●●●

180 제5장 167a21 아래에서 논의한 것.
181 '[논박의] 정의의 결함에 기인하는'(para tou logou tēn elleipsin)' 올바르지 못한 추론, 즉 오류들(paralogismoi)이라고 불리는데 어원적으로 생각해볼 때, paralogismos 란 말은 전치사 para와 '정의'라는 의미의 logos가 결합해서 만들어진 말이다.
182 원어로는 phantasia이다.
183 원문의 kai를 결과적인 의미로 새겼다.
184 논박도 일종의 추론이기 때문에.

|25| 따라 나와야만 하는데, 바로 그것은 원인이 아닌 것 안에 있지 않아야만
했기 때문이다. 또한 전자의 경우는 결론이 '최초의 논점을 고려(계산)에
넣지 않은 채' 따라 나와야만 하는데,[185] 이것은 바로 최초의 논점을 요
청하는 것에 기인하는 오류들이 갖지 않는 점이기 때문이다.

(6) 결론에 의한 오류

그런데 결론과 관련된 오류들은 부수하는 것에 의한 오류들의 부분이
다. 결론은 하나의 부수하는 것이니까. 그러나 다음과 같은 점에서 부수
하는 것과 다르다. 즉, 부수하는 것은 단지 하나의 것(eph' henos monou,
|30| 주어)에 대해서만 허용될 수 있는데, 예를 들면 노란 것과 꿀이 같고, 또
흰 것과 백조가 같다는 것이 그러하다.[186] 이에 반하여 결론과 관련된 것
에는[187] [부수하는 것이] 항시 하나보다 많은 것(주어)에 속할 수 있다.
왜냐하면 우리는 같은 것에서 하나인 동일한 것들[188]은 서로에 대해서도
또한 같다고 생각하기 때문이다.[189] 바로 이것 때문에 결론과 관련된 논
박이 생겨난다. 그러나 이것은 언제나 참이 아니다. 예를 들어 부수적
으로 흰 경우를 생각해볼 수 있겠다. 왜냐하면 '눈(雪)'과 '백조'는 '흰(白)
|35| 것'이라는 점에서는 동일하기 때문이다.[190] 게다가 또, 멜리소스의 논변

● ● ●

185 제5장 167a25 아래 참조.
186 부수성에 관련된 논박의 오류의 예는 이런 것이다. '이것은 노랗다. 꿀은 노랗다. 그
러므로 이것은 꿀이다' 그리고 '이 새는 희다. 백조는 희다. 그러므로 이 새는 백조
이다'라는 추론에서 하나의 주어(꿀과 백조)에 대해서만 부수하는 것, 즉 우연적 속
성인 '노랑과 흼'을 속하게 하고, 이로부터 노란 것과 꿀, 흰 것과 백조의 같음을 이
끌어내는 경우이다.
187 포스터는 to de parepomenon으로 읽고 있고, 로스는 to de para to hepomenon
으로 읽고 있다. 로스를 좇아 읽었다.
188 로스의 읽음(ta gar heni kai tautō tauta)을 따랐다.
189 이 추론 형식을 기호를 사용해서 정리하면, 즉 (1) A=B이고 (2) A=C라면, 그렇다면
(3) B=C이다. (1)과 (2)는 부수적인 속성(술어)이므로 (3)은 거짓이다.
190 결론과 관련된 논박의 오류의 예는 이런 것이다. '백조는 희다. 눈은 희다. 그러므
로 백조는 눈이다.' 그러나 이 결론은 따라 나오지 않는다. 여기서는 하나 이상의 주
어(백조와 눈)에 동반하는 동일한 속성인 '흼'이 속하게 하고, 이로부터 두 개의 것

에서처럼[191] 사람들은 '생성되었던 것'과 '시작을 갖는 것'은 같다거나 혹은 '동등해지는 것'과 '같은 크기를 받아들이는 것'은 같은 것이라고 당연하게 받아들인다. 왜냐하면 생성된 것은 시작을 갖고 있으므로, 그는 시작을 갖고 있는 것은 생성된 것이라고 주장하고, 그리고 '생성된 것'과 '한정된 것'은 둘 다 시작을 갖고 있음으로 같은 것인 것 양 논의하기 때문이다.[192] 동등해지는 것들에 대해서도 마찬가지로, 그는 만일 하나이면서 같은 크기를 받아들이는 것들이 동등해진다면 동등해지는 것들은 하나의 크기를 받아들이는 것이라고 주장한다. 이렇게 생각함으로써 그는 결론을 [전제로서] 확보하는 것이다. 그렇기에 부수하는 것과 관련된 논박은 '논박의 무지에 속하는 것이기 때문에, '결론과 관련된 논박'도 역시 그렇다는 것이 명백하다. 그러나 이것에 대해서는 또 다른 방식으로 검토해야만 한다.[193]

|40|

169a

|5|

(7) 여러 질문들의 복합

여러 질문들을 하나의 질문으로 만듦으로써 생겨난 오류들은 우리가 '전제 명제'(protasis)의 정의를 구별 짓지 않거나 (혹은 구분하지 않음으로써[194]) 생겨난다. 왜냐하면 전제 명제는 하나의 주어에 대해서 하나의 술

● ● ●

이 같다고 추론하고 있다. 결국 이 대목에서 말하고자 하는 것은 주어에 동반(부수)하는 것(속성)은 동일하지만, 결론과 관련된 논박의 경우에는 그 속성이 결론(to parepomenon)에 나타나는 것이고, 부수하는 것에 의한 논박의 경우에는 동반하는 속성이 단지 하나의 주어에만 속하는 것으로 나타냄으로써 오류를 범하게 된다는 것이다.

191 제5장 167b13 아래.
192 지금까지의 논의를 요약해보자. (1) 눈은 희다. (2) 백조는 희다. 그러므로 (3a) 백조는 눈이다. (3b) 눈은 백조이다. (1) 생성된 것은 시작을 갖는다. (2) 한정된 것은 시작을 갖는다. 그러므로 (3a) 생성된 것은 한정된 것이다. (3b) 한정된 것은 생성된 것이다.
193 제24장 179a26 아래와 제28장 181a22 아래.
194 포스터는 로스와 달리 hēmas 다음에 hē mē diairein을 생략하지 않은 채 읽고 있다.

어를 말하는 것이기 때문이다. 사실상 동일한 정의(horos)는 단지 하나의 것에만 그리고 단적으로 그 사물에만 속하기 때문이다. 예를 들면 '사람'의 정의와 '단지 한 사람'의 정의가 같은 것처럼, 또한 다른 경우들에서도 이와 마찬가지이다. 그렇기에 만일 '하나의 전제 명제'가 하나의 주어에 대해서 하나의 술어를 주장하는 것이라고 하면, 이러한 질문을 내세우는 것도 단적으로 '전제 명제'일 것이다. 그런데 연역(쉴로기스모스)은 전제 명제들로부터 성립되는 것이고 또 논박(엘렝코스)은 연역(추론)이기 때문에, 논박도 역시 전제 명제들로부터 이루어지는 것이다. 그렇기에 만일 전제 명제가 하나의 것에 대해서 하나의 것을 말하는 것이라고 한다면, [여러 질문을 하나의 질문으로 만듦으로써 생겨난] 이 오류도 역시 '논박의 무지'에 속하는 것임은 명백하다. 왜냐하면 그 오류에서는 전제 명제가 아닌 것이 전제 명제인 것처럼 보이기 때문이다.[195] 그렇기에 만일 답변자가 하나의 질문에 대한 것처럼 대답을 내놓는다면 거기서 논박이 이루어질 것이다. 그러나 만일 답변자가 실제로는 답변을 내놓지 않고 단지 답변을 준 것처럼 보일 경우에는[196] 단지 외견상의 논박이 있게 될 것이다.

|20| 따라서 모든 방식[197]의 오류들은 '논박의 무지' 아래에 포섭된다. 그래서 말에 기인하는 오류들은 논박의 바로 그 고유한 특징(idion)인 그 모순이 단지 외견상으로만 그렇게 보임으로써 생겨나는 것이고, 그 밖의

● ● ●

195 전제 명제의 '정의'에 따르면 하나의 주어에 대해서 하나의 술어만을 말해야 하는데, 여러 가지 술어들을 한데 아울러서 질문했기 때문에 그 정의의 규정을 위반했다는 것이다.

196 여러 가지 경우를 생각해볼 수 있겠는데, 앞의 상황과 비교해보면, 명백하게 답변을 내놓지 않은 채 그저 고개를 끄덕인다든가 아니면 암묵적으로 동의를 표한다든가 혹은 제스처를 해서 지나치는 경우 등을 들 수 있겠다. 답변을 하는 경우에는 '아마도' 정도의 표현일 수 있다.

197 로스와 피카드-케임브리지는 topoi로, 포스터는 미카엘 에페시우스(Michael Ephesius)를 좇아 tropoi로 읽고 있다.

나머지 오류들은 추론의 정의로 말미암아[198] 생겨난다.

제7장
앞에서 언급한 오류들은 생각의 혼란과 여러 가지 의미를 구별하지 못함으로써 생겨난다

말의 다의성(호모뉘미아)과 문장의 모호함[199]에 관련된 논박들에서 속임수는 여러 가지 의미로 말해지는 것을 구별하는 능력의 부족으로 말미암아 생겨난다(어떤 말들은 그 의미를 구별하기가 쉽지 않은데, 예를 들면 '하나', '있음', '같음' 등이[200] 그렇다). 또한 결합과 분리에 관련된 논박들에 |25| 서 속임수는 그 말(표현, 로고스)들이 결합되든 혹은 분리되든 간에, 실제로 그 대부분의 경우에서처럼, 아무런 의미상의 차이가 없다고 생각함으로써 생겨난다. 강조(억양법)와 관련된 논박들이 일으키는 속임수에서도 마찬가지이다. 왜냐하면 그 말(로고스)의 강조[억양, 악센트]를 낮게 하든 혹은 높게 하든 간에 어떤 표현에서도 혹은 대부분의 표현에서도[201] 그 말의 의미가 달라지지 않는다고 생각하기 때문이다. 그런데

* * *

198 즉 '추론'(연역, 쉴로기스모스)의 정의에 부합하지 않기 때문에.

199 168a25의 logos와 마찬가지로 '문장의 모호함'을 의미한다.

200 호모뉘미아(다의성)를 밝히면서 철학적 논의를 전개해가는 방식은 아리스토텔레스의 전형적 방법이다. 그는 이러한 방법으로 플라톤을 비롯한 선행 철학자들의 논의를 비판하고, 또 탐구하고 있는 주제에 대한 진리를 찾아가면서 자신의 철학적 입장을 밝힌다. 아리스토텔레스가 『형이상학』에서 '있는 것(존재)은 여러 가지 방식으로 이야기된다'라고 반복해서 하는 주장은 그의 형이상학적 탐구의 기본적 출발점이다. 아리스토텔레스에게 존재의 다양성은 존재자를 탐구하는 학문 방법의 다양성을 가져다준다. 여러 가지 의미를 탐구하는 방법에 대해서는 『토피카』 제1권 제15장에서, '같음'(동일함)의 여러 가지 의미에 대해서는 『토피카』 제1권 제7장에서 논의하고 있으며, '같다'라는 말을 취급하는 토포스들에 대해서는 『토피카』 제7권 제1장에서 논의하고 있다.

201 원어로는 ep' oudenos ē ouk epi pollōn이다. 포스터는 이 구절을 '도무지 로고스(표현)의 의미를 변화시키지 않거나 혹은 여간해서 변화시킬 수 없는 것처럼 보인

|30| 표현 형식과 관련된 것들에서 속임수는 표현의 유사성 때문에[202] 생겨
난다. 왜냐하면 어떤 종류의 것들이 동일한 표현 형식으로 말해지는지
또 어떤 종류의 것들이 다른 표현 형식으로 말해지는지를 구별하는 것
은 어렵기 때문이다(이것을 구별할 수 있는 사람은 진리를 이해하는(관조하
는) 데 바짝 다가서 있으며, 또 [상대방의 질문에 대해서] 어떤 경우에 동의해줘
야 하는지를 가장 잘 알 수 있는 사람이니까[203]). 왜냐하면 [이 구별의 어려
움은] 우리가 어떤 것[주어]에 대해서 술어가 될 수 있는 모든 것(pan to
katēgoroumenon)을 '이것'[개별적인 것]이라고 생각하며, 그래서 우리는
|35| 그것을 '하나의 것'으로 파악하기[204] 때문이다.[205] 왜냐하면 하나인 것과

● ● ●

다'와 같이 옮겨서 '보인다'(여겨진다, dokei)에 강하게 걸리는 것으로 파악하고 있는
듯하고, 피카드-케임브리지는 좀 더 '표현'(ho logos)에 연결되는 것으로 해석하고
있다. 어떻게 이해하든 의미상의 큰 차이는 없겠으나, 옮긴이는 로고스에 걸리는
것으로 해석하였다.

202 원어로는 dia tēn homoiotēta tēs lexeōs이다.

203 이유를 나타내는 불변화사인 gar가 연속해서 이어져 있기 때문에 어떤 식으로든 끊
어서 읽어야 하는데, 로스는 포스터와 달리 169a32의 legetai 다음에 콜론을 삭제
하고 이어지는 'schdon gar ho touto dunamenos poiein eggus esti tou theōrein
talēthes, malista d' epistatai sunepineuein' 부분을 괄호에 넣어 처리하고 있다. 피
카드-케임브리지도 이를 따른다. 그러나 포스터는 talēthes 뒤에서 문장을 끊고, 또
epistatai를 epispatai(…에로 이끌다)로 읽는다. 포스터가 읽는 방식으로 옮겨보면,
"특히 그 오류에 동의[수긍]하도록 이끄는 것은 다음과 같은 사실 때문인데, 즉 우
리가 어떤 것에 대해서 술어가 되는 모든 것이 '이것'이고 그리고 그것이 하나의 것
으로서 우리의 귓전에 드러난다고 생각하기 때문이다."

204 원어로는 hōs hen hupakouomen이다. 여기서 동사 hupakouō의 문자적 의미는
'…에 귀를 기울인다', '요청받은 물음에 순순히 따른다, 순순히 받아들인다'이다.

205 '이것'이라고 옮긴 원어는 tode ti이다. 이 말은 아리스토텔레스의 존재론에서 개별
자,즉 '제일 실체'를 기술하는 중요한 철학 용어이다. 『범주론』에서는 '하나'이고, 더
이상 분리 가능하지 않으며(atomos), 다른 것에 대해서 술어가 될 수 없는 개별자만
이 온전한 의미에서 실체이다. 그러나 『형이상학』 제7권, 제8권, 제9권 등에서는 실
체를 규정하는 경우에 '형상', 즉 보편자에 대해서도 '이것'이라는 말을 적용하고 있
다. 가령 '소크라테스는 인간이다'에서 소크라테스도 '이것'으로, 또 형상인 '인간'도
'이것'으로 언급될 수 있다. 이 경우에 소크라테스는 '하나'이지만 인간은 숫자적으
로 여럿이다. 그러나 인간을 유비적 개념을 통해서 '종적으로' 이해할 때, 인간도 역
시 '하나의 것으로서' 파악될 수 있을 것이다. 그렇다고 해도 '하나'라는 동일한 표현
상의 의미는 존재론적으로 서로 다른 의미를 가진다.

실체인 것에만 '이것임(개별성)'과 '있는 것(존재)'이 가장 잘 부속될 수 있다고 생각하기 때문이다. 이런 이유로 이러한 유형의 논박도 말에 기인하는 오류들 가운데 놓여야만 한다.

첫째로 그 이유는 그 속임수가 우리 자신만이 스스로 문제를 탐구할 때보다는 다른 사람들과 더불어 탐구하는 경우에 더 잘 일어나는 것이니까(왜냐하면 다른 사람들과 더불어 하는 탐구는 '말'(문장)을 통해서(dia logōn) 이루어지지만, 이에 반해 홀로 하는 탐구는 [앞에서 말이 사용됐던 것] 못지않게 '사물(사안) 그 자체'를 통해서(di' autou tou pragmatos) 이루어지기 때문이다[206]). **그 다음으로** 단독으로 탐구를 수행할 때에도 |40| '말'(문장)을 탐구의 토대로 삼는다면 속임수에 빠지는 수가 생길 수 있 169b 기 때문이다. 게다가 이 속임수는 유사성에서 생기는데, 이 유사성은 말(어법)로부터 생겨난다.

부수하는 것과 관련된 것들에서 그 속임수는 동일한 것과 다른 것, '하나'와 '여럿'을 구별할 수 있는 능력이 없기 때문에 생기고,[207] 또 동일 |5| 한 모든 부수하는 것이 어떤 종류의 술어들에 그것들의 주어와 같이 속하는지를 구별할 수 없기 때문에 생기는 것이다.[208]

결론과 관련된 논박들의 속임수도 이와 마찬가지이다. 왜냐하면 결론은 부수하는 것의 부분이기 때문이다.[209] 게다가 많은 경우에, 만일 이것

• • •

206 여기서 아리스토텔레스는 말소리와 외적인 대상 간의 중간적인 것, 즉 『명제론』 제1장에서 언급하고 있는 '혼의 겪음들'(pathēmata)을 염두에 두고 있는 것처럼 보인다. 이것들은 '실제적인 대상들'(pragmata)과 유사성을 갖는 것으로가서 모든 사람에게 동일하다(『명제론』 16a3-9).

207 '하나의 여럿'의 관계는 플라톤과 아리스토텔레스 철학, 아니 헬라스 철학의 바탕에 깔려 있는 중요한 문제이다. 소크라테스도 코리스코스도 인간에 속하기 때문에 '인간'이라는 종에서 같다. 그러나 개별자로서 '하나'인 소크라테스가, 곧 종으로서의 '인간'은 아니다. '인간'은 '하나'인 소크라테스의 종이고, 이와 동시에 소크라테스도 코리스코스도 '인간'이기 때문에 '인간'은 '여럿'이기도 하다. 그러므로 인간은 '하나'이면서 '여럿'이다.

208 제5장 166b28-37에서 부수하는 것과 관련된 오류 참조.

209 제6장 168b27-28 참조.

(A)이 저것(B)에서 분리될 수 없다면, 저것(B)도 이것(A)에서 분리될 수 없는 것처럼 보이고 또 마땅히 그런 식으로 주장되기 때문이다.

|10| 정의의 결함과 관련된 오류들에서, 그리고 한정된 표현과 단적인 표현의 차이에 관련된 오류들에서 그 속임수는 양쪽의 차이를 사소하게 함으로써 생긴다. 왜냐하면 우리는 어떤 특정한 것 혹은 어떤 점 혹은 어떤 방식 혹은 어떤 때[지금]라고 하는 한정이 그 진술의 의미에 아무 것도 덧붙이지 않는다고 간주해서, 그 진술을 보편적인 것으로 동의하기 때문이다.

    최초의 논점을 확보하는 것들과 원인 아닌 것을 원인으로 간주해서 말미암는 것들, 여러 개의 질문을 하나의 질문으로 만듦으로써 생겨난 것들의 그 속임수에 대해서도 이와 마찬가지이다. 왜냐하면 이 모든 논박들에서 그 속임수는 양쪽의 차이를 사소하게 함으로써 생겨나기 때문

|15| 이다. 사실상 우리가 '전제 명제'와 '추론'의 정의를 엄밀하게 검토하지 못한 것은 앞에서 언급한 이유에서 그렇게 된 것이다.

3 형식적으로는 타당하지만, 단지 외견상으로만 그 해당하는 논의 주제에 알맞은 논박에 의한 오류

제8장
형식적으로는 타당한 소피스트적 추론과 논박

검토술과 소피스트적 논박의 차이

    이제 우리가 얼마나 많은 논점에 근거해서 외견상의 추론(연역)들이 생겨나는지를 알고 있기 때문에, 우리는 또한 얼마나 많은 논점에 근거해서 소피스트적 추론(연역)들과 논박들이 생겨날 수 있는지도 아는 것

이다.[210] 내가 소피스트적 논박과 추론(연역)이라고 말하는 것은, 실제로
는 그렇지 않은 것이 외견상으로나마 추론이나 논박인 것처럼 보이는
것뿐만 아니라, 또한 [형식적으로는 올바른][211] 추론이고 논박임에도 단
지 외견상으로만 해당하는 사안(事案)에 대해서[212] 적합해 보이는 것[213]도
포함한다. 이것들은 해당하는 사안에 따라서 논박하지도 못하고 또 상
대방이 무지하다는 것을 드러내지도 못하는 것들이다. 바로 이것, 즉 상
대방의 무지를 드러내는 것이 검토술의 본질적 기능이었다.[214]

그런데 검토술은 문답적 논의, 즉 변증술의 한 부분이다.[215] 검토술은
[어떤 경우에] 논의[의 전제]를 받아들이는 상대방(답변자)의 무지 때문
에 [명백하게] 거짓 결론을 추론(연역)해낼 수 있다.[216] 이와는 달리 소피
스트적 논박들은 상대방 주장의 모순을 추론해낼 수는 있다고 해도, 답
변자가 무지한지 어떤지는 명백하게 드러내지 못한다. 왜냐하면 해당하

• • •

210 제4장과 제5장의 논의를 통해서 밝혀진 사실에 비추어, 우리가 논박을 하는 경우에
오류들이 왜 생겨났는지를 알게 되었다는 의미이다.

211 현대 논리학 용어로는 '타당한'(valid)으로 이해할 수 있다.

212 원어로는 oikeion tou pragmatos이다. 즉, 사안은 해당하는 논의 주제(대상)를 가
리킨다.

213 즉, 엔독사('그렇다고 받아들여지는 것')를 전제로 하는 추론)

214 원문(ēn)에는 과거시제를 사용하고 있다. 이는 앞서 검토술에 대해서 무언가를 밝
혀놓았기 때문인데, 제2장에서는 대화를 통한 네 종류의 논의를 구분하는 가운데
검토적 논의를 '답변자가 받아들인 전제들에서 출발하는 추론 형식'으로 규정한 바
있다. 검토술은 결국 상대방이 전제한 사실과 모순되는 결론을 이끌어내서 상대방
의 무지를 드러내는 방법이다. 이런 측면에서는 소크라테스의 방법론인 '산파술'(hē
maieutikē technē)과 유사한 측면이 있다. 한편 검토(peira)라는 말은 『토피카』 제8
권 159a25에서 사용하고 있으며, 변증술적 방법과 검토술(peirastikē)의 학적인 연관
성에 대해서는 이 책의 제34장 183a37-184b8에 가서야 본격적으로 논의하고 있다.
『형이상학』 1003b22 아래에서는 변증술적 방법이 학문적인 면에서 검토술이라는 점
을 명확히 밝혀주고 있다.

215 제11장 171b5에서는 "검토술은 어떤 종류의 변증술"(hē gar peirastikē esti dialektikē
tis)"이라고 반복해서 언급하고 있으며, 제34장 183a37-183b1에서는 검토술과 변증
술의 학적 역할을 규정하고 있다.

216 이를 통해서 상대방의 무지를 분명하게 드러낼 수 있다.

는 논의 대상을 학적으로 알고 있는 사람조차도 이러한 논의[217]들에 의해 방해를 받기 때문이다.[218]

소피스트적 논박들은 외견상의 오류들과 동일한 방식으로 탐구된다

|30| 우리가 이 오류들[219]을 [제4장과 제5장에서 제시된 오류들을 탐구하는 것과] 동일한 탐구 방법을 좇아서[220] 안다는 것은 분명하다.[221] 왜냐하면 논의에 필요한 여러 사항을 질문의 방식으로 물음으로써 [이에 대한 답변자의 승인을 기초로 해서] 논의 결론이 추론되었다고 청자(聽者)들에게 외견상으로나마 생각하도록 만드는 동일한 이유들이 답변자도 역시 마찬가지로 생각하도록 만들 것이기 때문이다. 그래서 이러한 이유들 전부나 혹은 그 몇몇에 따라서 거짓 추론(연역)들이 생기게 될 것이다. 왜냐하면 사람은 질문을 받지 않았음에도 인정했다고 생각하는 사항을 |35| 질문받았을 경우에는 당연히 인정할 것이기 때문이다. 예외적으로 어떤 경우에는 우리가 빠뜨린 명제를 덧붙여서 물어보는 것과 동시에 그 논의의 거짓이 분명해지는 수도 있다. 예를 들면 '언어 표현의 오류'와 '어법 어김의 오류'에서 그렇다. 그렇기에 만일 어떤 주장의 모순을 보이는 |40| 오류들이 외견상의 논박으로 보이는 것에 의존하고 있다면, 외견상 논박으로 보이는 것에 의존하는 이유들과 거짓 결론들을 이끌어내는 추론들이 의존하는 이유들은 숫자적으로 같다는 것은 분명하다.[222]

●●●

217 그 전제가 실제로는 그렇지 못하지만 그 주제에 따르는 것처럼 보이는 소피스트적 논의를 말한다.

218 제6장 168b6-10 참조.

219 방금 위에서 설명했듯이 형식상 타당하지만 해당하는 논의 주제에 대해서는 외견상 으로만 적합해 보이는 오류들.

220 methodos(탐구 방법)는 theōria(연구)와 pragmateia(연구, 임무, 논고, 과제)와 교환 해서 사용할 수 있는 말이다.

221 제4장과 제5장에 제시된 오류들은 '소피스트적 논박'의 하부 집합에 속하는 것들이 라는 것이다.

222 적절한 전제로서 거짓 추론으로 오류를 이끄는 논의는 거짓 전제로부터 타당한 추

그런데 외견상 논박으로 보이는 것은 참된 논박을 구성하는 부분들에 의존해서 이루어진다. 그 각각의 부분을 빠뜨림으로써 논박으로 보이는 것이니까. 예를 들면 그 결론이 논의, 즉 '불가능한 결론으로 이끄는 논의'[223]를 통해서 따라 나오지 않는 것에 의한 논박,[224] 두 질문을 하나의 질문으로 만듦으로써 전제 명제에 기인하는 논박,[225] 본질적인 것 대신에 부수적인 것을 대치함으로써 생겨나는 논박,[226] 그리고 이 논박의 부분이지만 결론에 기인하는 논박[227] 등을 들 수 있다. 게다가 그 결론이 논의된 내용(사실 그 자체)에 관한 것이 아니라 단지 언어상으로만 따라 나오는 논박[228]이 있다. 다음으로 동일한 것과의 관점에 따라서, 동일한 것과의 관계에서, 동일한 방식으로 그 모순을 보편적으로 증명하는 대신에 그 모순을 어떤 특정한 점에 의해서나[229] 혹은 이것들[230] 각각에 근거해서 이것의 모순을 이끌어내는 논박이 있다.[231] 게다가 [증명해야만 하는] '최초의 논점을 고려하지 않은 채로 최초의 논점을 확보함으로써 생겨난 논박[232]이 있다.

따라서 우리는 얼마나 많은 논점에 근거해서 오류들이 발생하는지 알 아야만 한다. 왜냐하면 오류들이 발생하는 그 이상의 논점들은 있을 수

●●●

론으로 오류를 이끄는 논의로 전환될 수 있다. 그래서 숫자상 같다는 것이다.

223 즉, reductio ad impossibile를 말한다. 제5장 167b23~35 참조.
224 즉, 불가능한 결론으로 이끌기 위해서 주어진 전제에다 원인 아닌 것을 원인으로 집어넣어 논의하는 경우에 생겨나는 논박을 말한다. 제5장 167b23~35 참조.
225 제5장 167b35 아래 및 제6장 169a5 아래.
226 제5장 166b28~37 및 제7장 169b5 아래 참조.
227 제6장 168b27 아래에서는 '결론과 관련된 오류들은 부수하는 것에 의한 오류들의 부분이다'라고 말하고 있다. 이 밖에도 결론과 관련된 논박에 대해서는 167b1 아래 참조.
228 제4장에서 논의한 모든 '언어상의 오류'들이 이에 해당한다.
229 즉 '한정된 범위 내에서'를 의미한다.
230 바로 앞에서 설명한 한정 조건들을 가리킨다.
231 제5장 166b37 아래 참조.
232 선결문제 요구의 오류(혹은 논점 절취의 오류)를 가리킨다. 제5장 167a25 아래 및 167a36~39 참조.

없으며, 그 오류들은 모두 앞에서 서술한 논점들로부터 일어나기 때문이다.

소피스트적 논박은 단적인 논박이 아니라 상대적 논박이다

소피스트적 논박은 단적인 논박이 아니라 누군가[답변자]를 향한(pros tina; ad hominem)[233] 상대적인 논박이다. [소피스트적] 추론도 마찬가지이다. 왜냐하면 말의 다의성에 의존하는 논박이 [그 논의에 사용된 여러 의미를 갖는 말이] 단지 하나의 의미만을 가진다고 가정하지 않는다면, |15| 그리고 표현 형식의 유사성에 의존하는 논박이 [그 논의에 사용된 그 표현들이] 단지 '이것'(실체, 본질)만을 의미한다고 가정하지 않는다면, 또 나머지 논박들에서도 이와 마찬가지로 가정하지 않는다면, 논박도 추론도 있을 수 없을 것이고 답변자에 대해서 단적으로든 혹은 상대적으로든 [논박과 추론이] 이루어지지 않을 것이기 때문이다. 그런데 이와는 달리 그들[질문자들]이 이러한 주장을 받아들인다면, 답변자에 대해 상대적으로 [논박과 추론이] 있을 것이나 단적으로는 있을 수 없다. 왜냐하면 이 경우에 그들의 논박과 추론은 [여러 의미를 가진 그 말이] 단 하나의 의미만을 갖고 있다는 답변(진술)을 확보한 것이 아니라 확보한 것처럼 보이는 데 불과하고, 그것도 이 특정한 사람(답변자)에게만 확보한 것처럼 보이는 데 지나지 않기 때문이다.

• • •

233 이 점은 소피스트들이 사용하는 논박술이 언제나 상대방을 마주하고 행해지는 경쟁적 수단이라는 점을 밝혀준다.

제9장
논박은 개별 학문에 적합한 원리들에서가 아니라 모든 학문에 공통된 원리들에서 이루어진다

숫자상으로 한정되지 않기 때문에 모든 논박들을 완전히 파악하는 것은 불가능하다

우리는 존재하는 모든 것들에 대한 앎(epistēmē)을 갖고 있지 않는 한, |20| 논박당한 자들이 어느 만큼의 논점에 근거해서 논박되는지를 파악하려는 시도를 할 수 없다. 그러나 이와 같은 보편적 앎을 파악하려는 시도는 어떤 하나의 전문 지식[개별 학문]의 영역일 수 없다.[234] 왜냐하면 아마도 지식들은 숫자상으로 무한하고, 그렇기에 또한 논증(아포데익시스)도 숫자상으로 무한할 것이라는 점은 분명하기 때문이다. 그런데 논증들도 또한 참된 논박들이다. 왜냐하면 무언가에 대한 논증이 있을 수 있는 그 경우만큼, 그 참의 모순을 주장하는 사람을 논박하는 경우 역시 있을 수 있기 때문이다. 예를 들면 어떤 사람이 사각형의 대각선을 그 |25| 변과 같은 단위로 잴 수 있다고 주장한다면, 질문자는 그것을 같은 단위로 잰다는 것이 가능하지 않다는 점을 논증(증명)함으로써 그의 주장을 논박할 수 있다. 그래서 모든 논박을 철저하게 해내기 위해서는 모든 사안에 대해 정통한 사람이어야만 한다. 왜냐하면 어떤 논박은 기하학에 있는 원리들과 그 원리들에서 이끌려 나온 결론들에 근거하고, 다른 논박들은 의학의 원리들에 그리고 또 다른 논박들은 다른 지식의 원리들

●●●

234 원어로는 touto d'ou mias esti technēs이다. touto(이것은)가 가리키는 것을 의역해서 옮겼다. 포스터는 ou mias를 oudemias로 읽는다. 그리고 '그러나 이것은 어떤 기술(art)의 기능이 아니다'라고 옮긴다. '테크네'(technē)는 일반적으로 '기술', '기예'로 옮겨지나, 맥락에 따라서 '전문 지식'으로 옮기는 것이 더 적합할 때가 있다. 여기서는 '특정한 개별 학문'을 가리키는 것으로 이해하는 편이 좋겠다. 이 장의 아래에서 '전문 지식'(학문)으로 옮긴 말은 테크네의 번역이다.

에 근거할 것이기 때문이다.

|30| 더욱이 거짓 논박들도 마찬가지 방식으로 무한 안에 있는 것이리라. 왜냐하면 각각의 전문 지식(학문, technē)에 따라서 [그 전문 지식에 근거하는] 거짓 추론이 있기 때문이다. 이를테면 기하학에 따라서는 기하학적인 거짓 추론이 있고, 의학에 따라서는 의학적인 거짓 추론이 있는 것처럼 말이다. 내가 '전문 지식에 따라서'라고 말하는 것은 '그 전문 지식의 원리들에 따라서'를 의미한다.[235]

    그렇기에 우리가 그 토포스(공통 지점, topos)를 파악해야만 하는 것은
|35| 모든 논박에 대해서가 아니라 단지 '변증술'에 근거하는 논박들에 대해서만이라는 점은 분명하다. 왜냐하면 이 변증술의 토포스들은 모든 전문 지식과 능력[236]에 대해서 공통적이기 때문이다. 그리고 각각의 지식에 따르는 논박과 관련해서, 그것이 실제로는 논박이 아니고 단지 그렇게 보이는 것뿐인지 혹은 만일 그것이 실제로 논박인 경우에는 어떤 이유 때문에 그러한지를 검토하는 것은 해당 지식에 정통한 사람이 해야 할 일이다.

변증론자의 임무

    그러나 이와는 달리 공통 원리[237]에서 이끌려 나와 어떤 특정한 전문 지식(테크네)에도 포섭되지 않는 논박을 검토하는 것은 변증론자들의 일
|40| 이다. 왜냐하면 우리가 어떤 주제에 대해서도 일반적으로 받아들여질 수 있는 추론이 성립되는 논리적 근거[토포스[238]]를 파악한다면, 우리는

●●●

235 to kata tēn technēn은 '그 전문 지식(학문)에 즉해서라는 것' 혹은 '그 학문에 대응해서라는 것'으로 새길 수 있다.

236 여기서 '능력'(dunamis)은 일반적인 의미보다는 변증술을 펼치는 실천적 능력 내지는 그 기능을 함축하는 말이다.

237 공통 원리(ta koina)는 어떤 특정한 전문 지식이나 기술에 속하지 않는 원리로, 모순율과 배중율을 포함한다.

238 원문을 직역하면 '그것들로부터'이다. 피카드–케임브리지는 '출발점'으로 새긴다.

또한 그 논박이 성립하는 그 토포스[논의의 출발점]도 파악하기 때문이다. 사실상 논박은 어떤 주장의 모순을 추론하는 것이고, 그래서 논박은 170b 상대방 주장의 모순을 이끌어내는 하나 혹은 두 개의 추론으로 성립하는 것이니까.

그러므로 우리는 얼마만큼의 논점에 근거해서 이러한 모든 논박들이 성립하는지를 파악한다. 만일 우리가 이것을 파악한다면, 또한 우리는 그것들의 해소책[239]도 파악한다. 이 논박들에 대한 반론(enstasis)들이 그 |5| 해소이기 때문이다. 그런데 우리는 얼마만큼의 토포스에 따라서 외견상의 논박이 생겨나는지를 알고 있다. 여기서 '외견상 그렇게 보인다'라고 하는 것은 '어떤 사람에게나 그렇게 보인다'는 것이 아니라, '어떤 유형의 사람에게만 그렇게 보인다'는 의미이다. 왜냐하면 누군가가 우연히 대면한 사람에게 이것들이 얼마만큼의 토포스에 따라서 외견상의 논박으로 생각되는지를 탐구한다면 그 일은 한정 없는 일이 될 것이기 때문이다.

그러므로 참된 논박이든 외견상 논박이든, 또 변증술적 논박이든 외견상 변증술적 논박이든 혹은 검토적 논박이든, 그것들이 공통 원리를 통해 몇 가지 논점에 근거해서 생겨나는지를 파악하는 능력이 변증가에게 |10| 속한다는 것은 명백하다.

●●●

결국 '논의의 출발점'을 말한다.
239 오류의 해소는 제16장─제33장에서 논의한다.

제10장
'말'에 대해 사용된 논의와 말에 의해 표현된 '생각'에 대해 사용된 논의의 차이

어떤 사람들[240]이 논의들 사이에 있다고 말한 것과 같은 차이, 즉 어떤 논의는 이름[名辭]에 대해 사용된 것이고 다른 논의는 [그 이름에 의해서 표현된] 생각(dianoia)에 대해 사용된 것이라고 하는 그 차이는 사실상 존재하지 않는다. 왜냐하면 어떤 논의는 이름에 대해 사용되고 다른 논의는 생각에 대해 사용되고 있어서, 이 두 경우가 동일하지 않다고 상정하는 것은 불합리하기 때문이다. 실상 '생각에 대한 것이 아니다'라는 것은 질문받은 사람이 그것에 대해 질문받고 있다고 생각하고 인정한 그 이름(명사)를 사용하지 않는 경우 이외의 다른 무엇이란 말인가? 하지만 바로 그것이 '이름에 대해서'라는 것과 동일한 것이다.

이에 반하여 '생각에 대해서'라는 것은, 질문받은 사람이 승인했을 때 생각하고 있던 것과 동일한 의미로 그 이름을 사용하는 경우이다. 그런데 지금 여러 의미를 갖고 있는 이름을 다루면서, 만일 누군가[241]가, 즉 묻는 자와 질문받은 자가 그 말이 단지 하나의 의미만을 갖고 있다고 생각해서, – 마치 예를 들자면 '존재'와 '하나'는 여러 의미를 갖고 있다고 생각되지만, 답변자나 질문자[242] 둘 다 그 의미가 하나밖에 없다고 생각해서 답변하기도 하고 또 질문하기도 해서, 그래서 그 논의가 '모든 것은 하나다'라는 결론에 이르게 된 경우와 같은 것인데 – 이 경우에 이 논변은 질문한 사람의 생각에 대해서라기보다는 오히려 그 이름(말)에

● ● ●

240 '어떤 사람'은 플라톤일 수도 있고, 플라톤 사후에 아카데미를 물려받은 스페우시포스일 수도 있다. 아마 아카데미 학원에 이런 논란이 있었던 것 같다. 이 문제에 대해서는 『변증론』 제1권 제18장 참조.

241 포스터는 로스와 달리 ei dē 다음에 tines를 생략하고 읽는다.

242 로스와 포스터의 읽음을 좇아서 제논(Zēnon)을 생략하고 읽는다.

대해서 향해져 있는 것일까?[243]

  한편, 만일 누군가[244]가 적어도 그 이름이 여러 의미를 가진다고 생각 |25|
한다면 그 논의가 생각에 대해서 향해져 있지 않다는 것은 분명하다.[245]
왜냐하면 여러 의미를 갖는 그러한 논의들과 관련해서는 **우선적으로** 그
논의가 '이름(말)'에 대해서 향해진 것'에도 또 '생각에 대해서 향해진 것'
에도 가능하고, 더구나 **그다음에는** 어떠한 논의가 되었든지 간에 가능하
기 때문이다. 왜냐하면 논의가 '생각에 대해서 향해져 있다'고 하는 것은
논의에 달려 있는 것이 아니라, 답변자가 그 자신이 인정한 바[내용]에 |30|
대해서 어떠한 태도를 취하느냐에 달려 있기 때문이다. **그다음으로** 이것
들은 모두[246] 이름에 대해서 향해지는 것이 가능하다. 이렇게 주장하는
입장에서 왜 그런가 하면,[247] '이름에 대해서 향해져 있다는 것'은 '생각
에 대해 향해져 있지 않다는 것'이기 때문이다. 모든 논의가 이름 혹은
생각에 대해 향해져 있지 않다고 한다면 [그 양쪽의 어느 논의에도 해당
하지 않는] 다른 어떤 논의[248]가 있어야만 할테니까. 그러나 그들은 모든
논의가 이것이든지 혹은 저것이든지에 대해 향해져 있어야만 하고, 또 |35|
모든 논의를 이름에 대해 향해진 것인지 혹은 생각에 대해 향해진 것인
지 구별하며, 그리고 다른 종류의 논의는 있지 않다고 주장한다. 그럼에
도 사실상 여러 가지 의미로 말해지는 다의성에 의존하는 추론들 중 일

   ● ● ●

243 원래 텍스트의 의문 부호를 살리면 결국 여기서 말하고자 하는 바는 '생각에 대해서
    도 향해져 있다'가 된다.
244 즉, 질문자가 되었든 혹은 답변자가 되었든지 간에.
245 제10장에서 지금까지 한 논의를 통해서 아리스토텔레스는 '이름에 대해 사용되는
    논의'와 '이름에 의하여 표현된 생각에 대해 사용되는 논의'의 차이가 존재하지 않
    는다는 점을 보여줌으로써 이 두 논의를 전혀 다른 논의의 차이로 받아들이는 것은
    옳지 않다고 지적한다.
246 '생각에 대해서 향해져 있다고 말할 수 있는 모든 논의들'.
247 즉 '말과 생각에 대해서 향해져 있는 논의를 따로따로 구별하는 입장에 서는 사람들
    의 관점에서 그 이유를 설명해본다면'이라는 의미이다.
248 즉, 말에 대해 향하지도 않고 생각에 대해 향하지도 않은 제3의 논의를 가리킨다.

부만이 이름에 의존하는 것이다. 왜냐하면 '표현과 관련된 모든 논의'가 '이름에 의존하는 것'[말에 대해 향해진 논의]이라고 주장하는 것은 불합리하지만, 실제로 그런 주장이 그들에 의해 주장되었기 때문이다. 그렇지만 사실상 이 [표현과 관련된] 논의들에는 답변자가 그 논의들에 대해 |40| 어떤 태도를 취하느냐에 따라서가 아니라, 그 논의 자체가 많은 것을 의미하는 그런 물음에 답변자에 대해 가짐으로써 성립하는 어떤 오류들이 있다.[249]

논박과 추론의 관계

171a   먼저 추론(연역)에 대해 논의하지 않고 논박에 대해 논의한다는 것은 일반적으로 이치에 맞지 않는다. 왜냐하면 논박은 추론이고, 그렇기에 거짓 논박에 대해서 논하기 앞서 추론에 대해서 논해야만 하기 때문이다. 왜냐하면 이러한 논박은 단지 어떤 주장의 모순을 외견적으로 추 |5| 론하는 것이기 때문이다. 따라서 그 오류의 원인은 추론에 있거나 혹은 그 모순 안에 있을 것이다([논박에서는 추론에] 그 모순이 덧붙여져야만 하니까). 그러나 때로는 [그 오류가] 외견상의 논박에 지나지 않는다면 오류의 원인은 양쪽[추론과 모순] 안에 있다. '침묵하는 자의 말함'이라는 논의에서 그 오류의 원인은 그 모순 안에 있지 추론 안에 있는 것이 아니다.[250] 이와 달리 '누군가는 자신이 갖지 않은 것을 줄 수 있다'는 논의에 |10| 서 그 오류의 원인은 양쪽에 있다.[251] 또 '호메로스의 시는 원(kuklos)을

●●●

249 표현에 관련된 오류 중 '동명이의', '강조'(악센트), '문장의 모호성', '결합과 분리'와 같은 것은 답변자의 태도와 무관하게 언어의 객관적 사실에 근거해서 성립한다.

250 이 논의의 예는 이미 제4장 166a12 아래에서 제시되었다. '① 침묵하는 자의 말함은 가능하다'라는 말은 현재는 말을 하고 있지 않지만 말할 수 있는 능력을 갖고 있으므로 얼마든지 논리적으로 성립할 수 있다. 그러나 또한 침묵하는 자는 현실적으로 말하고 있지 않으므로 '② 침묵하는 자가 침묵하면서 말할 수는 없다'는 것도 논리적으로 성립할 수 있다. ①과 ②는 동시에 논리적으로 양립 가능하다. 그러나 만일 ①의 오류를 지적하려 한다면 ②를 지적함으로써 ①의 모순을 말해야만 한다.

251 제22장 178a37 아래.

이루기 때문에 하나의 도형이다'[252]라는 논의에서 그 오류는 추론 안에 있다. 그렇지만 이 어느 쪽에도 그 원인이 없는 논의는 참된 추론이다.

그러나 우리의 논의가 벗어났던 그 논점으로 되돌아온다면[253] 수학에서의 논의들은 생각에 대해 향해져 있는 것인가, 아니면 그렇지 않은 것인가? 만일 어떤 사람들에게 '3각형' 여러 의미를 가진다고 생각되어, 답변자가 삼각형에 대한 명제를 '2직각이다'로 결론 맺은 그 도형과는 |15| 다른 의미로 그 말을 승인했다고 한다면, 이 사람[질문자]의 논의는 그 사람[답변자]의 생각에 대해 향해진 것인가, 그렇지 않은 것인가?[254]

게다가 만일 하나의 이름이 여러 의미를 갖고 있지만 답변자는 그것을 깨닫지도 못하고 또 그렇게 생각하지도 않는다면, 질문자가 답변자의 생각에 대해서 논하는 것이 아니라고 어떻게 말할 수 있겠는가?[255] 혹은 [답변자에게] 구별을 내놓는 것을 제외하고 어떻게 달리 질문해야만 하는 것인가? 이를테면 누군가가 '침묵하는 자의 말함은 가능한가, |20| 혹은 가능하지 않은가? 혹은 어떤 의미에서는 그 대답이 "아니오"이고, 다른 의미에서는 그 대답이 "예"일 것인가?'라고 구별을 제시하면서 물을 수 있는 것과 같이. 그러나 이런 경우에 만일 누군가[답변자]가 '어떤 의미에서는 전혀 가능하지 않다'고 답하고, 다른 사람[질문자]은 논의를 계속하면, 그러면 이 사람은 그 사람[답변자]의 생각에 대해서 논의한

• • •

252 여기서 kuklos라는 말은 두 가지 의미로 사용되었다. 하나는 기하학적 도형으로서 '원'이고, 다른 하나는 『일리아스』와 『오뒷세이아』를 보충하는 '서사시적 전설' 내지는 일련의 사시(史詩) 전설로서 '트로이 전쟁의 사시(史詩) 전체'를 의미한다. 이 예는 『분석론 후서』 상권 제12장 77b33-35에서도 사용하고 있다("'그러니까 모든 원이 도형이란 말이지.' 도형을 그린다면 그 답은 명백해진다. '그런데 말야, 서사시도 원(kuklos)인가?' 그렇지 않다는 것은 명백하다.") 결국 이 논의는 말의 다의성을 이용한 것이다.

253 170b40에서 잠시 다른 논제로 벗어났는데, 다시 '말에 대해 향해진 논의'와 '생각에 대해 향해진 논의'를 구분하는 문제로 되돌아간다는 것을 가리킨다.

254 달리 옮기면 '이 사람은 그 사람의 생각에 대해 논의하는 것인가, 그렇지 않은 것인가?'가 된다. 본래 다의적인 것을 다의적인 것으로 생각한 경우이다.

255 본래 다의적인 것을 일의적인 것으로 생각한 경우이다.

것이 아니겠는가? 하지만 여전히 이 논의는 이름과 관련된 논의들 중에 하나라고 생각된다.[256] 따라서 '생각에 대해 향해진' 어떤 특정한 부류의 논의들이 있는 것은 아니다. 그러나 어떤 논의들은 이름에 대해 향해져 있다. 그렇다고 해도 이름에 대한 논의들이 사실상의 논박들은 말할 |25| 것도 없거니와 모든 외견상의 논박들조차 모조리 포함하는 것은 아니다.[257] 왜냐하면 가령, 부수하는 것에 관련된 논박들과 그 밖의 다른 것들처럼 표현과 관련되지 않은 외견상의 논박들도 역시 있기 때문이다.

변증술적 논의와 교수적 논의의 차이

그러나 만일 누군가가 '"침묵하는 자의 말함"으로 나는 어떤 의미에서는 이것을 의미하고 다른 의미에서는 저것을 의미한다'고 하면서 구별 |30| 을 해야만 한다고 요구한다면, 우선 이 요구는 이상한 노릇이다. 왜냐하면 때때로 질문받은 것이 여러 의미를 가진 것으로 여겨지지 않을 때도 있고, 또 거기에 있을 것이라고 생각하지도 못한 구별을 한다는 것은 불가능하기 때문이다.[258] 그다음으로 이 같은 구별을 하는 것이야말로 가르친다는 것[교수적 논의][259]이 아니고 달리 무엇이겠는가? 사실상 이 구별은 '다른 방식으로 말해질 수 있다'는 것을 고찰해 보지도, 알지도, 상정해본 적도 없는 상대방에게 그 내용이 어떤 상태인지(hōs echei tō)를 밝히는 것이기 때문이다. 그 물음이 두 가지 의미를 갖지 않는[260] 경우에도 이러한 구별이 되는 것을 방해하는 어떠한 이유라도 있다는 말

●●●

256 즉, 문장의 모호성의 오류.
257 '그렇다고 해 참된 논박은 말할 것도 없고 외견상의 논박 모두가 모조리 [말에 대해서 향해진] 그러한 논의들은 아니다.'
258 풀어서 이야기하자면, 그렇게 요구하는 것이 잘못인 까닭은 질문자 자신이 질문이 갖고 있을 법한 다의성을 깨닫지 못하는 수도 있거나 혹은 실제로 질문이 다의적 의미를 갖지 않을 수도 있을 것이고, 또 여러 의미가 있다고 생각하지도 못했던 그 질문 가운데에서 그 구별을 내놓으면서 묻는 것이 가능하지 않다는 것이다.
259 교수적 논의에 대해서는 제2장 첫머리에서 규정한 바 있다.
260 로스는 mē를 빠뜨린 채 읽고 있다.

인가? 가령 '그러니, 수 4에서 하나임들(단위들, monades)은 둘임들과 같
은 것인가? 그런데 [수 4에서] 둘임들[261]은 어떤 의미에서는 이러한 방식
으로 포함되어 있고, 다른 의미에서는 다른 방식으로 포함되어 있다'고
말하는 경우.'[262] 또 '[서로] 반대되는 것들에 대한 앎은 하나인가, 아닌
가? 그러나 어떤 반대인 것들은 알 수 있지만, 다른 어떤 반대인 것들은
알 수 없다'고 말하는 경우가 그러하다. 그러므로 이러한 구별을 요구하
는 사람은 가르친다는 것[교수적 논의]이 변증술적으로 논의하는 것[변
증술적 논의][263]과 다르다는 것을 모르는 사람처럼 보이고, 또 [그 사람
은] 가르치는 사람이 질문을 하는 것이 아니라 오히려 그 자신이 그 내
용을 명확히 해야만 하는 것이지만, 이와는 달리 변증술적으로 논의하
는 사람은 질문을 제기해야만 한다는 것을 알지 못하는 사람처럼 생각
된다.

●●●

261 로스는 dusdes를 생략하고 읽고 있다. 피카드-케임브리지와 포스터를 좇아서 그대
로 살려둔 채로 읽었다.

262 이해하기 꾀까다로운 논의이다. 이렇게 이해해보도록 하자. '하나임'은 넷으로 4를
이루고 '둘임'은 둘로 4를 이룬다('두 개의 2'와 '네개의 1'). 그러므로 4라는 점에서 볼
때 '하나임'은 넷이고 '둘임'은 둘이다. 이 점에서는 같지 않다. 그러나 이 양자가 수
4를 형성한다는 점에서는 같다. 또 수 4에 포함되어 있는 '둘임'과 '하나임'의 관계에
서 생각해볼 때, 둘로서의 '둘임'은 '하나임'이 둘로 모아졌을 때 생겨난다. 결국 '하
나임'은 '둘임'과 다르지만, 하나임이 둘을 형성한다는 관점에서는 '하나임'과 '둘임'
은 같다. 그렇다면 수 4에서 '둘임'은 하나와 넷의 관계에 따라서 서로 다른 의미로
포함되어 있는 것이다.

263 교수적 논의와 변증술적 논의에 관한 규정에 대해서는 제2장 참조. 변증술적 방법
의 절차에 대한 실제적 수행은 『토피카』 제8권에서 상세히 기술하고 있다. 『토피카』
제8권은 '질문과 답변에 의한 논의'를 주축으로 전개되고 있다. 그 내용을 살펴보면
우선, 질문을 어떻게 만들 것인가라는 원칙적인 문제를 제시한다. 다음으로 이와
관련된 논의의 전제들을 확보하는 문제를 설명하고, 이어서 질문자와 답변자의 역
할을 충분히 검토한 다음, 끝으로 논의에서 발생하는 오류들에는 어떤 것이 있는가
하는 등의 문제를 순서적으로 다루고 있다.

제11장

검토적 논의, 쟁론적 논의, 변증술적 논의

게다가 무언가가 '긍정되었다' 혹은 '부정되었다'는 답변을 요구하는 것은 무언가를 [학문적으로] 증명하려는[264] 사람의 일이 아니라, [질문자로서] 검토를 수행하려는 사람의 일이다. 왜냐하면 검토술은 어떤 종류의 [질문과 답변으로 진행되는] 변증술이고, [학문적으로] 알고 있는 사람이 아니라 알지 못하면서 아는 척 내세우는 사람을 목표로 하기 때문이다.[265]

|5|

그렇기에 [주어진] 특정한 사안(프라그마)에 따라서 공통 원리들을 고찰하는 사람은 변증론자인 데 반해서, 외견상으로만 이것을 하는 자는 소피스트이다. 그리고 쟁론적 추론과 소피스트적 추론에 관련해서, 그 하나는 변증술이 검토술의 방법으로 다루는 그 사안에 대해 그 결론은 참일 수 있어도 외견상의 추론에 지나지 않는 추론이 있고(추론의 원인에 관한(tou dia ti) 속임수가 있으니까), 다음으로 각 사물의 탐구 방법에 따르지 않았음에도 해당하는 전문 지식에 따른 것처럼 생각되는 오류들이 있다. 왜냐하면 잘못 그려진 기하학적 도형들은 쟁론적이지 않기 때문이고(그 이유는 그 오류들이 그 전문 지식[기하학] 아래에 포섭되는 것들에 따르기 때문이다), 또한 참임을 예증하는 잘못 그려진 어떤 도형들이 있다고 해도 적어도 쟁론적이지는 않기 때문이다.

|10|

|15|

예를 들면 히포크라테스의 도형, 즉 '초승달 모양에 의해서 원을 직선으로 된 도형으로 만들기'(求積法; tetragōnismos)[266]의 경우가 그러하다.

●●●

264 원어로는 deiknuntos이다. 그 동사(deiknumi)의 원래 의미는 '드러내다, 보이다, 나타내다'이다. 이 의미에서 논리적으로 '증명하다'라는 의미로 발전해간다.

265 제8장 169b25-26 참조.

266 히포크라테스(Hippokratēs)는 피타고라스주의에 경도된 수학자, 기하학자 및 천문학자로 피타고라스가 태어난 사모스섬에서 가까운 키오스섬 출신이며 기원전 450-430년경에 활동한 것으로 알려져 있다. 아리스토텔레스는 『에우데모스 윤리학』에

그러나 원을 직선으로 된 도형으로 만드는 브뤼송의 구적(求積) 방법[267]

•••

서 "히포크라테스는 기하학자였지만, 다른 일들에 대해서는 멍청하고 어리석다고 여겨졌으며 어리숙함 때문에 항해 중에 비잔티온의 세관들에게 속아서 많은 돈을 잃었다"고 짧게 언급하고 있다(1247a17). 필로포노스는 그가 상인이었고, 해적에게 배를 약탈당한 후에 아테네에서 긴 송사에 매달리다가 수학에 관심을 갖게 되었다고 전하고 있다(『아리스토텔레스 자연학(A2) 주석』 185a16). '원이 초승달 모양의 원들(mēniskoi, lunulai)에 의해서 직선으로 된 도형과 같아지는' 이른바 '히포크라테스의 도형'에 관한 문제는 이 밖에도 『분석론 전서』 제2권 제25장 69a30-34, 『자연학』 제1권 제2장 185a16에서도 언급되고 있다. 안티폰, 브뤼송 및 유클리드가 이와 유사한 기하학적 증명 방법에 대해 논의하였고, 이 방법은 원의 면적 값을 구할 때 필요한 π값을 구하는 문제와도 관련된다. 이들의 보고는 주로 신플라톤주의자인 심플리키오스(Simplikios)의 『아리스토텔레스의 「자연학」에 대한 주석』에서 인용되고 있다. 물론 심플리키오스는 이 모든 기하학적 설명이 에우데모스의 『기하학의 역사』(Geōmetrikē bisotoria)에 언급되어 있다고 보고하고 있다. 히스(T. Heath)는 아리스토텔레스가 이해하고 있는 '히포크라테스의 도형' 문제는 아리스토텔레스가 오해했거나, 아니면 그 문제를 정확히 알지 못했던 것으로 파악하고 있다. 이 기하학적 문제의 출전과 관련해서 원전이 문제되는 사항에 대해서는 Ivor Thomas, *Greek Mathematical Works*(Loeb Classical Library, 1939), Vol. I, pp.234-253(히포크라테스), pp.310-312(안티폰), pp.314-317(브뤼송) 참조. 이 문제에 관한 자세한 설명은 W. D. Ross, *Aristotle's Physics*(Oxford, 1936), pp.463-466; T. Heath, *Mathematics in Aristotle*(Oxford, 1949), pp.33-36; *A History of Greek Mathematics*(Oxford, 1921), vol. I, pp.183-200; W. Charlton, *Aristotle Physics*, Bk. I, II(Oxford, 1969), p.54; Eudemus of Rhodes, Hippocrates of Chios and the Earliest form of a Greek Mathematical Text, *Centaurus* 46(4)(2004), pp.243-286 참조. 안티폰의 구적 문제와 히포크라테스의 도형을 아래에 덧붙인다.

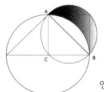

안티폰의 구적 문제

267 아프로디시아스의 알렉산드로스는 『아리스토텔레스의 「소피스트적 논박에 대하여」에 관한 주석』에서 "원에 대한 브뤼송의 구적법은 쟁론적이고 소피스트적이다. 왜냐하면 기하학의 고유한 원리들로부터(ek tōn oikeinōn atchōn)가 아니라, 더 공통된 어떤 원리들로부터 시작하기 때문이다"라고 말하고 있다. 어쨌거나 한정 없이 변의 숫자를 증가시킨다고 해서, 그렇게 만들어진 다각형의 둘레와 원의 원주가 같아질 것이라는 생각은 잘못이다. 브뤼송의 구적에 대한 언급은 뒤에 가서 171b34-172a7에도 나온다. 이 밖에도 『분석론 후서』 제1권 75b37-76a3, 『수사술』 제3권 제2장 1405b9, 『동물지』 제6권 제5장 563a7에서 언급하고 있다. 브뤼송의 구적법의 출

과 같이, 설령 실제로 원이 직선으로 된 도형으로 된다고 하더라도 해당하는 사안(프라그마, 대상)에 알맞지 않기 때문에 그 방법은 여전히 소피스트적이다.[268] 그러므로 이것들의 주제[내용]에 관한 외견상의 추론은 쟁론적 논의이다. 그리고 해당하는 사안에 대해 외견상으로만 알맞은 |20| 것처럼 보이는 추론은, 설령 그것이 참된 추론이라고 하더라도 쟁론적 논의이다. 왜냐하면 이 논의는 해당하는 사안에 대해 외견상으로만 알맞은 것처럼 보이는 데 지나지 않아서, 따라서 기만적이고 공정하지 못한 것이기 때문이다.

경쟁에서 공정하지 못함이 어떤 특정한 형식(성격)을 갖는 불공정한 싸움인 것처럼, 이와 마찬가지로 쟁론술은 논쟁에서[269] 불공정한 싸움이기 때문이다. 왜냐하면 경쟁의 경우에 어떤 대가를 치르더라도 승리를 쟁취하려는 자들이 온 힘을 기울이는 것과 같이, 논쟁의 경우에도 쟁론가들이 이와 동일한 것을 행하기 때문이다.

●●●

전에 대해서는 Ivor Thomas, *Greek Mathematical Works: Thales to Euclid*, Loeb Classical Library, 1939, 제1권, 314-316쪽 참조. 또 브뤼송의 기하학적 문제에 관한 자세한 논의는 히스(T. Heath, *A History of Greek Mathematics*, Vol. I, Oxford, 1921)의 223-225쪽 참조.

268 '사이비 학적 증명'에 대한 언급은 이 대목 이외에도 171b34-172a9, 『자연학』 제1권 2장 185a14-17, 『분석론 후서』 75b37-76a3, 『토피카』 162b7-11 등에 나온다.

269 원어로는 en antilogia이다. 일반적으로 안티로기케(반박술, antilogikē)는 '주어진 테제(입론)를 두고 찬반을 논의하는 것'을 말한다. 플라톤이 사용한 안티로기케는 쟁론술과 대비되는 것으로 하나의 명제를 다른 명제에 대비시켜서 묻고 답하는 추론 과정에서 반대에 직면하는 데 주목하고 그 반대의 명제를 발견함으로써 구성된다. 그 본질적 특징은 반대나 모순을 통해 다른 '로고스'에 대한 한 '로고스'의 반대를 이끌어내는 것이다. 또 쟁론술과 달리 논의에서 사용되는 경우에 그것은 특수하고 공정하게 정의된 기술을 구성한다. 다시 말해 안티로기케는 반대자가 채택한 입장인 주어진 로고스로부터 그것과 반대되는 로고스들까지도 받아들여야만 하거나, 적어도 그의 첫 번째 입장을 포기해야만 하는 방식으로 반대되는 혹은 모순적인 로고스를 확립하는 데로 나아가는 것을 말한다(G. B. Kerford, *The Sophistic Movement*, Oxford, 1981, p.63 참조).

쟁론적 논의와 소피스트적 논의

그렇기에 승리만을 위해서 이것을 행하는 사람들은 쟁론적이고 또 말 |25|
싸움을 좋아하는 자들이라고 여겨지는 데 반해서, 돈을 벌기 위한 명성
을 얻기 위해 이것을 행하는 사람들은 소피스트들이다.[270] 왜냐하면 우
리가 앞서 언급한 것처럼 소피스트적 기술[271]은 겉치레의 지혜로(apo
sophias phainomenēs) 돈을 버는 하나의 기술이기 때문이다. 그 때문에
소피스트들은 외견상의 논증(아포데잌시스, 증명)을 목표로 한다. 말싸움 |30|
을 좋아하는 사람(쟁론가)들과 소피스트들은 다 같이 동일한 논의를 사
용하지만, 그 목표는 같지 않다. 그래서 하나의 동일한 논의가 소피스
트적이면서 동시에 쟁론적이 되지만, 그러나 그것은 동일한 관점에서는
그렇지 않다. 다시 말해서 [그 목표가] 외견상의 승리에 있는 한 그 논의
는 쟁론적이고, 외견상의 지혜에 있는 한 그 논의는 소피스트적이다. 소
피스트적 기술은 실재(ousa)가 없는 어떤 종류의 외견상의 지혜이니까.

• • •

270 플라톤에 따르면 쟁론술과 반박술(안티로기케)은 소피스트의 기술이다(『소피스테스』
231E 아래). 아리스토텔레스는 쟁론술과 소피스트적 추론을 『토피카』162a16-17("소
피스트적 기술은 쟁론적 추론이다")과 『소피스트적 논박에 대하여』171b8에서 동일시
하고 있다. 여기서 아리스토텔레스가 지적하고 있는 것처럼, 소피스트와 쟁론가는
그들이 논쟁에 참여하는 동기에 의해 구별된다. 소피스트들은 명성과 돈을 얻으려
고 애쓰고, 쟁론술은 모든 수단을 동원해서 전적으로 승리를 쟁취하기 위해 애쓴다
(171b23-29). 소피스트적 추론은 단지 변증술이 행하는 것을, 다시 말해 알고 있다
고 주장하나 실제로는 알고 있지 못한 사람들의 견해들을 진지하게 검토하는 방법
을 행하는 듯 보일 뿐이며(171b3-10), 그 전제들은 참으로 믿어지는 의견이 아니라
단지 겉치레의 의견에 불과하다고 말한다(7). 그런 의미에서 소피스트적 혹은 쟁론
적 추론은 단지 외견상으로만 추론일 뿐이며, 적어도 관련이 없다(169b20-23). 동
일한 사실은 경쟁에 사용되는 반박술에도 그대로 적용된다. 경쟁, 경연(agōn)은 쟁
론술의 어원인 eris(투쟁, 싸움)와 같은 말이기 때문에 그것들 간에는 그리 큰 차이가
없다.

271 제1장 165a22 참조.

변증론자의 역할은 무엇인가; 쟁론적 논의와 변증론적 논의의 차이; 변증술적 논의로서 검토적 논의는 어떻게 이루어지는가?

|35| 　어떤 면에서 쟁론가는 변증론자에 대해, 마치 잘못된 도형을 그리는 사람[272]이 기하학자에 대한 관계와 같은 그러한 관계에 있다. 왜냐하면 쟁론가는 변증론자와 마찬가지로 동일한 원리들에 기초해서 오류를 저지르고, 잘못된 도형을 그리는 사람은 [참된] 기하학자와 마찬가지로 동일한 원리들에 기초해서 잘못을 저지르기 때문이다. 그럼에도 잘못된 도형을 그리는 사람이 쟁론가가 아니라는 것은, 그 사람이 그리는 잘못된 도형이 그 전문 지식(기하학적 기술)에 포섭되는 원리들과 결론들에
172a 기초해서 거짓 증명을 내놓고 있기 때문이며, 이와 달리 변증술적인 기술 아래에 포섭되지만 다른 사안에 관련해서 추론하는 자가 쟁론가임은 분명하다.

　예를 들면 '초승달 모양의 원들에 의해서 원을 직선으로 된 도형으로 만들기'는 쟁론적 논의가 아니지만, 브뤼송의 직선으로 된 도형을 만드는 [거짓된] 방법은 쟁론적이다.[273] 전자의 논의는 기하학의 고유한 원리

●●●

272 pseudographos(잘못된 도형을 그리는 사람)는 '거짓 증명을 하는 사람'을 말한다.
273 브뤼송의 사이비(거짓) 학적 증명은 이런 것이다. 필로포노스에 따르면, 프로클로스는 브뤼송이 다음과 같은 기하학적 증명을 했다고 한다. 프로클로스가 전하는 브뤼송의 원리는 "더 큰 것과 더 작은 것이 있는 그것에는 또한 동등한 것이 있다(hou de esti meizon kai elatton, toutou esti kai ison)"이다(Proclus ap. Philop. *in An.Post.* 112.21-4). 브뤼송은 다음과 같은 '사이비 학적 추론'으로 자신의 결론을 이끌어냈다고 한다.
(1) 더 큰 것과 더 작은 것이 있는 그것에는 또한 동등한 것이 있다.(브뤼송의 원리)
(2) 주어진 원은 모든 내접한 직선의 도형보다 더 크고, 또 모든 외접한 직선의 도형보다는 더 작다.
(3) [그러므로 주어진 원보다 더 크고 더 작은 직선의 도형이 있다.]
(4) 그러므로 주어진 원과 동등한(ison) 직선의 도형이 있다.

들에서만 따라 나온 것이기 때문에 기하학 이외의 다른 대상(주제)에 바 |5|
꾸어 적용할 수 없는 데 반해, 후자는 각각의 주제에서 무엇이 가능하
고 무엇이 불가능한지를 알지 못하는 많은 사람에 대해서 바꾸어 적용
할 수 있다. 그 논의는 그들 모두에게 적용될 수 있을 테니까. 혹은 이와
같은 예는 안티폰의 구적(求積)의 방법에 대해서도 마찬가지이다.[274] 혹
은 만일 누군가가 제논(Zēnon) 논변[275]을 통해 '식사 후에 산보하는 것은
좋다'는 것을 부정한다면, 그것은 의학적인 논의는 아닐 것이다. 제논의
논변은 공통적으로 적용될 수 있을 테니까.

그렇기에 모든 면에서 변증론적 논의에 대한 쟁론적 논의의 관계가 |10|
기하학자에 대한 잘못된 도형을 그리는 사람의 관계와 정확히 같다고
하면, 앞서 말한 것[기하학의 주제]에 관한 쟁론적 논의는 있을 수 없을
것이다. 그러나 사실상 변증술적 논의는 어떤 특정한 부류(genos ti, 영
역)에 대해서 한정되는 것이 아니고, 또한 그 무언가를 증명하는 것도
아니고, 또한 심지어 보편적인 논의인 것 같은 그런 것도 아니다.[276] 왜

●●●

274 『자연학』 제1권 제2장 185a17과 Ivor Thomas(1939), pp.310-317 참조. 안티폰의 방
법이 쟁론적 논의로 간주되는 까닭은 기하학의 원리에 입각해 있지 않기 때문이다.
이 방법도 역시 정4각형, 정8각형, 정16각형의 도형을 순차적으로 만들어가면서 원
을 다각형으로 만든다. 그렇게 해서 원의 면적 값을 구한다.

275 운동의 불가능성을 주장하는 제논의 논변을 말하는 것 같다. 제논의 운동론에 대한
아리스토텔레스의 언급은 『자연학』 제6권 제2장 232a21-31, 제6권 제9장 239b10-
14, 『토피카』 제8권 160b7-12 등 참조.

276 하나의 예를 들면 이런 것이다. "비례는 그것들이 수인 한에서 수적으로, 선분들인
한에서 선분으로, 평면인 한에서 평면으로, 시간인 한에서 시간으로 교차한다고 생
각할 수 있다. 한때는 이것이 [이 경우들 각각에 대해] 별도로 증명되곤 했지만, 사
실상 하나의 논증에 의해 그 모든 경우들에 대해 증명될 수 있는 것이다. 하지만
이 모든 것들은 ─ 수들, 선분들, 시간들, 평면들 ─ 하나의 어떤 이름으로 있는 것
이 아니고 종적으로 서로 다르기 때문에 별도로 받아들여지곤 했던 것이다. 그렇지
만 지금은 보편적으로 증명되고 있다. 왜냐하면 그것들이 선분인 한에서 혹은 수들
인 한에서 그것들에 속하는 것이 아니라, 이것인 한에서, 즉 보편적으로 그것들에
속한다고 가정된 것인 한에서 그것들에 속하기 때문이다."(『분석론 후서』 74a18-25)
『분석론 후서』 99a8-10 참조. 변증술적 추론과 논증적 추론 간의 차이에 대해서는
『분석론 전서』 제1권 제1장 24a22-24b13 참조.

냐하면 모든 것들[277]이 어떤 하나의 유(類) 안에 포함되는 것도 아니고, 설령 그렇다고 해도 모든 실제의 대상들(ta onta)은 [하나의 주어진 학문 안에 있는 것처럼] 동일한 원리들 아래에 포섭되는 것과 같은 것일 수 없기 때문이다.[278]

|15| 그러므로 어떤 사물의 본질(phusis)을 증명하는 그 어떤 전문 지식(technē, 학문)도 질문을 내세움으로써 성립하는 것이 아니다. 이것[279]에서는 내세워진 질문에서 [한 쌍의 모순 진술의] 두 부분 가운데 어느 쪽이라도 인정하는 것이 허용되지 않기 때문이다. 그 이유는 양쪽의 그 어느 쪽으로부터도 학적 추론이 생겨날 수 없으니까.

   이와는 달리 변증술은 질문을 내세우는 기술이다.[280] 그러나 만일 무

● ● ●

277 원어로는 hapanta이며, 이어 나오는 ta onta(존재하는 것들)와 같은 의미로서 '변증술이 떠맡는 모든 것'을 말한다.

278 이 점도 플라톤의 철학적 관점에 반대하는 아리스토텔레스 입장을 잘 대변하는 말이다. 플라톤과 달리 아리스토텔레스는 기본적으로 존재의 다양성을 인정한다. 그래서 그는 '있는 것은 여러 가지로 말해진다'고 『형이상학』 여기저기에서 반복적으로 이야기하고 있다. 그래서 아리스토텔레스의 경우에 '학문', '탐구', '연구'한다는 것은 해당하는 주제에 적합한 원리들을 찾는 작업이다. 이 원리들을 찾는 데 변증술적 방법은 유용한 도구가 된다. 그는 『토피카』 제1권 제2장에서 변증술적 방법의 학적 유용성을 다음과 같이 규정하고 있다. 변증술적 방법이 "철학적인 여러 앎에 대해 유용한 이유는, 한 문제의 양 측면을 보고 난점을 제기할 수 있다면, 하나하나의 점에서 참과 거짓을 더욱 용이하게 식별해낼 수 있을 것이기 때문이다. 게다가 또한 그것은 각각의 개별적 앎에 관한 최초의 것[원리]들과 관련해서도 유용하다. 왜냐하면 각 해당하는 학문의 고유한 원리들로부터 그것들에 대해 무엇인가를 말한다는 것은 불가능하기 때문이다. 사실상 그 원리들은 모든 것들 중에서 최초의 것이기 때문에, 각각의 것에 관한 통념으로부터 이 원리들을 따져 물어야만 하기 때문이다. 이것은 변증술에만 특유한, 혹은 적어도 고유한 것이다. 왜냐하면 변증술의 탐구적[검토적] 능력은 모든 방법[모든 앎의 영역, 학문]의 원리들을 향해 나아가는 길을 가지기 때문이다."(『토피카』 101a35-101b4)

279 사물의 본질을 증명하는 기술.

280 변증술적 추론에서 다루는 명제들은 보편적인 것 자체는 아니다. 이것들은 변증술적 명제라고 말할 수 없다. 가령 '인간이란 무엇인가'라든가 혹은 '선은 얼마나 많은 방식의 의미로 말해지는가' 따위가 그렇다. 오히려 변증술적 추론의 명제(전제)는 '예' 혹은 '아니요'라고 답할 수 있는 명제들이다. '… 인지 … 아닌지'(poteron …… ē ou)라는 형식화된 물음은 변증술적 물음의 전형적인 예이다(『토피카』 101b30). 결국

언가를 증명하려고 했다면, 모든 것에 대해서는 아니라도, 적어도 [그 대상의] 제일차적인 것들과 그 고유한 원리들에 대해서 질문을 내세워서는 안 된다. 왜냐하면 상대방[답변자]이 물어본 명제를 받아들이지 않 |20| 는다면, 변증술은 그것으로부터 상대방의 반론에 대해 더 이상[281] 맞서는 문답을 수행하는 어떠한 근거도 더 이상 갖지 못할 것이기 때문이다.

변증술은 동시에 검토술이기도 하다. 사실상 검토술은 기하학과 같은 그러한 것[282]은 아니지만, [기하학과 같은] 어떤 특정한 주제에 대한 [학적인] 앎이 없는 사람이라도 가질 수 있는 그런 능력이니까 말이다. 왜냐하면 그 주제[문제되는 사안]에 대해 [학적으로] 전혀 알지 못하는 사람(A)조차도 [그 주제를] 알지 못하는 다른 사람(B)을 [질문자로서] 검 |25| 토할 수 있기 때문에, 다시 말해 만일 후자(B=답변자)가 전자(A)에 대해 [학적 방식으로서] 자신이 알고 있는 것들에서도 아니고 또한 그 주제의 고유한 원리들에서도 아니라, 그것들에 관한 결론들[283]에서 받아들여진 여러 사항들을 승인할 수 있다면, 전자(A)는 후자(B)를 검토하는 것이 가능하기 때문이다. [여기서 말하는] 결론들에서 따라 나오는 여러 사항들이란 한편으로는 해당하는 대상에 대한 전문 지식(기술지)를 알고 있지 못하더라도 그것들을 아는 데 아무런 지장을 받지 않으나, 다른 한편으로는 그것들을 알고 있지 못하다면 반드시 그 전문 지식에 대해서 무지해야만 하는 그러한 것들이다.

그러므로 검토술은 어떤 특정한 주제에 대한 지식(학[學], epistēmē)이

●●●

　변증술은 '물음을 통한 추론의 전개'라고 말할 수 있다.

281　이 문장에서 eti(게다가)가 두 번 연거푸 사용되고 있는데, 이는 강조의 의미로 사용되었다고 보아야 할 것이다.

282　문답을 사용하지 않는 기하학과 같은 엄밀 학문, 즉 논증 학문(demonstrative science)이 아니다. 변증술과 검토술은 기본적으로 문답법을 공통으로 사용하고 있다.

283　즉, 그 대상 혹은 문제되는 사안 혹은 그 주제로부터 귀결되는 사항.

아니라는 것은 명백하다.[284] 이러한 이유로 검토술은 또한 모든 주제(대상)를 다룬다. 모든 전문 지식은 또한 어떤 '공통 원리들'[285]을 사용하는 것이니까. 따라서 모든 사람은 심지어 비전문가조차도(kai hoi idiōtai) 어떤 방식에서 변증술과 검토술을 사용한다. 사실상 모든 사람은 어느 정도까지 그 사항을 알고 있다고 공언하는 사람들을 일단 시험해보려고 시도하고 있으니까 말이다. 여기서 그들에게 소용이 되는 것들[286]이란 공통 원리들이다. 설령 그것들에 대해 그들이 말하는 바가 [해당하는 사항이나 지식에서] 아주 벗어난 것처럼 보이더라도, 그들 자신도 이것들 [해당하는 지식과 관련된 공통 원리들]을 전문가 못지않게 알고 있기 때문이다. 그러므로 모든 사람이 논박을 행하는 것이다. 왜냐하면 변증술이 기술(전문가)적으로[287] 행하는 것에 대해서 그들은 비기술(비전문가)적으로 관여하기 때문이다. 그리고 [전문가가 관여하는 방식으로] 추론(연역) 기술을 사용해서[288] 검토를 수행하는 사람은 변증론자이다.[289]

하지만 모든 것[주제]에 적용되는 동일한 원리가 여럿 존재하지만, 이

● ● ●

284 학적인 앎을 요구하는 것이 아니니까.

285 어떤 공통 원리들(koinois tisin)이란 각 개별 학문에 귀속하는 고유한 원리들이 아니라, 모든 학문이 성립하기 위해서 그 토대를 두고 있는 공통된 원리들을 가리킨다. 이것들은 해당하는 기술지나 고유 원리들을 충분히 알지 못해도 알 수 있는 것이다. 가령 논리학의 기본 원리들인 배중율, 모순율 따위가 모든 개별 학문에 대한 공통 원리가 될 수 있다. 이러한 기본적인 공통의 원리를 위반하고는 학문이 성립할 수 없다(『분석론 후서』 제1권 제32장 88a35-b4 참조).

286 즉, 그들이 사용하는 것들.

287 여기서 '비기술적으로'atechnōs), '기술적으로'entechnōs)라고 옮긴 말은 '비전문적으로'와 '전문적으로'로 새길 수 있다.

288 원어로는 technē sullogistikē이다. kai 앞에서 끊어 읽었다.

289 아리스토텔레스 변증술의 학적 기능은 묻고 답하는 대화적 활동과 추론 방법의 상호 연관 관계에서 드러난다. 즉, 변증술적 방법은 erōtan(묻는 것)과 sullogizesthai(추론하는 것)라는 두 측면에서 성립한다. 애초에 출발은 질문을 제기하고 답변을 구하는 형식이었으나 그 논의 과정에서 변증술의 다른 측면인 sullogizesthai가 부각된다. 이에 대한 자세한 논의는 김재홍의 박사학위 논문 「아리스토텔레스의 학문 방법론에서의 변증술의 역할에 관한 연구」(숭실대 대학원 철학과, 1994) 제3장 참조.

것들은 어떤 특정한 본성이나 특정한 존재의 유[영역]를 구성하는 것과 같은 그러한 것이 아니라, 부정과 같은 것들이며, 반면에 학문의 원리들은 그런 종류의 것이 아니라 각각의 분야에 고유한 것이다. 그래서 그것들의 원리에 입각해서 모든 주제에 관해 검토를 실행할 수 있으며, 그것들에 대해 어떤 특정한 기술이 있을 수 있다. 그것은 무언가를 증명하려 172b 는 그러한 것이 아니다. 이런 이유로 쟁론가는 모든 점에서 잘못된 도형을 그리는 사람과 같은 그러한 상태에 있지 않다. 왜냐하면 쟁론가는 어떤 한정된 특정한 유의 원리들로부터[290] 오류를 이끌어내는 자들이 아니라, 모든 유(영역)와 관련해서 오류를 저지를 것이기 때문이다.

그러므로[291] 이것들이 소피스트적 논박들의 여러 유형(tropos)들이다. |5| 이것들에 대해서 고찰하며, 또 이것들을 잘 응용할 수 있도록 만드는 능력이 변증론자에게 속한다는 것을 파악하기란 어렵지 않다. 왜냐하면 전제 명제들에 관한 탐구 방법은 이 고찰 전체를 포괄하는 것이기 때문이다.

제12장
(나) 오류를 드러내는 방법과 (다) 역설로 이끄는 방법

오류와 역설이 어떻게 일어나는가?

이렇게 해서 외견상의 논박에 대해서는 이미 말했다. 이제 답변자가 무 |10| 언가 오류를 저지르고 있음을 드러내는 것과 답변자의 논의를 역설[292]로

• • •

290 즉, 원리들에 따라서.
291 제4장에서 제11장까지의 논의 전체를 끝맺음하고 있다.
292 원어로는 adoxon(일반적으로 그렇다고 생각되지 않는 것)이다. paradoxon(역설)과 같은 말이다. endoxa(엔독사, 통념, 일반적으로 그렇다고 생각되는 것)에 반대되는 의미로 새기면 될 것이다.

이끌어 가는 것에 대해 다루어야 할 텐데(이것이 소피스트적 기술이 두 번째로 선택하는 목표였으니까[293]), 그런데 이것은 우선적으로 어떤 식으로 물어보는 것으로부터, 또 질문을 제기하는 것을 통해서 가장 잘 초래된다.

(1) 모호한 질문을 던짐으로써

|15| 왜냐하면 내세운 명제에 대해[294] 명확히 규정하지 않고 질문을 하는 것이 이런 목적들을 사냥하는[295] 좋은 방법[296]이기 때문이다. 사실상 뚜렷한 목적 없이 말하는 사람이 잘못을 저지르는 일이 더 많으며, 그들 앞에 미리 명제를 세우지 않을 때 뚜렷한 목적 없이 말하는 것이니까.

(2) 여러 가지 질문을 던짐으로써

또한 그것을 위해 논의하는 논점이 명확하게 규정되어 있는 경우에도, 많은 것을 물어보는 것과 자신에게 그렇다고 생각되는 것을 말하도록 요구하는 것은, 일반적으로 그렇다고 생각되지 않는 것(역설)이나 거짓으로 상대방의 논의를 이끌어가기 위한 좋은 기회를 만드는 것이다. 그리고 또한 질문을 받았을 때, 여러 가지 질문 중 어느 편을 상대방이 긍정하거나 부정한다면 공격할 수 있는 논점을 향해 논의를 이끌어가는

●●●

293 이미 제3장(169b19 아래)에서 소피스트적 기술이 목표하는 바를 다섯 가지 프로그램으로 정리한 바 있다. ① 소피스트들이 첫 번째로 선택하는 것은 논의하는 상대방을 논박하고 있는 것처럼 보이게 하는 것이고, ② 두 번째로 선택하는 것은 상대방이 무언가 오류를 범하고 있음을 드러내는 것이고, ③ 세 번째는 상대방을 역설로 이끌어 가는 것이고, ④ 네 번째는 상대방이 어법 어김을 저지르도록 만드는 것이고, ⑤ 끝으로 선택하는 것은 상대방이 같은 것을 몇 번이나 되풀이해서 말하도록 만드는 것이다. 따라서 이 순서를 좇으면 두 번째와 세 번째에 해당한다. 원문의 deuteron을 '다음으로' 정도로 새기면 될 것이다.
294 로스는 pros를 괄호([ ])에 넣어 삭제하고 있지만 사본을 그대로 보존하면서 읽었다.
295 원어로는 thēreutikon인데, 직역하면 '사냥하는', '사로잡는'이라는 의미이다.
296 원문에는 없는 말이지만, 여기서 '방법'이라는 말은 좋은 방법이라기보다는 그와 같은 목적을 사냥하는 좋은 '미끼' 내지는 '수단'이라는 의미이다(피카드-케임브리지의 번역 참조).

것이다.

그러나 오늘날에는 이런 방식을 통해서 공정하지 못한 논의를 만들 |20| 가능성은 예전보다 적다. 답변자가 '이것이 애초의 질문과 무슨 관계가 있느냐?'라고 반문할 테니까. 또한 상대방에게서 거짓 진술과 일반적으로 그렇다고 생각되지 않는 진술을 얻어내기 위한 기본적인 방법은 직접 상대방의 입론을 논쟁의 대상으로 삼으려는 질문을 내놓지 않는 것이고, 오히려 '자신이 배우고 싶어서 질문하는 것'이라고 주장하는 것이다. 이런 구실을 내세워 묻는 것(hē skepsis)[297]이 공격할 수 있는 여지를 만들어내기 때문이다.

(3) 쉽게 논박될 수 있는 주장을 하도록 상대방을 이끔으로써

오류를 저지르고 있음을 드러내기 위한 고유한 토포스(idios topos)는 |25| 자신이 잘 논할 수 있는 논점으로 상대방의 논의를 이끌어가는 소피스트적 토포스(방법)이다. 하지만 이것은 앞에서 이야기한 것처럼[298] 올바르게 행해질 수도 있고 혹은 올바르지 않게 행해질 수도 있다.

(4) 상대방에게 그의 견해가 어떤 철학적 학파에 속해 있는지를 물음으로써

또 역설을 말하는 것을 향한 소피스트적 논법은 논의하고 있는 상대방이 어느 집단 출신인지 살펴보는 것이다. 그런 다음 해당하는 논점에 |30| 서 그 집단에 속한 사람들의 이론이 많은 사람들에게서 역설적이라고 말해지는 바로 그 점에 대해서 질문을 던져야 한다. 모든 학파에는 어느 정도 그러한 점이 있기 마련이니까. 이러한 논법들에서 기본적인 일은 여러 학파 각각의 입론을 자신의 전제 명제 안에 아예 확보해두는 것

• • •

297 '혹시 당신이 말하는 게 이런 것이 아닙니까?'라고 주저주저하면서 조심스럽게 묻는 모습이 연상된다.
298 『토피카』 제2권 제5장 111b32 아래.

이다. 또한 여기에서 이것들에 대한 적절한 해소책[299]은, 결과적으로 일
반적으로 그렇다고 생각되지 않는 것이 일어나는 것은 논의를 통해서가
|35| 아니라는 점을 명백히 하는 것이다. 실제로 논쟁하는 적대자가 항시 바
라는 것도 바로 이런 해소이다.

(5) 일반적으로 표명된 의견들과 숨겨진 의견을 대비시킴으로써

게다가 다른 사람들의 바람과 명백하게 표명한 의견들로부터 논의하
는 논법이 있다. 왜냐하면 사람들이 바라는 것과 사람들이 [바라는 것
을] 말로 하는 주장은 동일한 것이 아니나, 한편으로 사람들은 가장 멋
진 논의를 말하지만, 다른 한편으로는 자신에게 이득이 된다고 여겨지
는 것들을 바라기 때문이다. 예를 들면 '사람은 쾌락 안에서 살기보다는
173a 아름답게 죽어야만 한다'고 말하거나, 또 '사람은 부끄럽게 부(富) 안에
살기보다는 정의롭게 가난에서 살아야만 한다'고 말하지만, 실제로 사
람들은 그 반대를 바란다. 그렇기에 [논의하는 사람은] 한편으로 자신이
바라는 것에 따라서 말하는 사람은 표명한 의견을 말하도록 이끌어야만
하고, 다른 한편으로 표명한 의견들에 따라서 말하는 사람은 숨겨진 의
견들(tas apokekrummenas)[300]을 말하도록 이끌어야만 한다. 이 두 경우에
|5| 상대방은 필연적으로 역설을 말할 수밖에 없을 테니까. 어쨌든지 간에
상대방은 표명한 의견이나 혹은 드러내지 않은(aphanēs) 의견에 대해 그
반대를 말할 테니까 말이다.

상대방이 역설적인 주장을 말하도록 하기 위한 가장 광범위한 토포스

●●●

299 여러 철학 학파의 주장을 끌어들였기 때문에 역설이 발생할 수도 있고, 자신의 논
의 가운데 어떤 잘못으로 인하여 역설이 발생할 수도 있는데, 그러한 경우에 그 논
의가 자신의 '주장'을 근거로 하기보다는 오히려 다른 학파의 이론 때문에 일어났다
고 말함으로써 그 역설을 회피할 수 있다는 것이다.

300 다시 말해 대개의 사람들이 겉으로는 그렇다고 말하지만 그 마음속에 숨겨진 바를
인정하도록 이끌어야 한다는 의미이다.

는 플라톤의 『고르기아스』[301]에서 칼리클레스(Kalliklēs)가 논의하는 것으로 그려지고 있는 것처럼, 또 옛날 모든 사람들이 당연히 따라 나온다고 생각했던 것처럼 '자연에 따라서' 또 '법[302]에 따라서'라고 하는 [서로 대립되는] 기준에 의존하는[303] 토포스이다. '자연'과 '법'은 서로 대립되 |10| 는 것이고, 정의는 '법에 따라서'[304] 아름다운(좋은) 것도 있지만, '자연에 따라서' 아름답지 않은 것도 있기 때문이다. 그러므로 자연에 따라서 말하는 사람에 대해서는 법에 따라서 대항해야[305] 하고, 법에 따라서 말하는 사람에 대해서는 자연에 따라서 말하도록 그 사람을 이끌어야만 한다. 이 두 경우에도 그들은 역설을 말하게 되고 말 테니까. 이러한 견해 |15| 를 취하는 사람들에게는 자연을 따르는 것이 진리였고, 법을 따르는 것은 다중(多衆)에게 그렇다고 생각되는 것이었다.[306]

그러므로 오늘날의 사람들과 마찬가지로 옛날 사람들도 역시 답변자를 논박하려고 했고 또 역설을 말하도록 했다는 것은 분명하다.

(6) 답변자가 역설에 빠지도록 질문을 던짐으로써

그렇지만 어떤 질문들은 어떤 방식으로 변하더라도 그 답변이 역설적일 수밖에 없는 그러한 것이다. 예를 들면 '지혜로운 자에게 복종해야 |20| 만 하는가, 아니면 아버지에게 복종해야만 하는가?' '이익이 되는 것들

● ● ●

301 플라톤, 『고르기아스』 482C–484C 참조("자연과 법, 이것들은 대부분 서로 대립되는 것입니다").
302 노모스(nomos)는 일반적으로 '법'으로 옮기지만, 때로는 '관습', '규범', '규약'으로도 새길수 있다.
303 헬라스적 사유라는 관점에서 볼 때, '자연'(phusis)과 '법'(nomos)은 자연적인 것과 인위적인 것을 구별하는 서로 대립되는 중요한 기본 개념이다.
304 피카드-케임브리지는 '규약적 기준'(conventional standard)으로 옮긴다.
305 apantan은 '맞서야만 하고'라는 의미이다. 일반적으로는 우연히 누군가를 '대면하다', '만나다'라는 의미이다. 또 그렇게 만난 사람을 가리키는 경우에도 사용될 수 있다. 그러나 아리스토텔레스가 사용하는 대개의 논리학 용어가 그렇듯이 이 말이 법률적 용어로 사용될 때에는 법정에서 '대항하다'라는 의미이다.
306 플라톤, 『국가』 제2권 트라쉬마코스의 입장 참조.

을 행해야만 하는가, 아니면 정의로운 것들을 행해야만 하는가?' '부정의를 당하는 것과 남에게 해를 끼치는 것 중 어느 것이 더 바람직한 것인가?'[307]하는 등등의 질문이 그렇다. 그래서 이 경우에 상대방을 다중의 견해와 지혜로운 사람들의 견해에 반대되는 주장으로 이끌어야만 한다. 다시 말해서 어떤 사람이 숙달된 논변가가 하는 것처럼 말한다면 다

|25| 중이 그렇다고 생각하는 것으로 이끌고, 이와 달리 다중처럼 말한다면 지혜로운 사람이 생각하는 것으로 그를 이끌어야만 한다. 왜냐하면 어떤 사람들[308]은 '행복한 사람은 반드시 정의롭다'고 주장하지만, 다중에게는 '왕은 행복하지 않다'라고 하는 주장이 역설적이기 때문이다.[309] 논의를 이와 같이 일반적으로 그렇다고 생각되지 않는 것으로 이끌어가는 것은 '자연에 따라서'와 '법에 따라서'와 같은 대립으로 이끄는 것과 동

|30| 일한 것이다. 왜냐하면 법은 다중의 믿음을 말하는 것이나, 지혜로운 자는 자연에 따라서 그리고 진리에 따라서 말하기 때문이다.[310]

●●●

307 플라톤, 『고르기아스』 469C-476A 참조.

308 맥락상 '숙달된 논변가'를 지시하는 것으로 이해해도 좋을 듯하다.

309 플라톤, 『고르기아스』 470D-471D 참조.

310 여기서 아리스토텔레스가 어떤 입장을 취하는지는 분명하지 않지만, 아리스토텔레스가 '법은 다중의 믿음'(doxa tōn pollōn)을 대표한다고 해서, 정의는 법이기 때문에 다중의 믿음이 곧 정의롭다 혹은 옳다고 하는 것은 따라 나오지 않는다. 진리는 자연에 따르는 것이어야만 하고, 또 법에 따르는 것은 좋을 수도 있고 나쁠 수도 있기 때문이다. 사실상 법에 따르는 것이 자연에 따라서는 나쁠 수도 있기 때문이다. 아리스토텔레스는 여러 곳에서 '다중의 견해'와 '지혜로운 자의 견해' 혹은 '전문가의 견해'를 대비하고 있다(『니코마코스 윤리학』 1095a27-30, 『에우데모스 윤리학』 1214b28-1215a2, 『니코마코스 윤리학』 1095b16-17["다중과 저속한 사람들은 좋음과 쾌락을 일치시킨다"] 등을 참조).

제13장

(라) 수다를 떠는 상태로 빠지게 하는 방법

그래서 역설들을 이끌어내는 일은 이러한 토포스들로부터 탐구되어야만 한다. 다음으로 사람을 무의미한 수다를 떠는 상태로 빠지게 하는 것에 대해서 논의해야 할 텐데, 우리는 '수다를 떤다는 것'(adoleschein)이 무엇을 의미하는지 이미 말한 바 있다.[311] 다음과 같은 모든 논의들이 이것을 의도하고 있다. 만일 어떤 이름(낱말)을 말하는 것과 그 설명(정의)을 말하는 것이 전혀 차이가 없다면, '배'와 '절반의 배'는 동일한 것이다. 그러므로, 만일 '배'가 '절반의 배'라고 한다면, '배'는 '절반의 절반의 배'일 것이다. 그리고 다시 '배' 대신에 '절반의 배'가 대치된다면, 같은 표현이 세 번이나 되풀이되어 '절반의 절반의 절반의 배'가 될 것이다. 또한 '욕망은 쾌락의 욕망이 아닐까?' '그런데 욕망은 쾌락의 욕구이다.' '그러므로 욕망은 쾌락의 쾌락의 욕구이다'와 같은 논의들이 그렇다. |40|

이러한 모든 논의들은 (a) 관계적인 말에서, 그것도 단지 관계적 유로서 말해질 뿐만 아니라 그 말 자체가 관계적으로 말해지고, 더구나 동일한 하나의 것과의 관계에서 언급되는 말을 사용하는 한에서 성립된다.[312](예를 들면 욕구는 무언가에 대한 욕구이고, 욕망은 무언가에 대한 욕망이며, 그리고 배라고 하는 것은 무언가에 대한 배, 즉 절반의 배이다).[313] 그리고 다른 하나는 (b) 대체로 전혀 관계적이지는 않지만 본질(ousia), 즉 소유나 상태 혹은 그것에 대한 무언가가 그것에 대해 술어가 되고 있으므로, 그것들이 그것들의 설명(정의, lpgos) 안에서 부가적으로 밝혀지는

●●●

311 제3장 165b15–17, 22 참조.
312 문법의 유인 '지식'은 '문법'과의 관계에서 '문법 지식'이다. 그 이상의 것과는 관계를 맺지 않는다.
313 관계와 관련된 토포스의 논의는 『토피카』 이곳저곳에서 간헐적으로 언급되고 있다. 『토피카』 제4권 제4장 124b15–34, 제5권 제6장 135b17–27 등 참조. 이 밖에도 『범주론』 제7장, 제8장 참조.

경우다.[314] 예를 들면 '홀'은 '중간의 것(중항)을 갖는 수'이다.[315] 그런데
|10| '홀수가 있다'. 그러므로 '홀수'는 '중간의 것을 갖는 수의 수'이다. 또한
'들창코임'이 '코의 오목함'이고, 그리고 '들창의 코'가 있다면, 그렇다면
'오목한 코의 코'가 있게 된다.[316]

　사람들이 [같은 말을 되풀이하는 수다를] 실제로는 하고 있지 않는 데
도 하고 있는 것처럼 보이는 수가 더러 있는데, 이는 그들이 '배'라는 말
이 그 자체로(단독으로) 말해졌을 때 어떤 의미를 갖는지 혹은 갖지 않는
|15| 지를, 그리고 만일 어떤 의미를 갖는다고 하면 그 의미가 [관계적인 말과
관련되어 사용된 경우[317]의 의미와] 동일한지 혹은 다른지 하는 질문을
덧붙여서 묻지 않고 곧장 결론을 말하기 때문이다. 그러나 그 이름(말)이
동일하기 때문에 또한 동일한 것을 의미하는 것처럼 보이는 것이다.

● ● ●

314　원문이 파손되어 그 의미가 명확하지 않다. 아래의 예는 그 의미가 분명하다.

315　『토피카』제6권 제12장 149a30-36 참조. 가령, 7=3+1+3이다. 여기서 1은 중항
(middle unit)이다. 해당 개념('홀') 중에 이미 본질이 함의되어 있기 때문에, 그것을
명시하면 '이중으로' 사용되는 경우이다. 중(meson)이란 말은 다의적으로 사용된다.
기하학에서의 '중항', 윤리학에서 덕으로서의 '중간의 덕'(중용, mesotēs), 산술에서
의 '중간', 형식적 추론(삼단논법)에서의 '중간항'(매개념, middle term) 등이 그렇다.

316　이 예는 『형이상학』제7권 제5장 1030b28-1031a1에서도 언급하고 있다. 거기서
의 논의 주제는 복합적인 말에도 '정의'가 있을 수 있는가 하는 것이다. '오목함'이
나 '들창코임'은 코의 부수적 속성이 아니라 그 자체적 속성이다. 그런데 만일 여
기서의 논의와 마찬가지로 '들창이라는 것'과 '오목하다는 것'이 같다고 하면, '시몬
(simon)적인(들창의) 코'는 '오목한 코의 코'가 될 것이다. 이러한 논의를 통해 복합
적인 것이 아닌 실체에만 정의가 있다는 것을 논증하고 있다.

317　앞서 살펴본 사례인 '배'와 '절반'의 경우를 생각해보라. 배라는 말이 단독으로 쓰인
경우에서 그 말의 의미와 '절반'을 규정하는 경우에서 사용된 그 말의 의미는 다를
수 있다는 점을 깨닫지 못하고 논의를 전개할 때, 우리는 같은 말을 되풀이하는 오
류를 범할 수 있다. 우리가 관계적인 말을 사용해서 논의를 전개할 때 이러한 오류
를 저지르지 않기 위해서는 그때마다 그 말의 의미의 차이를 따져 물어야 한다.

제14장

(마) 어법 어김을 하게 하는 방법

어법 어김이 어떤 것인가에 대해서는 앞에서 말한 바 있다.[318] 그런데 이 어법 어김을 실제로 저지르는 것, 또 실제로는 저지르고 있지 않은 데도 저지르는 것처럼 보이는 것, 또 실제로 저지르고 있으면서도 저지르는 것처럼 보이지 않는 것, 이 모든 경우가 다 가능하다. 가령 프로타고라스가 말했던 것처럼, ho mēnis(분노)와 ho pēlēx(헬멧)란 말이 남 |20| 성명사[319]라고 가정해보면 좋다. 왜냐하면 그에 따르면, 분노를 '파멸을 초래하는'(mēnin oulomenēn, [여성형 어미])[320]이라고 말하는 자는 어법을 어기는 것이지만 다른 사람에게는 어법을 어기는 것처럼 보이지 않는데[321] 반해서, 분노를 '파멸을 초래하는'(mēnin oulomenon, [남성형 어미])이라고 말하는 자는 어법을 어기는 것처럼 보이지만[322] 실제로는 어법을 어기는 것이 아니기 때문이다.[323] 그렇기에 그 누구라도 또한 어떤 기술지를 사용하는 한 어법 어김을 만들어낼 수 있다는 것은 분명하다. 이러한 이유로 많은 논의가 실제로는 어법 어김을 추론하지 않음에도 어법 어김을 추론하는 것처럼 보이는 것이다. 논박의 경우에서 그랬던 |25| 것처럼 말이다.

그런데 거의 모든 외견상의 어법 어김은 '이것'(tode)이란 말 때문에,

●●●

318 제3장 165b14-15, 20-25.

319 인도-유럽어의 특징이지만 헬라스어에는 남성, 여성, 중성의 세 성(性, gender)이 있다. 이 말들(mēnis[분노], pēlēx[헬멧])은 사실상 정관사 hē를 갖는 여성명사이다. 여하튼 프로타고라스는 이 명사들을 여성명사라고 주장했다.

320 "파멸을 초래하는 분노(mēnin oulomenēn)를 노래하라"는 호메로스의 『일리아스』를 시작하는 첫 문장이다. oulomenēn(파멸하는)은 여성 단수 목적격이다. oulomenon 은 그에 대조되는 남성형이다.

321 왜냐하면 사실상 그 말은 '여성'이니까.

322 실제로는 여성이니까.

323 프로타고라스가 했던 것처럼, 그 말을 남성으로 가정했기 때문에.

다시 말해[324] 이 말[지시대명사]의 변화형[325]이 남성 혹은 여성을 지시하지 않고 오히려 중성을 지시할 때 일어난다. [예를 들면 다음과 같은 것이다.] '그'(houtos)는 남성을 지시하고, '그녀'(hautē)는 여성을 지시한다. 반면에 '이것 혹은 그것'(touto)은 중성을 의미하는 것임에도 종종 남성이나 여성 중에 어느 것인가를 의미한다.[326] 예를 들면 '그것은 무엇인가?'(ti touto) '칼리오페[327]다[여성명사]', '통나무[중성 명사]이다', '코리스코스[남성명사]이다.'

|30| 그런데 남성과 여성에서는 어형 변화의 격(格) 형식이 모두 다르지만, 중성에서는 어떤 격 형식은 다르나 어떤 격 형식은 다르지 않다. 그래서 종종 '그것'(touto)이 승인되었을 때, 사람들은 '그를'(touton)'[남성 목적격]로 말해진 것처럼 추론한다.[328] 그리고 그들은 이와 마찬가지로 어떤

●●●

324 로스는 kai를 괄호에 넣어 삭제하고 있지만, 포스터는 그대로 살리고 있다. 여기서 남성, 여성, 중성을 하나의 지시대명사(tode)의 변화로 말하고 있는데, 아리스토텔레스는 이어지는 예에서 실제로는 지시대명사의 중성형을 예로 들어 설명하고 있다. 그래서 로스는 kai를 생략한다. 옥스퍼드의 수정판(반즈 편집)도 이어지는 예를 고려하여 중성의 변화 때문에 외견상의 어법 어김이 발생하는 것으로 수정해 번역하고 있다. 이렇게 번역하면 결과적으로 'para tode'(이것 때문에), kai를 모두 삭제하는 셈이 된다. 여기서는 사본을 일단 그대로 살리면서 번역하였다. 옥스퍼드의 수정 번역에 따르면 '……그 변화형이 ……아니라, 중성을 지시하는 그 경우들에 의존한다'가 된다.

325 원어로는 ē ptōsis이다. 이 말은 본디 명사 및 형용사의 성(性)과 격, 그리고 명사로부터 파생된 형용사, 형용사로부터 파생된 부사, 동사의 시제 등과 같은 어형의 변화를 의미한다. 명사와 형용사로부터 파생된 부사의 변화에 대한 논의는 『토피카』 제1권 15장에서 논의하고 있다.(『토피카』 제2권 제9장 114a33-34 참조). 그리고 제4권 제4장 124b36에서는 문법적인 격변화를, 제5권 제4장 133b36에서는 문법적인 유(類)를 그리고 제5권 제7장 136b15-32에서는 부사와 격변화를 논의하고 있다.

326 여기서 houtos(그), hautē(그녀), touto(그것)는 단수 주격으로 각각 남성, 여성, 중성을 지시하는 지시대명사이다. tode는 일반적으로 중성형을 대표한다.

327 헤시오도스의 『신통기』 77행 아래에는 아홉 뮤즈의 목록이 등장한다. 각자가 맡고 있는 시적 기능이 다른데, 칼리오페는 시를 낭독할 때 아름다운 목소리를 배려하는 뮤즈이다.

328 중성에서 touto는 주격과 목적격의 격변화 형식이 동일하지만, 반면에 남성 지시대명사 touton(그를)은 단지 목적격으로 사용된다.

격을 다른 격으로 대체해서 사용한다.

오류가 생겨나는 것은 [개별자에 대한] '그것'(touto)이 여러 격변화에 |35| 공통되기 때문이다. 왜냐하면 '그것'은 어떤 때에는 '그가'(houtos)'[남성 주격]를 의미하고, 어떤 때에는 '그를'(touton)[남성 목적격]을 의미하기 때문이다. 즉 '이것'은 번갈아가면서 양자를 의미해야만 한다. 다시 말해 '있는'(esti)[직설법 3인칭 단수]과 결부되는 경우에는 'houtos'[남성 주격]를, 또 '있음'(einai)[부정형]과 결부되는 경우에는 'touton'[남성 목적격]을 의미해야만 한다. 예를 들면 '코리스코스 있다'(esti Koriskos), '코리스코스 있음을……'(einai Koriskon)과 같은 것이다. 이것은 또한 여성명사의 경우에도 마찬가지로 일어나는 것이고, 남성형 어미 혹은 여성 |40| 형 어미를 갖는 이른바 '도구들'(skeuōn, 중성명사)의 경우에도 역시 일어난다. 왜냐하면 on으로 끝나는 그런 낱말들만이 '도구'(중성형)의 주격 174a 형을 가지기 때문이다. 이를테면 xulon(목재), schoinion(밧줄, 망) 등과 같이. 그러나 이와 같이 on으로 끝나지 않는 말들은 남성형 어미 혹은 여성형 어미를 가진다. 우리는 이것들 가운데 어떤 것들을 가재도구들에 사용하는데, 예를 들어 askos(포도주 담는 가죽 포대)는 남성명사이고, klinē(침대)는 여성명사이다. 이러한 이유로 이러한 낱말들의 경우에도 마찬가지로 esti[3인칭 단수형]와 결부된 경우와 einai[부정형]와 결부된 |5| 경우에 앞서 말했던 것과 같은 차이가 생기게 된다.

그리고 어법 어김은 비슷하지 않은 것을 비슷한 것으로 표현함으로써 말미암는 논박³²⁹과 어떤 점에서는 비슷하다. 왜냐하면 표현 형식으로 말미암는 논박에서는 사물(pragma, 사안)에 대한 어법 어김에 빠지는 것처럼, 지금의 경우에는 이름(말)에 대한 어법 어김에 빠지기 때문이다. 사실상 '인간'과 '희다' 둘 다는 '사물'(대상)이면서 동시에 또한 [사물을 나타내는] '말'이니까.

●●●

329 표현 형식의 오류(figura dictionis)를 말한다. 제4장 166b10−12 참조.

|10| 그렇기에 앞에서 말한 바와 같은 어형 변화에 기초해서 어법 어김을 추론해나가도록 시도해야만 한다는 것은 명백하다.

그리하여 이것들이 경쟁적 논의(agōnistikos logos)의 종류들이며, 또 그 종류의 부분과 방식은 지금 언급된 것들이다. 그러나 변증술적 논의에서처럼 [경쟁적 논의에서도] 질문에 관한 여러 요소들이 눈치채지 못

|15| 하도록 어떤 방식으로 배열된다면 그 차이는 작지 않다. 따라서 이 배열의 문제가 지금까지 말해온 것에 이어서 맨 먼저 논의되어야만 한다.[330]

제15장
가장 효과적으로 질문을 배열하는 방법

(1) 논의의 길이와 속도

그런데 논박하는 데 도움이 되는 한 가지 방편은 논의의 길이[331]이다. 왜냐하면 [논의에 내포된] 많은 것을 한꺼번에 꿰뚫어보는 것(sunoran)은 어렵기 때문이다. 이 길이를 확보하기 위해서는 이전에 설명한 기본적인 요소들을 사용해야만 한다.[332] 또 하나의 방편은 논의의 속도이다. 논의를 따라잡지 못하고 뒤쳐져 있을 때, 사람들은 그만큼 앞을 내다볼

|20| 수 없을 테니까. 게다가 다른 방편으로, 분통을 터뜨리는 것과 승리욕이 있다. 심란한 상태에 있을 때 상태에 있을 때 누구라도 방어하는 능력이

●●●

330 질문을 어떻게 만들 것인가 하는 문제에 대해서는 『토피카』 제8권 제1장~제3장에서 논의하고 있다.

331 여기서 말하는 '논의의 길이'란 결국 '논의를 장황하게 이끄는 것'을 말한다. 그래서 논의의 초점을 흐려 놓아 상대방으로 하여금 논의의 주제를 따라잡지 못하게 만드는 방법이다.

332 『토피카』 제8권 제1장, 특히 '(가) 귀납을 위하여, (나) 자신의 결론을 숨겨두기 위해' 부분을 참조.

떨어지기 때문이다. 상대방을 분통을 터뜨리게 하는 기본적인 요소는 자신이 불공정하게 [논의를] 도모하려 한다는 바람을 명백하게 상대방에서 과시하는 것이고, 또 그렇게 행동하려는 데 전혀 부끄러워하지 않는 것이다.

(2) 번갈아가면서 질문하는 방법

게다가 논의하는 사람이 (1) 동일한 논점으로 이끄는 여러 가지 논의를 갖고 있는 경우라면, 혹은 (2) '이것은 이렇고' 또 '이것은 이렇지 않다'는 양쪽을 보여줄 수 있는 논의를 갖고 있는 경우라면, 순서를 달리하면서 질문을 내세우는 방책이 있다.[333] 왜냐하면 이와 같이 질문한 |25| 결과로, 답변자는 여러 논의에 대해서[(1)의 경우에 해당] 혹은 서로 반대되는 논의에 대해서[(2)의 경우에 해당] 동시에 방어해야 하기 때문이다.[334]

일반적으로 숨겨두기 위한 목적으로 앞서 기술한 모든 방법[335]은 경쟁적 논의를 위한 목적에도 유용하다. 숨긴다는 것은 [답변자의 논의 의도를] 간파당하는 것을 피하기 위해서이고, 간파당하는 것을 피하는 것은 기만하려는 목적이니까.

(3) 부정의 형식으로 질문하는 방법

논의를 전개하는 사람에 대해 유리(有利)하다고 생각되는 어떠한 것이라도 인정하는 것을 거부하려는 사람을 상대하는 경우에는, 마치 [논의하는 사람이 실제로 바라고 있는 것과는] 반대되는 답변을 바라는 것처 |30|

●●●

333 『토피카』 제8권 제1장, 특히 '(나) 자신의 결론을 숨겨두기 위해서 (ㄴ) 공리들을 다양한 순서로 취급하는 논변의 구성' 부분 참조.
334 『토피카』 제8권 제1장 155a23~26, 『분석론 전서』 제2권 제19장 66a33-b3 참조.
335 『토피카』 제8권 제1장, 특히 155b26-157a5 참조.

럼, 혹은 적어도 마치 무관심하게(중립적으로)[336] 질문을 하는 것처럼 [바라는 바의 답변을 하도록] 부정의 형식으로 질문을 내놓아야만 한다. 어떠한 답변을 확보하려는지 원하는 바가 분명하지 않을 때, 상대방은 그만큼 꾀까다롭게 굴지 않으니까.[337]

|35| 또 부분(개별)을 다루는 경우에 상대방이 개별 사례를 안정했을 때, 잠시, 귀납하기 위해서는 보편적인 것을 물을 것이 아니라, 보편적인 것은 이미 인정된 것처럼 이용해야만 한다. 왜냐하면 답변하는 자신조차도 때때로 그것을 인정했다고 생각하고, 또 청중에게는 귀납의 상기[338]를 통해 그 질문이 까닭 없이 물어졌을 리가 없었을 것이라고 생각될 테니까 말이다.[339]

또 이름(名辭)이 아닌 유사성[340]에 의해 보편을 의미하는 논의들에서는 그것을 자신의 이익을 위해 사용해야만 한다. 유사성은 종종 상대방의 주목을 끌지 못하고 그냥 지나쳐버리는 것이니까.[341]

●●●

336 원어로는 ex isou이다. '공편하게', '불편부당하게', '치우치지 않게', 다시 말해 '이쪽(찬), 저쪽(반) 그 어느 쪽의 답변도 얻으려고 하는 의도를 갖지 않은 듯이 치우치지 않게' '중립적으로'라는 의미이다. 즉, 자신이 원하는 답변이 어느 것인지를 상대방이 알아차리지 못하도록 아무런 관심이 없는 척 질문을 던져서 자신이 원하는 답변을 내놓도록 유도하는 것을 말한다.

337 즉, 저항 내지는 반발하지 않는다.

338 즉, 귀납의 방법을 통해서 보편적인 것을 이끌어내는 과정.

339 개별 사례에 대한 질문자의 질문이 적절하게 내세워진 것으로 간주하기 때문에 보편적으로 명제를 인정받기 위해서는 개별 사례를 모아 귀납을 수행할 필요가 있다. 하지만 답변자가 경계하고 보편을 인정하지 않는 경우가 있기 때문에, 개별을 인정한 시점에서 마치 보편도 인정된 것처럼 논의하는 방책이라고 할 수 있다.

340 유사성이 보편적인 것이라고는 말할 수 없다("귀납에서는 개별적인 것들로부터 보편적인 것이 확립되지만, 반면에 유사한 것들의 경우에서 확립된 것은 모든 유사한 것들이 그 아래에 포섭되는 보편적인 것은 아니다."; 『토피카』 제8권 제1장 156b15-18). 그러나 개별적인 것들 간의 유사성은 여느 사람들에게는 보편적인 것으로 받아들여지기 쉽고, 또 사람들을 속이기에도 알맞다. 『토피카』 제8권 제1장 156b10-18 참조.

341 다시 말해 개별적인 것들 간의 유사성을 이용하는 경우에 상대방은 개별적인 것들로부터 보편적인 것을 이끌어내는 과정에 대해서 그다지 주의를 기울이지 않는다는 의미이다.

(4) 바라는 전제와 반대되는 질문을 내놓는 방법

또한 논의하는 사람이 바라는 전제(명제, protasis)를 확보하기 위해서 |40|
는 반대의 명제를 나란히 해서 질문을 내놓아야만 한다.

예를 들어 인간은 '모든 것에서 아버지에게 복종해야만 한다'는 전제 174b
를 확보하는 것이 필요하다면, '사람은 모든 것에서 자신의 부모들에게
복종해야만 하는가, 아니면 모든 것에서 자신의 부모들에게 복종하지
않아야만 하는가?'라고 질문해야 한다. 또 수의 여러 곱은 큰 수라는 전
제를 확보하는 것이 필요하다면, '여러 곱을 한 큰 수는 많은 것이라고
동의해야만 하는가, 아니면 적은 것이라고 동의해야만 하는가?'라고 물
어야만 한다.[342] 사실상 [이런 질문에 대해서 답변을 선택해야만 하는]
절박한 상황에 몰리게 되면 답변자는 대체로 '많다'는 생각으로 기울고
말 테니까. 왜냐하면 반대되는 것들이 아주 가깝게 나란히 놓이면 사람 |5|
들 눈에는 그것들이 더 적게 또는 더 크게[343] 혹은 더 나쁘게 또는 더 낫
게 보이기 때문이다.

(5) 질문을 추론된 결론으로 내세우는 방법

질문자가 사용하는 가장 불공정한 소피스트적인 책략(sukophantēma)
은 종종 상대방에게 논박당한 것과 같은 강한 인상을 만들어내는 것인

●●●

342 이 문장(to pollakis polla, poteron polla sungchōrēteon)의 해석과 관련해서는 알
렉산드로스의 해석을 따르는 전통적인 입장과 그렇지 않은 입장이 있다. 전통적
인 입장은 174b의 polla를 sungchōrēteon에 걸리는 것으로 보지 않고 174b2에서
peithesthai를 끌어들여 보충해서 읽는 방식을 택한다. 결국 이러한 전통적인 입장
에 따라 번역해보면 다음과 같다. "'사람은 대부분의 경우에 많은 것에 대해서 부모
에게 복종해야만 한다'는 전제를 확보하는 것이 필요하다면, '복종의 의무는 많은
것에 대해서 인정되어야 하는 것인가, 아니면 아주 적은 것에 대해서만 인정되어
야하는 것인가?'라고 물어야만 한다." 전통적인 입장의 번역에 대해서는 롤페스(E.
Rolfes)의 번역을 참조. 옥스포드 판과 포스터의 번역 전통적인 입장을 거부한다. 옮
긴이 역시 최근의 해석 방식을 따랐다.

343 로스를 따라서 kai meizō kai megala로 읽지 않고 kai meiō kai meizō로 읽었다.

데, 이것은 질문자가 아무것도 추론하지 않았음에도 최종의 명제를 상
대방에 대한 질문으로서 내세우지 않고, 마치 추론한 것처럼 결론으로
서 '그러므로 [상대방이 답변한] 이것과 저것은 아니야'라고 결론의 형식
으로 말하는 것이다.[344]

(6) 상대방이 딜레마에 빠지게 하는 질문을 던지는 방법

또한 다음과 같은 것도 소피스트적 속임수이다. 즉, 상대방의 주장이
역설인(adoxon) 경우에, 애초에 일반적으로 그렇다고 생각되는 견해를
제시하고 답변자에게 그것에 대해서 어떻게 생각하는지 답변할 것을 요
구해서, 그러한 문제에 대해 '당신은 그런 것이라고 생각합니까, 혹은
그렇지 않습니까?'라는 식으로 질문하는 것이다. 왜냐하면 그 질문이
[역설을 주장하기 위해서 논의하는 사람이 사용하는] 추론의 전제들 중
하나로서 받아들여진다면, 필연적으로 논박이든가 혹은 역설이 생겨날
것이기 때문이다. 다시 말해서 답변자가 그 [일반적으로 그렇다고 생각
되는] 견해[전제]를 인정한다면 논박이 이루어질 것이고, 그것을 인정하
지 않고, 또 더욱이 그것이 일반적으로 그렇다고 생각되는 견해라는 것
조차 인정하지 않는다면 역설을 주장하는 셈이 되고, 나아가 그가 그 견
해를 인정하는 것은 거부하지만 일반적으로 그렇다고 생각되는 견해라
는 점은 인정한다면 논박과 비슷한 것이 생겨날 것이기 때문이다.[345]

● ● ●

344 『수사술』 제2권 제24장 1401a1-8 참조. 『수사술』에는 이 논법이 표현 형식에서 기인
한 가짜 추론의 형식으로 언급되고 있다.

345 이러한 예를 생각해보자. '부정한 사람은 행복하다'라는 역설을 주장하는 경우에,
먼저 '최순실은 행복합니까?'라고 묻는다. 그런데 '돈이 많은 사람은 행복하다'는 것
은 일반적으로 받아들여지는 견해이다. 그러나 '최순실은 행복하다'는 것은 거부할
것이다. 왜냐하면 최순실은 국정농단을 저지르며 부정한 방법으로 돈을 벌었고, 나
중에 그것이 밝혀져서 법의 심판을 받아 감옥에 갔다는 사실을 알고 있기 때문이
다. 결국 '최순실은 행복하다'는 것을 거부한 그 사람은 애초의 역설, 즉 '부정한 사
람은 행복하다'를 논박하는 전제를 받아들이는 셈이 된다. 『토피카』 제8권 제5장 참
조. 알렉산드로스의 주석 114쪽 19~115쪽 20행 및 플라톤의 『고르기아스』 470D 아

(7) 상대방의 입장이 상대방이 인정하는 다른 사람들의 견해와 모순되는지를 고찰하는 방법

게다가 수사술적 논의에서[346]와 마찬가지로 또한 논박을 목표로 하는 논의들에서도, 비슷한 방식으로 답변자의 논의에 대해 반대의 것(양립불가능성, enantiōma)을 살펴보아야만 한다. 다시 말해 답변자 자신이 말한 것에 대해, 혹은 훌륭하게 말하거나 행동하고 있다고 그가 동의하는 사람들의 논의에 대해, 더욱이 그들과 같은 평판을 가진 사람들과 그들과 비슷한 사람들의 논의에 대해, 혹은 대다수 사람들의 논의에 대해, 혹은 모든 사람들의 논의에 대해, 그 답이 어떻게 반대인지를 고찰해야만 한다. |20|

(8) 논의에서 사용된 말의 이중적 의미에 호소함으로써

또한 답변자들도 자신들이 논박당하고 있을 때 종종 지금 막 논박을 받으려는 경우에 [사용되는 말의] 두 가지 의미를 구별해서 논박을 회피하는 것처럼, 질문자들도 또한 때에 따라 반론하는 사람에 대해 이 수법을 사용해야만 한다. 다시 말해 질문자가 사용한 말이 어떤 의미일 때에는 답변자의 논박이 성립하지만 다른 의미일 때에는 논박이 성립하지 않을 경우, 가령 클레오폰[347]이 『만드로블로스』[348]에서 하는 것처럼, 질문자는 지금까지의 논의에서 그 말을 '이러이러한 [반론이 성립 |25|

●●●
래 참조.

346 알렉산드로스는 법정에서 하는 변론술의 논증, 즉 변론가의 논변이라고 생각한다.

347 클레오폰(Kleophōn)은 기원전 4세기 아테네의 비극작가로 전해지며, 『시학』 1448a12, 1458a20, 『수사술』 1375b31, 1408a15 등에서 언급되고 있다. 『시학』 1458a20에서 아리스토텔레스는 그를 두고 일상어로 된 시를 썼으며 '시어가 명료하기는 하지만 저속하다'는 평가를 내리고 있다.

348 이 대화편의 저자는 스페우시포스(Speusippos)로 추정되지만 확실하지 않다(디오게네스 라에르티오스, 『유명한 철학자들의 생애와 사상』 제4권, 제5절) 클레오폰도 같은 이름의 작품을 남겼다고 전해지지만 이것도 추정에 불과하다(브루노 스넬[Snell, B]의 비극 단편 모음집 TrGF., 1.77).

하지 않는] 의미로 이해하고 있었다'³⁴⁹고 주장함으로써 그 반론을 회피해야만 하는 것이다.

(9) 공격을 피하기 위해 자신의 입장을 포기하는 방법

또 질문자는 [답변자의 반론을 피하기 위해서] 자신의 논의를 도중에 포기하고 공격의 남은 부분을 끊어버리는 것이 필요하다. 반면에 답변자는 논박당할 것 같다는 것을 미리 눈치채게 된다면 앞질러서 반론을 내놓고 그것을 미리 말해둘 필요가 있다.

(10) 논의와 무관한 점을 공격함으로써

|30| 또 때로는 내세운 명제에 대해 공격할 수 없는 경우에는 언급한 것에서 벗어나 그것과 다른 사안에 대해 공격의 화살을 돌려야만 한다. 마치 뤼라의 찬가를 짓도록 부과받았을 때 뤼코포론이 한 것처럼.³⁵⁰

(11) 논자의 목적은 단순히 상대방 주장의 모순을 보여주는 것이다

그러나 '당신이 공격하는 대상이 도대체 무엇인가?'라고 되레 반문을
|35| 제기하는 사람들에 대해서는, (한편으로 [그 공격하는 대상에 대한] 이유를 대는 것이 일반적으로 당연하게 생각되고, 다른 한편으로 어떤 방식의 설명이

●●●
349 즉, 답변자의 반론이 성립하지 않는 후자의 의미로 논의에서 그 말을 사용했다고 지적하는 것을 말한다.
350 아리스토텔레스의 저작에서만 알려진 기원전 소피스트인 뤼코포론(Lukophrōn)은 뤼라라는 악기(樂器)의 찬가를 짓도록 부과받았을 때, 엉뚱하게도 이 악기와 동일한 이름을 갖고 있던 별에 대한 짤막한 찬가를 지었다고 한다(알렉산드로스의 주석, 118~119쪽). 때때로 소피스트들은 본래 의도하던 대로 논박이 되지 않을 때에는 뤼코포론처럼 엉뚱한 곳으로 방향을 돌려 논박을 시도한다는 점을 아리스토텔레스는 지적하고 있다. '개(犬)'의 이중적 의미를 사용하는 예에 대해서는 『수사술』 1401a5-16, 아래의 166a16 참조. 『정치학』, 『시학』, 『형이상학』 등에서 이 사람이 언급되고 있다. 고르기아스의 제자로 추정되며, 법은 규약이고 "서로에 대해 정의로운 행위들의 보증인이지만, 시민들을 좋고 정의로운 자들로 만들지는 못한다"고 주장했다고 한다(『정치학』 1280b11-13).

이루어진다면 그 방어가 더 쉬울 수 있으니까[351]) 논의하는 사람은 자신의 목적이 논박에서 늘 일어나는 일반적인 것, 즉 [상대방의 주장에 대한] 모순을 목표로 하는 것처럼 말하는 것이다. 다시 말해서 그것은 상대방이 긍정한 것을 부정하고 상대방이 부정한 것을 긍정하는 데 있는 것이지, '반대되는 것들의 앎은 하나의 동일한 앎이다' 혹은 '하나의 동일한 앎이 아니다'와 같은 그런 말을 해서는 안 되는 것이다.[352] 그렇기에 논의하는 사람은 전제 명제의 형식으로 자신의 결론을 물어서는 안 된다. 어떤 것 [결론]들은 전혀 질문의 형식으로 내놓아서는 안 되고, 오히려 [그 논의에서] 동의한 것처럼 사용해야만 한다.[353]

|40|

●●●

351 로스의 텍스트와 달리 포스터와 피카드-케임브리지를 좇아서 이유를 나타내는 epeidē……euphulaktoteron을 괄호에 집어넣어 번역했다. 즉, euphulaktoteron 다음에 쉼표를 찍고 b37행의 legein 다음에 쉼표를 찍어서 옮겼다.

352 논박의 목적은 상대방의 주장에 대한 부정을 말하는 것이지 어떤 주장을 내세우려는 것이 아니다. 그 주장에 대한 상세한 논변을 펼칠 필요가 없다는 것이다. 학문적 논증인 아포테잌시스(논증)는 어떤 주장에 대해서 반론의 여지 없이 누구나 필연적으로 받아들일 수 있는 이유와 까닭을 증명하려는 추론이다. 그래서 아포데잌시스는 배움을 얻고자 하는 사람들에게 교육 방법으로서 적합한 방법이 된다. 그러나 추론의 형식으로서 '논박'은 단지 상대방의 입장에 대해 그 부정을 말하는 수단에 불과하다.

353 『토피카』 제8권 제1장 158a7-14 참조("결론을 질문 형식으로 내놓아서는 안 된다. 그렇지 않으면, 질문자가 질문을 거부하는 경우에 어떤 추론도 행해지지 않았다고 생각되는 것이다. 왜냐하면 질문자가 질문으로 내놓지 않고 전제들로부터 따라 나오는 것으로 내놓더라도 종종 답변자는 그것을 거부하고, 또 그렇게 함으로써 인정된 것들로부터 그 결론이 따라 나오는 것을 간파하지 못하는 사람들에게는 답변자가 논박된 것으로 생각되지 않기 때문이다. 그렇기에 결론이 그것으로부터 따라 나온다고 주장하지 않고 질문자가 그것을 질문으로서 묻고, 또 답변자가 그것을 거부할 때에는, 거기에 추론이 행해졌다고는 전혀 생각되지 않을 것이다.")

ARISTO TELĒS

오류의 해소

PERI TŌN
SOPHISTIKŌN
ELENGCHŌN

제16장
오류의 해결책을 탐구하는 이유 및 훈련의 필요성

이렇게 해서 우리는 지금까지 경쟁을 목적으로 하는 논쟁(diatribē)에 175a
서는 질문들이 어떤 것들로부터 이루어지는지, 그리고 질문을 어떻게
내놓아야만 하는지를 설명했다. 이 다음으로 답변에 관해 말해야 할 텐
데, 어떻게 그 소피스트적 오류를 해결해야만 하는지 또 무엇을 해결해
야만 하는지, 그리고 이러한 논의들이 어떤 목적을 위해 사용하는 것이
유익할 수 있는지 등에 대해 말해야만 한다.

그것들은 두 가지 이유로 철학에 유용하다. 첫째, 그 대부분이 언어 |5|
표현에 기인해서 생겨나기 때문에 이 논의들은 각각의 것들이 얼마나
많은 의미로 말해지는지, 또 사물과 이름에 대해 어떤 것이 비슷한 방식
으로 어떤 것이 다른 방식으로 생기는지 파악할 수 있도록 우리를 더 나
은 입장에 놓아두기 때문이다.

둘째, 이 논의들에 대한 연구는 우리 자신의 탐구[354]를 위해서도 유용
하다. 왜냐하면 다른 사람에 의해서 쉽게 그릇된 오류로 빠져들고, 또 |10|
이 잘못을 알아채지 못하는 사람은 홀로 생각[탐구]하는 경우에도[355] 종
종 이 잘못을 겪기 때문이다.

셋째, 또 맨 나중의 이유는, 이 논의들의 연구가 더욱이 우리의 평판,
즉 모든 것에 대해서 잘 훈련되어 있으며 또 그 어떤 것에 대해서도 경

●●●

354 포스터는 '자신의 생각에서 일어나는 질문'으로 옮기고 있다.
355 원문에 충실하면 '자기 자신에 의해서'이다. 이것은 제7장 169a37-b2에서 논의된다.

험하지 않은 바가 없는 것처럼 보이는 데 기여한다는 것이다. 왜냐하면 논의에 참여한 사람들이 논의들의 어디에 결함이 있는지를 정확히 지적

|15|

하지 못한 채로 논의가 잘못되었다고 비난하는 것은 그 문제의 참을 위해서가 아니라 [그 문제에 대한 자신의] 무경험으로 인해서 성질을 부리고 있는 것이 아닌가 하는 미심쩍은 생각을 불러일으키기 때문이다.

훈련의 필요성에 대해

우리가 그 오류들이 어떻게 성립하는지에 대해 앞서[356] 말한 바가 올바르다고 하면, 또 질문자가 상대방으로부터 답변을 통해 얻는 유리한 점을 충분히 분석했다면, 답변자는 이러한 논의에 대해서 어떻게 대처

|20|

해야만 할지를 분명하게 알 수 있을 것이다. 그러나 질문자가 논의를 포착해서 그 잘못을 알아내고 또 그것을 풀어내는 것은, 답변자가 질문을 받으면서 그것에 재빠르게 대처할 수 있게 되는 것과 동일한 것이 아니다. 우리가 아는 것도 다른 형식으로 제기되면 종종 알 수 없으니까 말이다.

게다가, 다른 경우들에서도 더 빠르다 혹은 더 늦다 하는 속도의 문제는 대개 훈련을 통해서 생겨나는 것처럼 이것은 논의의 경우에도 마찬가지이다. 따라서 설령 논의에서 어떤 문제점이 우리에게 분명하게 드

|25|

러난다고 할지라도 우리가 연습을 결여하고 있다면, 우리는 종종 적절한 때를 놓치고 뒤쳐지고 만다.

때로는 기하학의 작도법(作圖法)에서 일어나는 것과 같은 일이 또한 논의에서도 일어난다. 왜냐하면 우리가 거기에서[357] 때때로 도형을 분석할 수는 있지만 우리가 그것을 다시 구성하는 것은 불가능하기 때문이다. 논박에서도 이와 마찬가지인데, 우리가 논의 연결이 이루어진 그 논

●●●

356 165b24 아래. 즉 제4장에서부터 제15장에 걸쳐서 논의된 사항.
357 즉, 도형을 작도하는 맥락에서.

점을 알고 있는 때에도, 그 논의를 해결하는 길을 찾아내지 못하고 갈팡 |30|
질팡하는 것이다.

제17장
답변자의 전략; 때때로 올바른 해결책보다는
외견상의 해결책을 찾아야만 한다

쟁론가들이 목표로 하는 것에 대해

그렇기에 첫째로, 때때로 참인 방식보다는 오히려 일반적으로 그렇다고 생각될 수 있는 방식으로 무언가를 추론해나가는 방식을 선택해야만 한다고 우리가 주장하는 것과 마찬가지로, 그러한 식으로 우리는 때때로 참에 따라서라기보다는 오히려 일반적으로 그렇다고 생각될 수 있는 방식으로 논의를 풀어가야만 한다. 왜냐하면 일반적으로 우리는 쟁론가들에 맞서 그들이 진정으로 논박하는 것이 아니라 단지 그들이 논박하는 것처럼 보이도록 싸워야만 하기 때문이다. 사실상 우리는 그들이 진 |35| 정으로 **추론하는** 것이 아니라고 주장하고, 그래서 논박하는 것으로 보이지 않도록 사안을 바로잡아야만 하니까 말이다.[358] 왜냐하면 논박이 어떤 전제들로부터 나온 동명이의(호모뉘모스)를 갖지 않는 모순을 추론하는 것이라고 한다면, 문장의 모호함과 동명이의를 구태여 구별할 필요가 없을 것이기 때문이다.[359] 그것들은 추론을 구성하는 것이 못되니까.

• • •

358 제2장에서 이미 쟁론적 논의는 '추론하는 것처럼 보이게 하는 것'이라고 설명한 바 있다. 『토피카』 제1권 제1장 100b28 아래에서도 '겉으로만 추론하는 것같이 보이는 추론'을 쟁론적 추론이라고 부르면서, 쟁론적 추론은 '실제로는 추론하고 있지 않다'고 단언한다(101a4). 그렇다면 쟁론가들의 논리적 잘못을 지적하고 그들을 바로잡는(diorthousthai) 우리의 목적은 '외견으로나마 추론하는 것처럼 보이는 바로 그 점'을 없애버리는 것이어야 한다.

359 만일 어떤 주장이 추론에 의해서 이루어진 주장도 아니고, 또한 단적으로 모순이라

오히려 우리는 [그들의 논의에서 따라 나온] 그 결론이 논박인 것처럼 보인다는 것 외에는 어떤 다른 이유를 위해 그 구별[360]을 덧붙이지 말아야만 한다.

실제로 우리가 조심해야만 하는 것은 정말 논박된 것이 아니라 **논박된 것처럼 보이는 것**이다. 왜냐하면 모호한 문장으로 질문을 하는 것, 동명이의를 가진 표현에 의한 질문들과 이것들과 비슷한 다른 속임수를 사용하는 것은 참된 논박조차 가로막고,[361] 나아가 누가 논박당하고 누가 논박당하지 않았는지를 불명확하게 만들기 때문이다. 그 이유는 설령 질문자가 어떻게든지 [논의하는 사람과] 최대한 동일한 논점으로 향하도록 이끌었다고 할지라도, 답변자가 결론이 내려지는 마지막 단계에서, '자신이 주장한 것을 질문자가 동명이의적 방식으로만 부정한 것에 불과하다'고 주장하는 것이 정말로 허용되어 있기 때문에, 논박된 것인지가 불분명해지기 때문이다. 질문자가 지금 참을 말하고 있는지가 분명하지 않으니까.

이와는 달리 만일 질문자가 여러 가지 의미를 가진 표현이나 모호한 문장의 의미를 명확하게 구별하고 상대방에게 질문했다면 논박은 불명확해지지 않았을 것이다. 또한 쟁론가들이 목표로 하는 바도 — 오늘날에는 예전에 비해 덜 심하지만 — 즉, 질문받은 사람이 '예'나 '아니오'로 답변하는 것이 성취되었을 것이다. 그렇지만 오늘날에는 답변하는 사람들에게 적절하게 물어보지 않았기 때문에 질문받은 사람은 전제 명제의

●●●

면, 논의(로고스)는 도무지 성립하지 않는다. 그렇다면 그 주장에 어떤 논리적 잘못이 있는지를 구태여 따져볼 필요가 없다. 우리가 문장의 모호성과 말의 여러 가지 의미를 구별하는 이유는 잘못된 언어 사용에 기초한 논의에서 생기는 논리적 오류를 지적하려는 목적 때문이고, 논리적 오류를 담고 있는 추론 역시 올바른 추론이 아니기 때문이다.

360 앞에서 언급한 문장의 모호함이나 동명이의를 구별하는 것을 말한다.

361 aphanizō는 '보지 못하게 하다', '숨기다', '완전히 없애버리다'라는 뜻을 가진 동사이다.

잘못을 바로잡기 위해서 그의 답변에다 무언가를 필연적으로 덧붙여야
만 하는 것이다. 만일 질문자가 충분히 [그 질문의 의미를] 구별한다면,
답변자는 '예' 혹은 '아니오'라고 반드시 말해야만 하기 때문이다.[362]

표현의 다의성에 따르는 논의가 논박이라고 생각한다면 답변자는 어떤 의미에서 논박을 회피할 수 없다

누군가가 동명이의에 따르는 논의를 진정한 논박으로 받아들이면 답 |15|
변자가 논박을 피한다는 것은 어떤 의미에서는 불가능할 것이다. 왜냐
하면 볼 수 있는 [감각적] 대상들의 경우에 답변자는 필연적으로 자신
이 긍정한 명사를 부정해야만 하고 또 자신이 부정한 명사를 긍정해야
만 하기 때문이다.[363] 어떤 사람들이 논의를 바로잡는 것은 아무런 유익
함이 없다. 왜냐하면 그들은 '코리스코스는 음악적이고 음악적이지 않
다'고 말하지 않고, '이(touton) 코리스코스는 음악적이고[364] 이(touton) 코 |20|
리스코스는 음악적이지 않다'고 주장하기 때문이다.[365] [그러나 이것으
로 자기 모순적 입장을 회피할 수는 없을 것이다.][366] 왜냐하면 '이 코리
스코스는 [어떠하다]'고 말하는 것은 '이 코리스코스는 비음악적이다(혹
은 음악적이다)'라고 말하는 것과 동일한 말[진술, 표현]이기 때문이다.
동시에 긍정하고 부정하는 것은 바로 이것[그 표현]이다. 그러나 아마도
그것들은 동일한 것을 의미하지 않는다(거기서도[367] '코리스코스'란 이름은
또한 동일한 것을 의미하지 않으니까.) 그렇다면 ['이'를 붙인 것과 붙이지

●●●

362 『토피카』 제8권 제7장 참조.
363 동명이의를 수반하는 논의에서 그렇게 한다는 것이다.
364 어쩔 수 없이 '음악적'이라고 옮겼지만, 원어로는 mousikon이다. 그 말은 원래 문화
      사적 맥락에서 '시가(詩歌)', '음악', '(인문) 교양'을 포괄하는 넓은 영역에 걸쳐 있는
      말이다.
365 동명이의를 회피하기 위해 이렇게 구별하고 덧붙여서 말한다는 것이다. '그들은' 누
      구인지 알 수 없다.
366 맥락상 이 문장을 첨가해서 읽었다.
367 앞의 경우에서도.

|25| 않은 것 간에 도대체] 무슨 차이가 있는가? 그런데 한 경우에는 단적으로 '코리스코스'라고 말하는 것[368]을 허용하고, 다른 경우에는 '어떤 특정한 [사람]', '이[그]'를 덧붙여 부른다고 하면 불합리한 노릇이다. 왜냐하면 [덧붙여 부르는 방식이] 한 경우에서보다 다른 경우에 훨씬 더 필요한 것이 아니기 때문이다. 어느 쪽에 그것을 덧붙여 부르든지 간에 아무런 차이가 없으니까.

질문에 내포된 의미의 불명확성은 반드시 설명되어야만 한다

그러나 모호함을 가진 명제의 의미를 구별하지 않은 사람은 [논의의 결론이 나오게 되었을 때] 논박당했는지 혹은 논박당하지 않았는지가 |30| 분명하지 않기 때문에, 그리고 논의에서 그것들을 구별하는 일이 당연한 것으로서 받아들여지고 있기 때문에, 모호함을 구별하지 않고 상대방의 질문을 단적으로 인정하는 것은 잘못이다. 그러므로 설령 그 사람 자신은 논박당한 것처럼 보이지 않을지라도 적어도 그의 논의는 논박당한 것과 마찬가지인 것이다. 그럼에도 사람들은 모호한 의미를 가진 질문을 알아차리면서도, 그와 같은 명제를 제기하는 사람이 빈번하게 생 |35| 기기 때문에 자신이 모든 점에 대해서 까다롭게 군다고 생각되지 않게 하기 위해서 명제의 의미를 구별하는 데 주저하는 일이 종종 일어난다. 다음으로, 그들은 논의가 바로 이 점에서 생겨났을 것이라고 전혀 생각해보지도 않았음에도, 그들 자신은 종종 역설적인 것(받아들일 수 없는 것)에 직면하게 되는 것이다. 따라서 의미를 구별하는 일은 당연히 인정되는 것이기 때문에 앞에서 말한 것처럼[369] 결코 그 일을 하는 데 주저하지 말아야만 한다.

●●●

368 즉 '이'를 붙이지 않고 말하는 것.
369 『토피카』 제8권 제7장.

모호함을 이용하는 질문자는 두 개의 질문을 하나로 해서 질문한다

만일 누군가가 두 개의 질문을 하나로 만들지 않았더라면, 동명이의와과 모호한 의미를 가진 문장에 의한 오류가 생기는 일은 없었을 것이고,[370] 논박이 성립되거나 성립되지 않았을 것이다. |40|

이를테면[371] '칼리아스와 테미스토클레스는 음악적인가?'라고 질문하 176a는 것과 각각 다른 사람이면서 이름은 하나인 두 사람에 대해서 앞에서와 같은 질문을 하는 것 간에는 무슨 차이가 있는가? 왜냐하면 사용된이름이 하나보다도 더 많은 것을 지시한다면 그 질문은 하나의 질문이아니라 여러 개의 질문이었기 때문이다. 그렇기에 만일 두 개의 질문에대해 단적으로 하나의 답변을 주도록 요구하는 것이 올바르지 않다고한다면, 동명이의적인 질문에 대해서 단적으로 답변하는 것도 적절하지 |5|않다는 것은 명백하다. 설령 어떤 사람들이 그러한 것을 요구하는 것처럼 동명이의적인 말이 모든 것들에 대해서 참이라고 할지라도 그것[372]은적절한 것이 못 된다. 왜냐하면 그 같은 요구를 하는 것은, 코리스코스와 칼리아스 둘 다 집에 있든가 혹은 집에 있지 않을 경우에 '코리스코스와 칼리아스 둘 다 집에 있는가 혹은 집에 있지 않은가?'라고 질문하는 것과 전혀 차이가 없기 때문이다. 그 어떤 경우든지[373] 간에 거기에는전제 명제의 수가 여럿이니까. 설령 [단적으로 대답한] 그 답변이 참이라고 할지라도, 그것 때문에 곧 그 질문이 하나라고 할 수는 없을 테니까. 왜냐하면 수많은 다른 질문들이 물어질 때에도 그것들 모두에 대해 |10|단적으로 '예' 혹은 '아니오'로 말하는 것은 참일 수 있기 때문이다. 그럼에도 그 같은 질문에 대해 하나의 단일한 답변으로 내놓아서는 안 된다.

● ● ●

370 '질문은 명확하고, 또 하나의 의미를 가진 질문이어야 한다'는 점을 강조하는 논의에 대해서는 『토피카』 제8권 제7장을 보라.
371 원어로는 앞 문맥에 대한 이유 내지는 설명을 나타내는 gar이다. 우리말로는 표현이 어색해서 이렇게 옮겼다.
372 동명이의적 말로 하는 질문에 대해 단적으로 답변하는 것.
373 집에 있든 혹은 없든 어떤 경우든지 간에.

왜냐하면 그것은 묻고 답하는 것[374]을 파괴하기 때문이다.[375] 오히려 이것[376]은 마치 동일한 이름이 다른 사물들에 붙여지는 것과 마찬가지이다.

|15| 그렇기에 만일 두 개의 질문에 대해 하나의 답변을 주지 말아야만 한다면, 동명이의를 가진 말이 사용된 경우에도 역시 '예' 혹은 '아니오'로 말하지 않아야만 한다는 것은 명백하다.[377] 왜냐하면 그렇게 말하는 사람은 전혀 답변을 준 것이 아니라, 단지 언명(言明, 진술, 발언)하는 데 지나지 않기 때문이다. 그러나 문답을 행하는 사람(변증술적인 대화 상대자)들 사이에는 그 같은 언명이 어쨌든지 간에 주장되는데,[378] 그 이유는 그들이 그 결과가 무엇인지 알아채지 못하기 때문이다.

질문에 대해서 어떻게 답변할 것인가

|20| 그렇기에 우리가 앞에서 말한 바와 같이[379] 어떤 논박들은 실제로는 논박이 아닌데도 논박으로 생각될 수 있기 때문에, 이와 동일한 방식으로 논박에 대한 어떤 해소책(풀어냄)도 역시 실제로는 해소가 아닌데도 해소로 생각될 수 있다. 이제 경쟁적인 논의와 두 가지 의미를 가진 말에 대처하는 경우에는 때에 따라서 올바른 해소책보다는 오히려 이 같

●●●

374 to dialegesthai는 묻고 답하는 방식을 통해 참을 찾아가는 토론 활동이다. 즉, 제2장에서 제시한 네 가지 유형의 쉴로기스모스(추론)를 포괄하는 것으로 이해된다.

375 여러 물음을 한데 모은 복합 질문을 단순하게 '예' 혹은 '아니오'와 같이 답변한다면, 질문자의 여러 물음 가운데 어떤 질문에 답변한 것인가에 대해 질문자와 답변자 사이에 논점의 차이가 발생할 수 있다. 그렇게 되면 논의 주제에서 빗나가게 되어 논의 자체가 성립할 수 없게 될 것이다.

376 여러 질문에 대해 단적으로 '예' 혹은 '아니오' 하는 식으로 답하는 것.

377 이 논의를 뒤집어 생각해보면, 우리가 단적으로 '예' 혹은 '아니오'라고 답변할 수 있는 경우는 '질문이 명확하고 그 질문의 의미가 하나일 때 오직 그때뿐'이다(『토피카』 제8권 제7장 160a33-34).

378 달리 옮겨보면, "그러나 문답을 행하는 사람들 사이에서는 [그 같은 언명이] 어떤 방식에서 [답변으로] 간주되는데, 그 이유는…… ."

379 제1장 164b25. 『토피카』 제1권 101a1-4 참조. 그 밖에도 『토피카』 제8권 제11장의 여러 대목 참조.

은 해소책³⁸⁰을 사용하는 방향으로 나아가야만 한다고 우리는 주장한다.

그래서 일반적으로 그렇다고 생각되는 것[주장]들에 대해서는, '그렇다고 해두지[그래, 맞아]'라는 말로 답변해야만 한다. 왜냐하면 이와 같은 식으로 답변해두면 [원래의 논점과 관련된] 다른(부차적인) 논점들에 대해 논박될(parexelengchos) 수 있는 가능성을 최소한으로 줄일 수 있기 때문이다.

그러나 이와는 달리 만일 [우리가³⁸¹] 역설적인 무언가를 어쩔 수 없이 |25| 말해야만 한다면, 특히 주의해서 '그렇게 생각되네'('일반적으로 그렇게 생각되는 것이지')라고 덧붙여야만 한다. 왜냐하면 이와 같이 덧붙여두면, 논박이나 역설이 생겼다고는 생각되지 않을 것이지 때문이다

또한 '애초의 논점을 요청함', 즉 선결문제 요구(논점선취)의 오류가 어떻게 해서 생기는지가 분명하고,³⁸² 논의의 결론에 가까이 있는 명제를 전제로서 내세우는 것을 무슨 수를 써서라도 폐기해야만 한다고 생각하며, '애초의 논점을 요청'하는 논의이기 때문에 어떤 사안을 인정하지 않았야만 한다고 사람들은 생각하고 있다. 그래서 입론(주장, thesis)으로부 |30| 터 필연적으로 따라 나오는 그러한 것이지만 거짓이거나 역설임을 누군가가 요구한 경우에는 동일한 것을 말해야만 한다. 왜냐하면 입론에서 필연적으로 따라 나오는 명제들은 일반적으로 그와 같은 입론에 속한다고 생각되기 때문이다.

게다가 보편적인 주장이 그것의 [명확하게 한정된] 이름에 따라서³⁸³가 아니라 사례들의 비교에 따라서 [결론으로] 확보된 경우에는, 우리는 질문자가 그 진술을 우리가 인정했던 의미로 받아들이지도 않았고 또한 질문자가 전제에서 제안했던 것과 같은 의미로 받아들이지도 않았다고

●●●

380 올바른 해소 방법이 아닌 해소책인 것으로 보이는 방법.
381 논의에 참여할 수 있는 '일반적인 사람들'을 가리키는 것으로 이해하면 된다.
382 제5장 167a36 아래.
383 '논의에 사용된 말(이름)이 그 말의 원래 의미에 따라서'.

|35| 주장해야만 한다. 왜냐하면 바로 이 점 때문에 종종 논박이 생겨나기 때문이다.[384]

그러나 [지금 막 설명한] 그러한 방어적 방편들을 가로막는 것이 있을 경우에는 앞서 말한 규정[385]을 좇아서 대처(답변)하면서, 논의하는 사람의 '결론이 올바르게 제시되지 않았다'고 주장하는 쪽으로 논의를 나아가게 해야만 한다.

불명확한 의미를 갖는 전제를 단적으로 승인해서는 안 된다

그렇기에 이름이 표준적(원래) 의미대로 사용된 경우에는 반드시 단적
|40| 으로[386] 혹은 의미 구별을 명확히 해서 답변해야만 한다. 그렇지만 (이를테면 명료한 게 아니라 생략된 형태로 물어본 경우), 우리의 답변에 분명하게 표현될 수 없는 암암리에 깔려 있는 이해를 포함하는 것에 대해서는, 논
176b 박이 그것에 의존해서 따라 나오게 된다. 다음의 예를 살펴보자. '자 그러니, 아테네인들에게 **속하는** 것은 아테네인들의 소유물이겠는가?' '그렇다.' '그러면, 다른 경우들도 이와 마찬가지겠지. 좋다. 그렇다고 하면, 인간은 동물[세계]에 **속하지** 않겠는가?' '그렇다.' '따라서 인간은 동
|5| 물[세계]의 소유물이겠군.'[387] 왜냐하면 인간도 동물이기 때문에, 인간은 동물의 세계에 **속한다**'고 우리는 말하기 때문이다. 그것은 마치 뤼산드로스가 라코니아[388]인이기 때문에 뤼산드로스는 라코니아인들에 '속한

---

384 다시 말해, 바로 앞서 지적한 사항이 논박되느냐 그렇지 않느냐를 결정하는 중요한 문제가 될 수 있다는 것이다.

385 제6장 168a20에서 언급된 "논박의 정의"를 가리킨다.

386 '예', '아니오'하는 식으로.

387 이 논박은 명백히 잘못되었다. 그러나 이 논박이 성립하는 것은 우리의 답변 가운데 상대방이 이용할 수 있는 어떤 것이 암묵적으로 개재되어 있기 때문이다. 이 예에서는 '속한다'는 의미를 명백하게 구별하지 않았기 때문에 논박이 성립한다. 따라서 우리는 이러한 논박을 회피하기 위해서 제시된 명제의 의미를 분명하게 구별해야만 한다.

388 펠로폰네소스 반도 남쪽에 위치한 라코니아(Lakōnia)는 스파르타를 둘러싸고 있는 지역을 일컫는 말이다. 이곳에 거주하는 사람들은 라케다이모니아인이다.

다'고 말하는 것과 마찬가지이다. 그러므로 [앞에서 예를 든 잘못된 논박에서 보듯이] 질문으로서 제시된 명제의 의미가 명료하지 않을 때에는 [답변자는] 단적으로 그것에 동의하지 않아야만 한다.

그 밖의 다른 해소 방안

두 개의 주장[명제] 가운데 한쪽의 것이 그렇다면 다른 쪽도 필연적으로 그렇다면 생각되지만, 반면에 다른 쪽이 그렇더라도 한쪽의 것은 필연적으로 그렇다고 생각되지 않는 경우에, 그 둘 가운데 어느 쪽을 인정하는지를 질문 받았을 때에는 적은 주장을 하는 쪽을 인정해야만 한다(다수의 명제로부터 추론을 이끌어내는 것이 더 어렵기 때문이다.[389]). 만일 |10| [논의하는 사람이] 어떤 것에는 반대되는 것이 있지만 다른 것에는 반대되는 것이 없다는 것을 [전제로서] 확립하려고 시도하는 경우에, 그의 논의가 올바르다면 답변자는 '양자에게 반대되는 것이 있지만, 다른 것에 해당하는 이름이 놓여 있지 않다'고 주장해야 한다.[390]

●●●

389 가령, 종과 유 혹은 보편과 특수의 관계를 통해서 생각해보자. '모든 사람은 죽는다'(A), '소크라테스는 죽는다'(B). A를 승인받기 위해서는 B뿐만이 아니라 그 밖의 더 많은 전제를 필요로 하고, 설령 B가 참이라고 해도 반드시 A는 참이라고 말할 수 없다. 따라서 전제의 수가 적은 쪽을 택해 추론해나가라는 것이다(롤페스의 각주 43 참조).

390 일반적으로 말해서 유가 어떤 것에 반대된다면 그 유에 속하는 종도 어떤 것에 반대되어야 한다. 이를테면, '선'은 '악'에 반대된다. 따라서 '선'의 종인 '정의'는 '부정의'에 반대된다. 그러나 논의하는 사람이 '건강'과 '질병'의 경우에는 그렇지 않다는 전제를 내세우려고 할 때, 그의 테시스(立論)는 '건강과 질병은 그렇게 되지 않겠지'일 것이다. 왜냐하면 '건강'은 '질병'에 단적으로 반대되기 때문이다. 그러나 '열병'이나 '눈병'과 같은 개별적인 질병은 질병의 종이지만 그 어떤 것에도 반대되지 않는다. 이 테시스에 대한 반론으로 답변자는 그 주장이 참이기 때문에 단지 '열병이나 눈병에 반대되는 것은 있을 수 있지만, 그것에 대한 확정된 이름은 없네'라고 답변해야만 한다는 것이다(『토피카』 제4권 제3장 123b31-124a1). 이 밖에도 『토피카』 제1권 제15장 '(3) 반대가 있는 것과 없는 것으로부터' 참조.

의미가 분명하지 않은 전제를 사용하는 경우에는 그 말의 의미를 바꿔라

|15| 많은 사람들은, 한편으로 그들이 주장하는 어떤 견해와 관련해서 그 것을 동의하지 않는 어떤 이들이 거짓을 말하는 것이라고 말하고 싶어 하고, 다른 한편으로 어떤 것들과 관련해서는, 예를 들어 의견이 갈라 지는 그러한 문제(많은 사람들은 동물의 혼이 소멸하는지, 아니면 불멸하는 지 하는 문제에 대해서 명확한 의견을 갖고 있지 못하니까[391])에 대해서는 그 렇게 말할 수 없기 때문에, 따라서 상대방에 의해서 제기된 전제 명제가 두 가지 의미 가운데 어떤 의미로 관습적으로 말해지는가 분명하지 않 을 때, 즉 격언(gnōmē)과 같은 의미인지(사람들은 참된 의견과 일반적 주 장 둘 다를 '격언'이라는 말로 부르고 있으니까), 아니면 '사각형의 대각선은

|20| 그 변과 통약 불가능하다'와 같은 의미인지가 분명하지 않을 때, 게다가 [392] 그 참에 관해 의견이 갈라지는 경우에는, 사람들은 그러한 명제들에 대해 사용된 명사들의 의미를 상대방이 눈치채지 못하게 바꿀 수 있는 절호의 기회를 포착할 수 있게 된다. 왜냐하면 두 가지 의미 가운데 어 느 한쪽의 의미를 잡아냈을 때 그 명제가 참일 수 있을지는 불분명하기 때문에 소피스트적 기술(속임수)을 늘어놓고 있다고 생각되지 않을 것이 고, 다른 한편으로 의견이 갈라지기 때문에 거짓을 말하는 것처럼 생각 되지도 않을 것이기 때문이다. 의미를 바꾸는 것(meataphora)은 논의를

|25| 논박 불가능한 것(anexelegkton)으로 만드니까 말이다.[393]

●●●

391 좀 더 직역하면, 그러한 문제에 대해 '많은 사람들에게서 명확하지 않다'이다.
392 여러 대비가 복합적으로 사용되고 있어서 원문을 이해하기 어려운 대목인데, '그 참'이 지시하는 것이 무엇인지 명확하지 않기 때문에 그렇다. 만일 앞서 든 너무도 자명한 기하학의 정리와 같은 것이라면 그 참에 관한 의견이 나뉜다는 것은 그 예 로서 적합하지 않다. 아마 당시에는 오늘날과 달리 이 기하학적 명제가 논란이 되 었을 것으로 추정된다(170a25-26). 로스는 전해지는 사본을 수정해서 이 대목을 "'hē diametros asummetros esti', hou to alēthes amphidoxeitai'로 읽고 있지만, 옮긴이는 포스터와 피카드-케임브리지의 독해를 따라서 esti 대신에 eti를 그대로 보존하고 읽었다.
393 여기서 논의하는 내용은 일종의 '은밀한 재정의의 오류'(fallacy of illicit redefinition)

게다가 어떤 질문이 닥쳐올지 미리 알아차린 한에서는 [주저함 없이 아무 때라도] 반론을 제기해야만 하고 또 미리 [그 질문을] 거절해 두어야만 한다. 이렇게 함으로써 그 질문자가 내세운 논박을 가장 효과적으로 저지할 수 있기 때문이다.

제18장
올바른 해소책의 분류

소피스트적 논박에 대한 올바른 해소(lusis)는 어떤 질문에 의해서 오류가 생겨나는지를 지적함으로써 오류 추론을 드러내는 것이기 때문에, |30| 그리고 한편으로 '오류 추론'은 두 가지 의미로 말해지기 때문에(사실상 거짓 결론이 추론된 경우나, 혹은 실제로는 추론이 아닌데 추론으로 보이는 경우 [어느 쪽인가에 따라서 오류 추론이 생겨나는 것]이니까), 지금 막 설명한 해소[394]뿐만 아니라 어떤 질문에 의해서 그와 같이 보이는지를 지적함으로써 해소하는 외견상의 추론에 대한 바로잡음이 있다는 것은 틀림없다. 따라서[395] 한편으로 올바르게 추론된 논의들은 그것을 훼손시킴으로 |35| 써(anelonta; anelein)[396] 해소하고, 다른 한편으로 단지 외견상의 추론에 지나지 않는 논의들은 그 의미를 구별함으로써(dielonta, dielein) 해소해야 한다.

또, 올바르게 추론된 논의들 가운데 어떤 것은 그 결론이 참인 것들이 있으며 다른 어떤 것들은 그 결론이 거짓인 것들도 있기 때문에, 그 결

●●●

라고 볼 수 있다.

394 제17장에서 설명한 해소 방법.

395 로스는 hōste 앞에 마침표 대신에 쉼표를 찍고 있다. 그러나 옮긴이는 문장이 끝나는 것으로 파악해서 번역했다. 포스터, 피카드-케임브리지, 롤페스, 제클(H.G. Zekl) 등을 따랐다.

396 즉, 그것을 '파괴함으로써'.

론이 거짓인 논의들은 두 가지 방식으로 해소하는 것이 가능하다. 즉, 질문된 전제[명제]들 가운데 어떤 하나를 파괴함으로써, 또 사실은 그렇지 않다는 것을 보여줌으로써[397] 해소할 수 있는 것이다. 이와는 달리 그 전제 명제들(프로타세이스, protaseis)에 따라서 거짓인 것들은 단지 그것들의 무언가를 파괴함으로써만 해소할 수 있다. 그 결론은 참이니까.

그러므로 논의를 해소하고자 하는 사람들은 먼저 그 논의가 올바른 추론인지 아니면 올바른 추론이 아닌지를 고찰해야만 하고, 그다음으로 그 결론이 참인지 아니면 거짓인지를 고찰해야만 하는데, 이렇게 하는

것은 어떤 구별을 하거나 혹은 무언가를 파괴함으로써, 즉 앞에서 말한 것과 같이[398] 이런 방법 혹은 저런 방법으로 무언가를 파괴함으로써 그 논의를 해소할 수 있도록 하기 위해서이다.[399]

그런데 논의를 해소하는 데에도 물을 때와 묻고 있지 않을 때 해소하는 것은 아주 큰 차이가 있다. 왜냐하면 물어보는 중에는 앞으로 닥쳐올 논의의 방향[함정]을 미리 내다보는 것은 어렵지만, 물어보지 않을 때에는 여유 있게 보는 것이 쉽기 때문이다.

●●●

397 혹은 '증명함으로써'. 운동의 불가능성에 대한 논의와 같은 것.

398 바로 앞의 대목인 176b36 아래 부분을 가리킨다.

399 지금까지의 내용을 정리하면 다음과 같다. 소피스트적 논박에 대한 올바른 해소책은 잘못된 추론을 밝혀내는 것이다. 그 방법은 두 가지인데, 하나는 (1) 어떤 질문에 의해 오류가 생겨나는지를 지적하는 것이고, 또 거짓된 결론이 추론되든가 혹은 올바른 추론인 것처럼 보일 때 '오류 추론'이 성립하는 것이기 때문에 다른 하나는 (2) 어떤 질문에 의해 '외견상의 추론'이 성립하는지를 지적하는 것이다.

① 올바른 추론 형식을 갖는 논의들; 전제들을 파괴시킴으로써

② 외견상의 추론에 지나지 않는 논의들; 전제들의 의미를 구별함으로써

그런데 ①에는 ㉠ 그 결론이 참인 것들도 있고, ㉡ 그 결론이 거짓인 것들도 있다.

①이면서 ㉠인 것들; 그 전제들 가운데 어떤 하나를 파괴함으로써

㉡인 것들; 1. 그 전제들 가운데 어떤 하나를 파괴함으로써

또는 2. 그 결론이 사실과 다르다는 것을 증명함으로써

요컨대, 논의를 해소하기 위해서는 첫째로 (1) 그 논의가 올바른 추론인지 아니면 올바른 추론이 아닌지를 살펴보아야 하고, 다음으로 (2) 그 결론이 참인지 아니면 거짓인지를 살펴보아야 한다.

제19장
(가) 오류을 해소하는 방법들(Ⅰ)

(1) 말에 의존하는 오류들에 대한 해소 방법들

1) 여러 의미를 가진 표현

그렇기에 동명이의와 모호한 문장의 의미에 의존하는 논박들 가운데, 어떤 것들은 여러 의미를 갖는 질문을 포함하고 있으며, 어떤 것들은 다 |10| 의적으로 말해지는 결론을 갖고 있다. 예를 들어, '침묵하면서 말함'이 라는 오류[400]의 경우는 그 결론이 두 가지 의미를 갖고 있으며,[401] 반면에 '[무언가를] 아는 자는 아는 바를 알고(이해하고) 있지 않음'이라는 오류[402]의 경우에는 그 질문들 중 하나가 다의적이다. 그리고 두 가지 의미를 갖는 것(to ditton)은 어떤 때는 그렇지만 어떤 때는 그렇지 않은 것이다. 그러나 '두 가지 의미를 갖는 것'은 어떤 점에서는 '있는 것'을, 다른 점 |15| 에서는 '있지 않은 것'을 의미한다.[403]

● ● ●

400 아래에서 든 예들은 제4장 166a8 아래에서 '문장의 모호함의 오류'를 설명하기 위해 사용한 논변들이다. 제10장 171a7-9, 19-22 참조.

401 '말하고 있는 자가 침묵한다'는 의미와 '말할 수 있는 그것이 침묵한다'는 두 가지 의미.

402 '무언가를 아는'(epistasthai)이란 말에 주목하라. 누군가 호메로스의 시구를 외워서 읊는 경우에 그는 그 시구를 '알고'는 있지만, 그 시를 '알지(이해하지)' 못할 수도 있다. 여기서 '아는'이란 말은 이 두 가지 의미를 다 가진다. 전자가 후자를 수반하지 않는다. 이 경우는 동명이의다. 177a14의 amphibolon은 '문장의 모호함'이 아니라 '다의적'으로를 의미하는 것으로 보인다(도리옹). 제4장의 주85, 『토피카』 제6권 제6 장 145b24, 제8권 제7장 160a27-29 참조.

403 헬라스 철학에서 일반적으로 to on(있는 것)은 한 사안에 대한 참과 거짓을 밝히는 중요한 관건이 되는 말이다. 물론 여기서는 그 말에 그다지 무게를 실을 필요는 없다. '누군가가 호메로스의 시구를 안다'고 했을 때, '안다'가 '읊을 줄 안다'를 의미하는 경우에는 'to on'이라고 할 수 있고, '이해하지' 못한다를 의미하는 경우에는 'to ouk on'이라고 할 수 있다.

2) 의미의 모호함

그런데 다의성이 그 끝[결론]에서 나타나는 경우들에서는, 만일 질문 자[404]가 상대방이 내놓은 결론의 모순을 [여러 가지 의미와 더불어] 부가적으로 확보하지 못한다면 논박이 생겨나는 일은 없을 것이다. 가령 '눈먼 자의 봄은 [가능하다]'는 경우에서처럼.[405] 왜냐하면 이 경우에 답변자의 결론에 모순이 없으므로 논박이 성립될 수 없었기 때문이다. 이와는 달리 다의성이 [전제로서] 질문들에 있는 경우에는, 그 두 가지 의미를 갖는 질문을 미리 부정할 필요는 없는 것이다. 논의가 이것[406]을 목표로 해서 나아가는 것이 아니라 이것을 통해서[수단으로 해서] 이루어지 |20| 는 것이니까.

그렇기에 애초부터 말이든 혹은 명제든 간에 이중의 의미에 주목하면서 '어떤 의미에서 그것은 그렇지만, 다른 의미에서 그것은 그렇지 않다'는 식으로 답변해야만 한다. 이를테면 '침묵하면서 말함'은 어떤 의미에서 그럴 수 있지만, 다른 의미에서는 그럴 수 없다는 식으로 말하고, 그리고 반드시 있어야만 하는 것(ta deonta)은 어떤 의미에서 해야만 하지만, 다른 의미에서는 해서는 안 된다는 식으로 말해야 한다('**반드시 있어야만 하는 것**'[407]은 다의적으로 말해지니까.)

|25| 그러나 만일 [애초부터] 여러 의미를 알아차리지 못했다면 끝[결론]에 이르러 다음과 같이 질문에 덧붙임으로써 애초의 답변을 수정해야만 한

● ● ●

404 소피스트식 논변을 통해서 논박하려는 자.

405 질문자는 '눈먼 자를 본다. 그러니 눈먼 자는 본다'라고 긍정했을 것이고, 답변자는 '눈먼 자가 본다'는 의미에서 부정했을 것이다. 헬라스어로는 이 두 가지 의미가 다 주어질 수 있기 때문에 모순이 발생하지 않는다. 어쨌든 이것은 문장의 모호성에 기인하는 논변이다.

406 '두 가지 의미'를 가리킨다.

407 '있음'의 당위적인 의미와 사실적인 의미의 구별을 생각하라. 이 세상에 악이 어쩔 수 없이 '있다'고 해서 마땅히 악이 '있어야만' 하는 것은 아니다. 롤페스(각주 49)는 '있어야만 하는 것'을 '불가피하게 있는 것'과 '의무'로 나누어 설명하고 있다. 제4장 165b34–38 참조.

다. 가령, '자 그러니, 침묵하는 자의 말함은 가능한가?' '아냐, 있을 수 없어, 그러나 침묵하고 있는 이 사람은 말할 수 있어'[408]와 같이, 여러 의미가 전제 가운데 포함되어 있는 논의에 대해서도 이와 마찬가지이다. '그러니, 사람들은 그들이 알고 있는 바를 알고 있지[이해하지] 못한 것일까?' '그렇지, 그러나 이 특정한 방식으로 알고 있는 사람들은 그렇지 않아.' 왜냐하면 '아는 사람들이 그들이 아는 바를 이해하지 못하는 사람들이라고 말하는 것'과 '이 특정한 방식으로 아는 사람들이 그럴[아는 것을 이해할] 수 없다고 말하는 것'은 동일한 것이 아니기 때문이다.

일반적으로 말해서 설령 질문자가 단적으로 추론한다고 하더라도[409] |30| 답변자는 상대방이 부정한 것은 자신이 긍정한 사안(프라그마, 사실)이 아니라 그 이름에 지나지 않는다고 주장하고, '그렇기에 논박이 성립되지 않는다'고 주장해야만 한다.

제20장
오류를 해소하는 방법들(Ⅱ)

3) 낱말의 모호한 분리와 4) 낱말들의 모호한 결합

또한 말의 분리와 결합에 기인한 논박들을 어떻게 해소해야만 하는가 하는 점도 명백하다. 왜냐하면 말들이 분리되고 또 결합될 때 그 문장 |35| (logos, 표현)이 다른 것들을 의미한다면, 상대방이 자신의 결론을 이끌어 낼 때 답변자는 반대되는 의미로 그 문장을 말해야만 하기 때문이다.[410]

● ● ●

408 침묵하는 자도 말할 능력이 있으니까. 원문을 달리 이해해보면, 침묵하는 자의 말함은 가능하지 않지만, 그러나 '침묵하는 자에 대해 말함은 있을 수 있어'라는 의미로도 새길 수 있겠다.

409 즉, 논의하는 사람이 여러 의미를 가진 표현이나 모호한 문장을 사용하지 않고 전제로부터 추론한다고 하더라도.

410 즉, 상대방이 분리하는 경우에는 결합해서, 결합하는 경우에는 분리해서 그 논박을

다음과 같은 모든 논의(logos)는 말의 결합 혹은 분리에 의존하는 것이다. '그러니, 당신이 그것으로[눈으로] 이 사람이 맞는 것을 보았던 그 것으로[막대기] 이 사람이 맞았던 것일까?' 네. '그가 그것으로 맞았고 그래서 당신은 그것으로 본 것일까?'[411]

그렇기에 이 예는 또한 질문 안에 의미의 모호함이라는 무언가 거짓을 갖고 있지만, 실제로는 결합에 의해 생겨난 오류이다. 왜냐하면 말의 분리에 의해 생겨난 것은 사실상 두 가지 의미가 아니기 때문이다(표현이 분리될 때 분리된 표현은 동일한 것이 아니니까). 가령[412] 숨 쉬는 방식에 따라 악센트를 달리해서 발음해도 oros(오로스, 산, 언덕)와 horos(호로스, 경계[표시], 끝)[413]란 말이 다른 의미를 갖는 하나의 말의 예가 정말로 되지 않는다고 한다면 [분리된 표현 역시 두 가지 의미를 갖는 동일한 표현일 수 없다].[414] (그렇지만 실제로 쓰인 말의 경우에 그것이 동일한 자모(字母)로 또 동일한 방식으로 쓰였다는 것만 말하는 한에서는 그 이름(말)은 동일한 것이다. ─ 비록 사람들이 오늘날에 거기에다가 [숨 쉬는 방식과 악센트

● ● ●

해소한다는 의미이다.

411 이 두 예에서 '그것으로'(여격)를 '보았다'와 '맞았다' 양쪽에 결부시킬 수 있는데, 그 의미는 '당신의 눈으로' 혹은 '막대기로'이다. 그렇다면, 하나의 결론으로 '막대기로 보았다'는 불합리한 것이 생길 수 있다. '문장의 모호성'으로 인한 것이나 '다의성의 오류'로도 해석될 수 있다.

412 로스는 ou gar ho autos logos ginetai, diairoumenos, eiper mē ⟨hōs⟩ kai to "oros", [kai] "horos" tē prosōdia …… 로 읽고 있다. ⟨hōs⟩를 삽입해서 로스를 좇아 읽으면 '예를 들어 oros를 악센트를 바꾸어 발음하면 horos가 되는데, 만일 ……' 쯤으로 새길 수 있다.

413 사본에 따라 horos 대신에 oros(乳漿, 치즈를 만들 때 엉킨 젖을 거르고 난 물)로 읽기도 한다(Uhig). 반즈가 편집한 옥스퍼드 수정판에는 그렇게 번역되어 있다.

414 앞의 예와 같이 악센트의 부호를 바꾸어 발음하면 말의 '분리'가 이루어지게 되고, 분리된 말의 의미는 완전히 달라진다. 그렇다면 말의 분리에 의해 의미가 달라지는 것은 한 표현이 갖고 있는 두 가지 의미(ditton)라고 말할 수 없다는 것이다. 그러나 horos 대신에 oros로 읽어서 말의 분리에 의해 의미가 달라지는 것을 하나의 말이 갖고 있는 두 가지 의미를 나타내는 것으로 파악한다면 원문의 해석은 달라질 수 있다. 즉, 그 예가 성립하는 경우라면 '그 예만을 제외하고'라는 식으로 읽어야 한다 (옥스포드 수정 번역판 참조).

를 표시하는] 기호를 덧붙이고 있긴 하지만 – 그러나 [음절로] 말해진 말들(ta phtheggomena)은 동일하지 않은 것이다.[415]) 따라서 분리에 기인한 오류들은 두 가지 의미를 갖는 표현이 아니다. 또한 어떤 사람들이 그렇다고 주장하는 것처럼, 모든 논박이 두 가지 의미를 갖는 것에 의해서 이루어지지 않는다는 것은 명백하다.

그렇기에 표현을 분리해야만 하는 것은 답변자이다. 왜냐하면 '"눈으 |10| 로 **어떤–사람이–맞는–것을–본다**"(|to| idein ophthalmois–tuptomenon)는 것'[416]과 '어떤 사람이 **맞는–것을–"눈으로–본다**"(idein–ophthalmois tuptomenon)'고 말하는 것은 같지 않기 때문이다.

또한 다음과 같은 에우튀데모스[417]의 논의가 있다. '그러니, 당신은 시켈리아[418]에 있지만 **지금** 페이라이에우스 항구에 삼단 노(櫓)의 군선(軍船, triēreis)[419]이 있는 것을 압니까?'[420] 또 '좋은 구두 만들기가 나쁠 수가

●●●

415 앞의 예에서 보듯이 숨표와 악센트의 기호 표시를 무시한다면 한 낱말을 구성하는 자모는 서로 같다. 그런 측면에서 본다면 의미는 다르지만 동일한 낱말이라고 할 수 있을 것이다. 그러나 숨표와 악센트를 고려해서 발음하면, 같은 말('호로스'와 '오로스'의 발음 차이)이 아니라는 것은 분명해진다. 헬라스어에 악센트와 숨표가 도입되기 시작한 시기는 기원전 3세기경으로 알려져 있다. 그 이전의 비문이나 도자기에 남아 있는 문자들은 모두 악센트와 숨표를 표기하지 않는 대문자의 표기 방식으로 되어 있다.

416 로스는 중성 정관사 to를 삽입해서 읽고 있다.

417 에우튀데모스(Euthudēmos)는 키오스(Chios)섬 출신의 논쟁술을 추구하는 소피스트로 알려져 있다. 에우튀데모스는 플라톤의 대화편 제목이기도 한데, 그 대화편에서 소크라테스는 그와 그의 형제 디오뉘소도로스가 누구보다도 더 훌륭하게 사람을 설득해서 철학을 사랑하도록 만들고 아레테(aretē, 탁월성)를 가꾸도록 하는 능력을 가진 자들이라고 이야기하고 있다(『에우튀데모스』 271B 아래).

418 지금의 시칠리아를 가리킨다.

419 옛날에 노예나 죄수들에게 노를 젓게 한 돛배로 헬라스의 군함.

420 '지금'이라는 말을 어떻게 결합시켜 읽느냐('압니까' 혹은 '페이라이에우스 항구에 있는')에 따라서 논리적 모순이 발생하기도 하고 발생하지 않기도 한다(『수사술』 제2권 제24장 1401a27 아래 참조). 즉 '당신은 시켈리아에 있는데, 당신은 지금 페이라이에우스 항구에 있는 배를 본다'와 '예전에 페이라이에우스 항구에 있는 배를 본 적이 있고, 지금은 시켈리아에 있다'라는 두 가지 방식으로 읽을 수 있다. 『수사술』 제2권 제24장 1401a28–29 참조.

|15| 있을까' [그렇지 않다.] '그러나 좋은 어떤 사람은 나쁜 제화공일 수 있다. 따라서 그는 좋은-나쁜 제화공일 것이다.'[421]

또 '그 앎이 훌륭한 그것들은, 그것을 배우는 것이 훌륭한 것인가' [그렇다.] '하지만 나쁜 것에 대한 앎은 훌륭하다. 그러므로 나쁨은 훌륭한 배움이다.'[422] '그렇지만 나쁨은 나쁜 것이고 또 배워야 하는 것이다. 따라서 나쁨은 나쁜 것의 배운이다.[423] 그러나 나쁜 것에 대한 앎은 훌륭한 것이다.'

|20| 게다가 '지금 당신이 태어났다고 말하는 것은 참입니까? [그렇다.] 따라서 당신은 지금 태어났다.' [하지만 사실은 그렇지 않다.] 달리 말해서 분리된 표현은 다른 것을 의미하지 않는가? 왜냐하면 당신이 태어났다 [태어나고 있다]고 **지금—말하는 것**은 참이지만, '**당신이 지금 태어났다**'고 말하는 것은 참이 아니기 때문이다.[424]

게다가 '당신은, 당신이 할 수 있는 것을, 당신이 할 수 있는 대로 그것들을 그대로 할 수 있습니까?' [할 수 있다.] '그런데 키타라를 켜고 있지 않을 때에도 키타라를 켜는 능력을 갖고 있다. 따라서 당신은 키타라 |25| 를 켜고 있지 않을 때에도 키타라를 켤 수 있다.' [하지만 사실은 이렇지 않다.] 그는 키타라를 '켜고 있지 않을 때 켜는' 능력을 갖고 있지 않고, 다만 그가 [할 수 있는데] 그것을 켜고 있지 않을 때 '그것을 켜는 능력'을 갖고 있을 뿐이다.

또한 어떤 사람들은 이 논의들을 다른 방식으로 풀었다. 왜냐하면 설

●●●

421 '좋은'(agathos)과 '나쁜'(mochthēros)을 제화공(skuteus)과 어떻게 결합하고 분리시키느냐에 따라서 이 논의가 이루어진다. '제화공'을 '좋은'과 결합시킬 때 거짓된 결론이 나온다.

422 나쁨은 배워야 하는 훌륭한 것(spoudaion mathēma to kakon)이다. 왜냐하면 모든 배움(mathēmata)은 좋고, 나쁨(to kakon)은 배움이니까.

423 나쁨은 배워야 하는 나쁜 것이다(kakon mathēma to kakon). 왜냐하면 나쁨은 배움이고, 나쁨이니까.

424 '지금'(nun)이라는 말을 어디에 붙여('태어났다' 혹은 '말한다') 말하느냐에 따라서 그 문장의 의미는 달라진다.

령 답변자가 그것을 할 수 있는 방식대로 무언가를 할 수 있다고 인정했다고 할지라도, 그렇다고 해서 키타라를 켜고 있지 않을 때 키타라를 켤 수 있다는 것이 따라 나오지 않는다고 그들은 주장하기 때문이다. 그가 할 수 모든 방식대로(pantōs) 무언가를 할 것이라고 인정받았던 것은 아니니까.[425] 사실상 '그가 할 수 있는 방식대로 어떤 것을 한다는 것'과 '그가 할 수 있는 **모든** 방식대로 어떤 것을 한다는 것'은 동일한 것이 아니다. 그러나 그들도 그것을 적절하게 해소하지 못했다는 것은 분명하다. 왜냐하면 동일한 관점[426]에 의존하는 그 논의들의 해소는 동일한 것이어야만 하는데, [앞에서 말한] 이 해소책은 이런 종류의 모든 논의들에 대해서 적합하지 않을 것이고 또한 질문들이 내세워지는 모든 방식에 대해서도 적합하지 않을 것이기 때문이다. 오히려 그것은 그렇게 물어 본 사람에 대한 해결이지, 논의에 대한 진정한 해결은 아닌 것이다. |30|

제21장

오류를 해소하는 방법들(Ⅲ)

5) 잘못된 억양의 오류

아마도 다음과 같은 아주 적은 숫자의 어떤 논의들이 생길 수 있는 경우들을 제외하고는, 억양으로 말미암아 생겨난 논의들은 쓰인 말에도 |35|

● ● ●

425 '그가 할 수 있는 모든 방식대로'는 '키타라를 켤 수 있다'와 '키타라를 켜고 있지 않을 때에도 켤 수 있는 능력을 갖고 있다'를 다 포함할 수 있다. 여기서 '할 수 있다'는 말은 '켤 수 있다'와 '켤 수 있는 능력이 있다'라는 두 가지 의미로 사용될 수 있다. 그래서 위와 같은 논변이 이루어진다는 것이다. 이 소피스트적 논변을 푸는 한 가지 해결책은 이어지는 대목에서 지적하듯이 '그가 **할 수 있는 방식대로** 어떤 것을 한다는 것'과 '그가 **할 수 있는 모든 방식대로** 어떤 것을 한다는 것'이 동일하지 않음을 지적하는 것이지만, 이것도 적절한 해결책이 될 수 없음을 또한 지적하고 있다.

426 분리와 결합에 의존하는 논의를 해소하는 토포스.

혹은 말로 표현된 논의의 경우에도 있을 수 없다. 그 예는 다음과 같은 것이다.

'그러니, 당신이 머무는 그곳(**hou** katalueis)이 집일까?' '그렇다.' "그런데 '당신이 머물지 않는'(**ou** katalueis)은 '당신이 머무는'(katalueis)의 부정이 아닐까?" '그렇다.' '그러나 당신은 당신이 머무는 그곳(**hou** katalueis)을 집이라고 말했다. 그러므로 집은 부정이다.'[427]

이 논의를 어떻게 풀어야만 하는지는 분명하다. 왜냐하면 이 말에 예음(銳音) 부호의 악센트를 붙여 발음하는 것과 억음(抑音) 부호를 붙여 발음하는 것은 동일한 것을 의미하지 않기 때문이다.[428]

제22장
오류를 해소하는 방법들(IV)

6) 동일하지 않은 것들에 대해서 동일한 표현을 사용하는 경우에 발생하는 표현 형식의 오류들

동일하지 않은 것들이 동일한 방식으로 말해진 것에 의존하는 오류들에 어떻게 대처해야만 하는지는, 우리가 술어들(카테고리아이, 범주)의 유(類)들[429]을 파악하는 한에서 또한 명백하다. 왜냐하면 질문받았을 때 답변자는 '무엇인가'를 의미하는 것(실체)이 술어들 중의 어떤 것에도 속하는 것이 아니라고 인정한 반면에, 다른 사람은 관계(pros ti) 혹은 양(posōn)과 같은 어떤 것에 속하지만 그 표현 형식 때문에 무엇인가(실체)

●●●

427 이 논의는 두 전제에서 ou가 하나의 말로 동일한 의미를 갖는 것으로 인정해서 소피스트적 결론을 이끌어낸 것이다. 하지만 관계 부사 hou와 부정사 ou는 의미가 다르다. 제20장 117b3–7 참조.

428 여기서의 논점은 숨 쉬는 방법의 차이와 circumflex를 포함해서 악센트의 유무에 따라 그 의미가 달라진다는 데 있다. 이 점은 헬라스어의 특징이다.

429 원어로는 ta genē tōn katēgoriōn이다. 『토피카』 제1권 제9장, 『범주론』 제4장 참조.

를 의미하는 것으로 생각되고 있음을 보여준 경우가 그렇기 때문이다.

예를 들면 다음과 같은 논의들이 그렇다. '자, 동일한 것을 동시에 행 |10|
하고(만들고) 행했다(만들었다)는 것은 가능한가?' '그렇지 않다.' '그러나
동일한 것을 동시에, 동일한 관점에서 보고 있는 것과 보았다고 하는 것
은 적어도 가능하다.'[430] 또 '어떤 수동의 형태는 어떤 능동의 형태인가?'
'아니다.' "그렇지만 '잘라지다', '불태워지다', [감각적 대상에 의하여]
감각을 받다(지각되다)' 등[431]은 그 표현 형식이 같고, 이것들 모두는 어떤
수동의 양태를 의미하는 것이 아닌가?[432]" 이와 달리 '말한다', '달린다',
'본다' 등은 그 표현 형식이 서로 동일하다.[433] 그러나 '본다'는 분명히 감 |15|
각 대상에 의해 지각되는(aisthanesthai) 어떤 형식이다.[434] 따라서 '본다'

•••

430 우리는 '행한다'(만든다)와 '본다'라는 동사를 비교함으로써 아리스토텔레스 철학
의 기반에 깔려 있는 중요한 철학적 개념을 파악해볼 수 있다. 이른바 '에네르게이
아'(energeia, 현실태), '뒤나미스'(dunamis, 가능태), '키네시스'(kinēsis, 운동을 포함
하는 변화 일반)에 대한 개념을 구분하는 것이다. 에네르게이아는 뒤나미스에 대립
된다. 키네시스는 넓은 의미에서 에네르게이아에 포함된다. 키네시스와 에네르게
이아는 다음과 같이 구분할 수 있다. 우리는 동시에 보고(현재, 혹은 현재 진행형) 그
리고 보았다(현재 완료형), 이해하고 그리고 이해했다고 말할 수 있으나, 동시에 배
우고 그리고 배웠다, 치료받고 그리고 치료되었다고 말할 수는 없다. '보다, 이해하
다, 생각하다'는 에네르게이아 계열의 동사들이고, '배우다, 치료받다', '만들다'와
같은 말들은 키네시스 계열의 동사들이다. 요컨대, 에네르게이아 계열의 동사들은
현재형이 완료형을 수반하지만, 키네시스 계열의 동사들은 현재형이 완료형을 수
반하지 못한다. 이를 통해서 볼 때, 어떤 한 동사의 목적(telos)이 완결되었을(teleiai)
때, 그 동사는 에네르게이아에 속하는 동사들이다. 왜냐하면 '본다'는 것은 볼 때마
다 그 동사가 갖는 행위의 목적이 완성되기 때문이다. 그러나 집을 '만든다' 혹은 '짓
다'와 같은 키네시스 동사는 '만드는' 혹은 '짓는' 행위의 목적이 아직 완결되지 못
했기 때문에 그때마다 완료형으로 말해질 수 없다. 이 문제에 대해서는 『형이상학』
제9권 제6장, 1048b18-35 참조. 이와 관련된 상세한 논의에 대해서는 J. L. Ackrill
의 Aristotle's Distinction between *Energeia* and *Kinesis*(R. Bambrough 편, *New
Essays on Plato and Aristotle*, RKP/HP, 1965, pp.121-141)를 참조하라.
431 원어로는 각각 temnetai, kaietai, aisthanetai인데 이 말들은 헬라스어의 수동태를
나타낸다.
432 로스를 좇아 의문 부호를 첨가해서 읽었다.
433 즉, 어떤 능동의 양태를 가리킨다.
434 헬라스어 '본다'(horan)는 능동 동사이고 '지각되다'는 중간태로 수동태로만 사용된

는 수동의 어떤 형식이면서 동시에 능동의 어떤 형식이기도 하다.[435]

그렇지만 그 경우에 누군가가 동일한 것을 동시에 행하(만들)면서 또 행했(만들었)다고 하는 것은 가능하지 않다고 인정한 다음에도, [동일한 것을 동시에] 보는 것[현재]과 보았던 것[완료]은 가능하다고 말했더라도, 만일 그가 보는 것은 어떤 능동의 형식이 아니라 어떤 수동의 형식이라고 주장한다면 그는 아직 논박당한 것이 아니다. 왜냐하면 [논박이 성립하기 위해서는] 이 [보는 것은 어떤 수동의 형식인가 하는] 질문

|20| 이 덧붙여져야만 하기 때문이다. 설령 그 사람이 '자른다'는 무언가를 행하는 것[현재]이고 '잘랐다'는 무언가를 행했던 것[완료]이라고 인정하고 또 그와 같은 표현을 갖는 다른 것들에 대해서도 이와 마찬가지라고 인정했을 때, 그는 이미 앞의 질문을 인정해버린 것이라고 청자에게는 받아들여지겠지만 말이다. 왜냐하면 청자는 [그 사람이 인정한 것과 아직 인정하지 않은 것] 이 두 가지 것의 의미가 같다고 생각하고 [그 사람이 아직 인정하지 않은] 그 나머지 것을 자기 자신이 [이미 인정하게 된 것으로서] 덧붙여버리기 때문이다. 그렇지만 그 표현 형식[이 비슷하기] 때문에 그 두 의미가 같은 것처럼 보인다고 할지라도, 실제로는 그 의미가 같지 않은 것이다.

|25| 동명이의를 가진 말의 경우에 일어나는 것과 같은 바로 그와 같은 일이 여기에서도 일어난다. 왜냐하면 동명이의를 가진 말을 취급하는 경

●●●

다. '본다'는 지각의 종(種)이다. 따라서 동일한 범주에 속한다.

435 이 논의를 요약하면 다음과 같다. (1) 무언가를 행한다(poiein, 능동)는 것은 행해졌다(pepoiēkenai, 수동)는 것인가? 아니다. (주장) (2) '잘라지다'(temnetai), '불태워지다'(kaietai), '감각을 받다'(지각되다, aisthanetai) 등은 그 표현 형식이 같고, 이것들은 모두 어떤 수동의 양태를 가리키는 것이 아닌가? 그렇다. (3) '말한다'(legein), '달린다'(trechein), '본다'(horan) 등은 그 표현 형식이 서로 동일한 것인가? 그렇다. (4) 그러나 '본다'(horan)는 '지각되는'(aisthanesthai) 것이다. (2), (3), (4)로부터, (5) 그러므로 '본다'는 동시에 무언가를 행하는 것(능동)이고 행해졌다는 것(수동)이다. 여기서 (5)는 (1)과 모순되지는 않지만, 정합적이지는 않다(Di Lascio, 2013, 69쪽 참조).

우에 논의에 대해 잘 알지 못하는 사람[436]은 논의하는 상대방이 부정한 것은 [자신이] 한 말이 아니라 자신이 긍정한 사실(프라그마, 사안)이라고 생각해버리기 때문이다. 그러나 그 경우에도 그 사람이 동명이의를 가진 말을 하나의 의미만을 염두에 두고 말하고 있는지 하는 질문을 그 위에 덧붙여 두는 것이 필요하다. 왜냐하면 그가 그렇다고 인정한다면, 논박이 틀림없이 성립할 것이기 때문이다.

이어지는 예들

다음과 같은 논의들도 앞의 예들과 마찬가지이다. '누군가가 지금 가 |30|
지고 있는 것을 나중에 가지고 있지 않다면, 그것을 잃어버린 것일까?'
'그렇다.' '단 하나의 주사위[437]를 없애버린 사람은 열 개의 주사위를 갖지 않은 것이다.' [그러므로 그는 열 개의 주사위를 잃어버렸다.] 오히려 이전에 갖고 있었지만 지금은 갖고 있지 않은 것을 잃어버린 것이지만, 지금 갖고 있지 않은 만큼의 수량, 그만큼의[438] 전체를 잃어버렸다는 것이 필연적으로 따라 나오는 것인가?

그런데 이 오류는 지금 가지고 있는 것을 물어보면서 질문자는 가지고 있는 모든 수량에 대해 결론을 내리고 있다. 열 개는 수량이니까. 그렇기에 만일 처음부터 '누군가가 이전에는 갖고 있었지만 지금은 갖고 |35| 있지 않은 것, 그만큼의 수량을 잃었는가'를 물었다면, 아무도 그것을

●●●

436 즉, 아직 전문적 훈련을 받지 못한 초보자.

437 원어로는 astragalos이다. 양의 지골(趾骨, knucklebone)로 만든 구슬로, 일종의 공기놀이에 사용했다고 한다. 또 헬라스인들은 이것을 주사위처럼 사용했다고 한다. astragalos는 네 면에 숫자가 쓰여 있었지만, kubos는 여섯 면에 숫자가 쓰여 있었다고 한다. 퀴보스는 보통 세 개를, 아스트라가로스는 네 개를 갖고 노는데, 어느 것이나 모두 틀린 면이 나오면 가장 높은 점수를 받았고, 모두 같은 면이 나오면 점수가 가장 낮았다고 한다. 헤로도토스의 『역사』(제1권 94)에 의하면 이 놀이는 뤼디아에서 흉년에 배고픔을 잊고 참고 견딜 수 있는 수단으로 고안되었다고 한다.

438 hoson de mē echei ē hosa로 읽는다.

인정하지 않았을 것이고, '그만큼의 수량을'[439]이라거나 '그것들 중 무언가를 잃었다'고 답변했을 것인데 말이다.

또 다음과 같은 논의도 있다. '누군가는 자신이 갖고 있지 않았던 것을 줄 수 있다. 그가 갖고 있지 않았던 것은 "단지 하나의"(hena monon) 주사위니까[그는 단지 하나의 주사위만을 갖고 있었던 것은 아니니까].' 그 경우 그는 그가 갖고 있지 않았던 것을 준 것이 아니라, 그것을 갖고 있지 않은 그러한 방식으로 주었다.[440] 즉, '하나'만을.[441] 왜냐하면 [앞의 논의에서 나온 질문 가운데] '단지'(monon)라는 말은 이것(tode, 개별자)[442], 질(toionde), 양(tosonde)을 의미하는 것이 아니라, 다른 것과 관계를 갖는 그러한 것으로서, 즉 다른 것과 '더불어'가 아니라는 것[443]을 의미하기 때문이다.[444] 그러므로 그것은 흡사 질문자가 '누군가가 자신이 갖고 있지 않은 것을 줄 수 있는가?'라고 물어서 상대방이 '아니오'라고 부정했을 때, '누군가가 무언가를 재빠르게 갖지 못했을 때 그것을 재빠르게 줄 수 있는지'를 묻는 것과 같은 것인데, 그래서 이것에 대해 긍정했을 때 누군가가 자신이 갖고 있지 않았던 것을 줄 수 있을 것이라고 추론해내는 경우이다. 이것이 올바른 추론이 아니라는 것은 명백하다.

|5| 왜냐하면 '재빠르게 주는' 것은 '이것(tode)을 주는 것'이 아니라 '어떤 방

●●●

178b (좌측 여백)

439 즉, 그가 갖고 있던 그 '수량만큼'.

440 이 소피스트적 논의는 다음과 같이 진행된다. (1) 자신이 가지고 있지 않은 것(ho)을 줄 수 있는가? 그렇지 않다. (주장) (2) 그러나 그는 오직(monon) 하나의 주사위만을 가지고 있는 것이 아니다. 그는 실제로 열 개의 주사위를 가지고 있으니까. (3) 그는 하나의 주사위를 줄 수 있다. (2)와 (3)으로부터, (4) 그러므로 자신이 가지고 있지 않은 것을 줄 수 있다.

441 포스터는 의문문으로 읽고 있지만 맥락상 평서문으로 읽는 것이 자연스럽다.

442 tode(178a39, 178b5, 28)와 tode ti(178b38, 179a2, 179a4, 179a6, 179a8)는 서로 교환되어 사용될 수 있는 말이며, '개별자'를 의미한다. 즉 '나뉠 수 없는 것'(atomon)이고 '수적으로 하나인 것'(hen arithmō)을 가리킨다. 이것은 『범주론』에서 말하는 제일실체를 포함하지만(3b10-21) 제일실체로만 한정되는 것은 아니다.

443 원어로는 hoti ou met' allou이다. 즉 '결부되지 않은, 떨어진' 것을 말한다.

444 이 대목은 실체를 양으로 혼동하는 경우의 논의이다. 표현 형식으로 말미암은 분리, 결합의 오류로 설명할 수 있지 않을까?

식으로(hōde) 주는 것'이기 때문이다. 그리고 누군가는 자신이 갖고 있지 못한 그러한 방식으로 그것을 줄 수 있기 때문이다. 예를 들면 기뻐하면서 가진 것을 괴로워하며 줄 수 있을 테니까.[445]

또 다른 예들

다음과 같은 모든 논의들도 또한 이와 마찬가지이다. '사람은 자신이 갖고 있지 않은 하나의 손으로 때릴 수 있을까?' 혹은 '갖고 있지 않은 하나의 눈으로 볼 수 있을까?' 단지 하나의 눈만을 갖고 있는 것은 아 |10| 니까. 그렇기에 어떤 사람들은, 눈이든 다른 무엇이 되었든지 간에 하나 이상의 여러 개를 갖고 있는 사람이 단지 하나의 것을 가진다고 주장함으로써 해소한다.[446]

또한[447] 다른 사람들은 [그 예를] '어떤 사람[B]은 자신이 갖고 있는 것을 다른 사람[A]에게서 받았다'는 오류를 해소하는 것과 같은 방식으로 해소한다. 즉, 이 '다른 사람[A]'은 단지 하나의 표석(標石)[448]을 주었으니까. 그래서 그들은 '이 사람[B]은 다른 사람[A]에게서 단지 하나의 표석만을 받은 것이다'라고 말함으로써 해소한다.[449]

다시[450] 다른 어떤 사람들은 당장에 질문으로서 제기된 명제를 없애버 |15| 림으로써 해소하려고 하고, 그리고 다른 사람에게서 받지 않은 것을 갖

● ● ●

445 이 대목은 실체를 관계로 혼동하는 경우의 논의이다.

446 '따라서 그 자신이 갖고 있지 않은 눈으로 보는 것이 아니다'라고 말하여 그 결론을 부정함으로써 그 논의를 해소한다.

447 hoi de(또한 다른 사람들은) 아래는 새로운 논의를 취급하는 것일 수도 있고, 앞의 논의에 대한 두 번째 해소 방법을 계속 다루는 것으로 이해될 수도 있을 것이다. 옮긴이는 앞의 논의에 대한 다른 해소책을 제시하는 것으로 이해했다.

448 원어로는 psēphos이다. 투표나 셈할 때 사용하는 조약돌.

449 가령 B가 이미 5개의 표석을 갖고 있고 A에게서 하나의 표석을 받은 경우에, 논의하는 사람(소피스트)이 'B는 자신이 갖고 있는 표석을 A에게서 받았다'고 주장한다면 답변하는 사람은 '받은 것은 하나이지 지금 갖고 있는 6개 모두는 아니다'라고 그 결론을 부정함으로써 논의를 해소한다.

450 이것은 또 다른 '세 번째' 해소 방법이다.

는 것이 가능하다고, 예를 들어 달콤한 포도주를 다른 사람에게서 받았을 때, 받는 과정에서 술이 나빠져서 시큼한 술이 된 것을 갖는 경우가 있을 수 있다고 주장하는 것이다.

그러나 앞에서도 말한 바와 같이[451] 이 사람들은 모두 논의와 관련해서가 아니라 논의를 펴는 그 사람과 관련해서 해소 방법을 찾고 있다. 왜냐하면 이것이 진정한 해소책이었다면, 그와 대립되는 명제를 인정한 경우에는 다른 예들에서 일어나는 것과 마찬가지로 논박의 해소가 안 |20| 되기 때문이다. 예를 들면 만일 '그것은 어떤 점에서는 그렇고 다른 점에는 그렇지 않다'고 답변하는 것이 [올바른] 해소인 경우에, 만일 답변자가 어떤 한정을 두지 않고 단적으로 그 표현[452]을 인정해버린다면 그 결론[소피스트적 논박]이 따라 나오게 될 것이다. 그러나 이와는 달리 만일 그 결론이 따라 나오지 않는다면 이것은 올바른 해소일 수 없다. 앞에서 든 예들과 관련해서 우리가 주장하는 바는, [그러한 해소 방법으로는] 설령 모든 전제 명제[453]가 인정되었다고 하더라도, 여전히 그 어떤 추론[454]도 생길 수 없었다는 것이다.[455]

게다가 다음과 같은 논의들도 또한 이러한 논의들의 부류에 속한다. |25| '자, **쓰여 있는** 것은, 누군가가 쓴 것이지?' [그렇다.] 그런데 '당신은 앉아 있다'고 **지금** 쓰여 있다. 이것은 거짓 진술이다. 설령 그것이 쓰였을 때는 참이었다고 해도 말이다. 그러므로 쓰인 진술은 동시에 참이고 거짓이다. [이 논의는 거짓이다.] 왜냐하면 진술의 혹은 판단의 거짓과 참은 이것(실체)을 의미하는 것이 아니라 사물의 어떠함(질)을 의미하는 것

• • •

451   제20장 177b33 아래.
452   즉, '그것은 그렇다'는 표현.
453   즉, 논의하는 사람(소피스트)이 사용하는 전제.
454   즉, '논박'을 가리킨다.
455   결론적으로 아리스토텔레스는 앞의 세 가지 예들을 통해 설명한 논박의 해소 방법은 참된 토포스가 아니라고 말하는 셈이다.

이기 때문이다.[456] 왜냐하면 동일한 설명이 [진술에 적용되는 것과] 마찬가지로 판단에도 적용되기 때문이다.

더욱이 '배우는 자가 배우는 그것은, 배우는 자가 배우는 그것일까? |30| [그렇다.] 하지만 누군가는 느린 것[느리게 걷는 것]을 빨리 배운다.' 그런데 이때는 배우는 자가 **배우는 대상**이 아니라, 어떻게 그가 그것을 배우는가 하는 **배우는 방식**이 말해진 것이다.[457]

또 '그러니, 누군가는 자신이 그것을 [통해서] 걷는 그것을 밟는 것인가? [그렇다.] 그런데 그는 하루 내내 걷는다.' 그러나[458] 그는 그것을 통해서 그 사람이 걷고 있다는 것이 아니라 그가 걷고 있는 그때를 말한 것이다. 그것은 마치 '잔을 마신다'고 말할 때 그가 지시하는 것은 그가 마시는 그것[459]이 아니라 [그가 마시는] **그것으로부터**(ex hou)인 것과 마찬가지이다.[460]

또 '누군가가 아는 것을 아는 것은 배운 것에 의해서인가, 아니면 발견한 것에 의해서인가? [그렇다.] 그러나 그 둘 중 한쪽은 발견한 것이 |35| 고 다른 쪽은 배운 것이라면, 그는 그 양 쪽을 어느 쪽[461]으로도 아는 것이 아니다.' 아니, 그가 아는 것은 각각의 것 전체(hapan, 사항)이지, 그

● ● ●

456 이 논의는 실체와 질을 혼동하는 경우이다. 실체는 변할 수 없지만 그 '질'은 변할 수 있기 때문에, 한 진술의 참과 거짓은 그 진술이 가리키는 사안에 따라서 참일 수도 혹은 거짓일 수도 있다. 따라서 진술의 참과 거짓은 실체가 아니라 실체에 속하는 질에 대한 것이다. 앞의 예에서 보듯이 '당신은 앉아 있다'라는 진술은 그것을 썼던 당시에는 참이지만, 해당하는 그 사람이 일어나버렸을 때는 거짓이 된다. 왜냐하면 그 대상의 '어떠함'이 변했으니까. 이 문제에 대해서는 『범주론』 4a22 아래 참조. 플라톤, 『소피스트』 263B 참조.

457 이 예 역시 어떤 것(tode, ho, 개별자)을 관계(hōs, hōde, 어떻게, 어떤 방식으로)로 혼동하고 있다.

458 이미 눈치 빠른 독자는 알아차렸겠지만, '그러나'라는 말은 '그 논의에서 말해지는 바와 실제의 사태가 부합하지 않는다'는 점을 함축한다.

459 잔 안에 들어 있는 '내용물'을 가리킨다.

460 즉, 대상과 수단의 차이를 말한다.

461 즉 '배웠고 발견했던 두 방식에 의해서 알게 되는 것.'

[각각의 것을 합친] 모든 것(hapanta)은 아니지 않은가?[462]

이른바 '제3의 인간 논변'에 대해

게다가 또한 '인간[인간 자체]'과 '개별적 인간들' 이외에 어떤 종류의 '제3의 인간'(tritos anthrōpos)이 있다는 논변이 있다.[463] [이 논변은 옳지 않다.] 왜냐하면 '인간' 그리고 모든 공통의 술어(이름)[464]는 '이것'(개별자, tode ti)을 의미하는 것이 아니라, 이러이러한 것(질, toionde ti) 혹은 얼마만큼(양)[465] 혹은 관계(pros ti) 혹은 이와 같은 종류의 다른 어떤 것[범주]을 의미하기 때문이다.[466] '코리스코스'와 '음악적인 코리스코스'[467]의 경우에도 마찬가지인데, 이 둘이 동일한 것인가, 아니면 다른 것인가? 왜냐하면 하나는 '어떤 이것'(개별자)을 의미하고 다른 것은 '이러이러한 것'(질)을 의미하기에, 따라서 이런 것들을 [이것으로부터] 따로 떼어놓을(ekthesthai) 수 없기 때문이다.

179a

●●●

462 hapan은 하나하나의 개별적 사안 전체이고, hapanta는 이것들이 모아서 합쳐진 것을 의미한다.

463 이 논변은 플라톤의 『파르메니스』(131A-132B)에서 유래하는 논변으로 이데아의 존재론적 지위, 즉 분리된 형상 이론을 비판하는 논증으로 잘 알려져 있다. 아리스토텔레스는 『형이상학』 제1권 제9장 990b9-17에서 플라톤의 이데아론을 비판하는 23가지 논변을 제시하고 있는데, '제3의 인간' 논변은 그중 대표적인 것이다(1038b34-1039a3). 이 논변과 관련해서는 고대로부터 상당한 논란이 있어왔는데, 현대에 들어와서 블래스토스(G. Vlastos, 'The Third Man Argument in the Parmenides', *Philosophical Review* 63, 1954, pp.319-349)가 뜨거운 논쟁거리로 그 불꽃을 지폈다. 이와 관련하여 블래스토스의 연구 논문집인 *Platonic Study*(Princeton Uni. Press, 1981, pp.361-362)에는 20편이 넘는 논문 목록(1955년에서 1972년까지)이 실려 있다. 그 밖에도 수많은 논문과 저서에서 이 논변을 논의하고 있다. 고대 알렉산드로스의 『형이상학』 주석에 관한 텍스트에 대한 분석과 논의는 G. Fine, *On Ideas'; Aristotle's Criticism of Plato's Theory of Forms*(Oxford, 1993) 참조. 플라톤의 논변과 '아리스토텔레스의 제3의 인간 논변' 구조의 분석에 관해서는 김재홍, '제3의 인간과 OMA 논증'(『사색』 제10집, 숭실대 철학과, 1991) 참조.

464 모든 보편자.

465 로스를 좇아 pōs(어떻게, 방식; 포스터) 대신에 poson(양)으로 읽는다. 179a10 참조.

466 개별자를 보편자와 혼동하는 경우의 논의이다.

467 즉 '음악가인 코리스코스'.

그러나 [개별자로부터 인간을] 떼어놓음(to ektithesthai)[468]이 '제3의 인간'을 만들어내는 것이 아니라, 오히려 떼어놓은 것['인간']이 **'이것'**인 바로 그것(to hoper tode ti, 개별자)이라는 것을 인정함으로써 오류가 생기게 된 것이다.[469] 왜냐하면 마치 바로 그 칼리아스가 '이것'인 것처럼, 바로 그 '인간'임은 '이것'[개별적 실체]일 수가 없기 때문이다.[470] 또한 만일 누군가가 떼어놓은 것은 바로 '이것'이 아니라 '이러이러한 것'(질)이라고 주장했다고 할지라도, 사정은 전혀 바뀌지 않을 것이다. 왜냐하면 [그 경우에도 역시] **여럿의** [개별적 인간들] 외에 어떤 **하나인 것**(一者), 이를테면 '인간'과 같은 것이 '있게' 될 것이기 때문이다.[471]

|5|

그러므로 모든 것들에 대해서 공통적으로 술어가 되는 것이 '이것'(개별적 실체)이라고 인정하지 않아야만 하며, 오히려 질 혹은 관계 혹은 양혹은 그와 같은 종류의 어떤 것을 의미하는 것이라고 말해야만 하는 것도 명백하다.

|10|

●●●

468 ekthesis의 논리적 방법에 대해서는 『분석론 전서』 26b7, 28a23 참조. 『형이상학』 제6권 제2장 1026b15-18 참조.
469 '질'은 그것을 소유한 실체에서 분리될 수 없다. 왜냐하면 질은 엄격한 의미에서 존재하는 것일 수 없기 때문이다. 그래서 '질'은 실체에 동반해서 존재해야만 한다. '질'을 개별적 실체로 인정할 수 없다면 '제3의 인간'은 만들어질 수 없다는 것이다. 결국 '제3의 인간'은 '음악적인'까지도 하나의 개별적 실체로서 받아들임으로써 만들어진다는 것이다.
470 즉, 개별자로서의 '인간'과 보편자로서의 '인간'은 동일한 것이 아니기 때문에, 이것들을 포괄하는 '제3의 인간'이 만들어질 수 있다는 것이다. 이렇게 되면 무한 소급적으로 제4의, 제5의 인간들을 만들어갈 수 있게 될 것이다.
471 종과 유 같은 존재론적 구별을 하지 않고 동일한 범주에서 존재자들을 이해한다면, '제3의 인간'의 논의와 같이 무한한 수의 존재자들이 있게 될 것이다. 이 소피스트적 논의인 '제3의 인간' 논변을 정리해보면 이렇다. (1) 인간은 인간이다. (2) 소크라테스는 인간인가? 그렇다. (3) 칼리아스는 인간인가? 그렇다. (4) 인간은 소크라테스와 다른가? 그렇다. (5) 인간은 또한 칼리아스와 다른 모든 인간들과도 다른가? 그렇다. (4)와 (5)로부터, (6) 그러므로 인간은 모든 인간과 떨어진(para) 다른 어떤 것이다. (1)과 (6)으로부터, (7) 그러므로 인간과 개별적 인간들과 떨어진 '제3의 인간'이 있다(Di Lascio, 2013, 71쪽 참조). Di Lascio, E. V. Third Men: The Logic of the Sophisms at Arist. *SE* 22, 178b36 - 179a10. *Topoi* 23, pp.33 - 59.

제23장

말에 의존하는 오류들을 해소하는 일반적 규칙

표현에 기인하는 오류들

일반적으로 표현에 기인하는 소피스트 논의들에서 그 해소는 늘 그 논의가 의존하는 논점과 대립되는 것에 따라서 이루어질 것이다. 예를 들어 논의가 결합에 의존하고 있다면 그 해소는 분리에서 이루어지고, 분리에 의존하고 있다면 그 해소는 결합에서 이루어진다. 또 만일 논의가 예음(oxeia) 억양에 의존하고 있다면 그 해소는 억음(bareia) 억양에서 이루어지고, 만일 억음 억양에 의존하고 있다면 그 해소는 예음 억양에서 이루어진다.

|15|

만일 논의가 말의 다의성(homōnumia)에 의존하고 있다면 그것과 대립되는 말을 사용해서 해소할 수 있다. 예를 들면 어떤 것이 혼(프시케, 생명)을 갖지 않는다고 말하는 결론이 따라 나온 경우에는, 그것이 혼을 갖지 않은 것이 아니라고 그 결론을 부정함으로써 어떤 방식에서 그것이 혼을 갖는지를 보여주어야 한다.[472] 그러나 만일 누군가가 그것이 혼을 갖지 않는다고 주장하지만, 그것이 혼을 갖고 있다고 추론한 경우에는, 그는 그것이 어떤 방식에서 혼을 갖지 않는지를 말함으로써 그것을 해소할 수 있다. 논의가 문장의 모호함(amphibolia)에 의존하는 경우에도 이와 마찬가지이다.

|20|

만일 표현 형식의 유사성에 의존하는 논의라면, 그 대립되는 표현 형식이 해소일 것이다. '그러니, 누군가가 갖고 있지 않은 것을 그는 줄 수

●●●

472 이 소피스트적 논박을 이렇게 구성해볼 수 있다. (1) 어구(語句)는 혼을 갖고 있지 않은가? 그렇다. 그것들은 혼을 갖고 있지 않다.(답변자의 주장) (2) sense(생각, ta noounta)를 갖고 있는 것들은 혼을 갖고 있는가? 그렇다. (3) 어구는 sense(의미, noei)를 갖고 있는가? 그렇다. (2)와 (3)으로부터, (4) 그러므로 어구는 혼을 갖고 있다. noein 동사는 동시에 '생각하다'와 '의미하다'를 뜻한다. 그러나 이 소피스트적 논박은 (2)와 (3)에서 이 동사가 동일한 의미를 가진 것처럼 추론해서 만들어진 것이다.

있을까?' [그렇지 않다.] 물론 그는 갖고 있지 않은 것을 줄 수 없지만, 그가 갖고 있지 않은 그러한 방식으로, 예를 들면 단지 한 개의 주사위만을 줄 수는 있다.[473]

[또 다른 예를 보자.] '어떤 사람이 알고 있는 각각의 것을,[474] 그는 [다른 사람으로부터] 배워서 혹은 [스스로] 발견해서 알고 있는 것인가?' [그렇다.] 그러나 '그가 알고 있는 모든 것[전체의 앎]은 아니다.' 또[475] 누군가는 그것을 통해서 걷는 그것을 밟는 것일 수 있지만, 그것을 통해서 걷 |25| 는 그 시간을 밟는 것은 아니다.[476] 다른 예들에서도 이와 마찬가지이다.

(2) 말에 의존하지 않는 오류들에 대한 해소 방법들

제24장
(1) 강조의 오류

부수하는 것에 의존하는 논의들[477]과 관련해서는 그 모두에 대해서 하나의 동일한 해소책이 적용될 수 있다. 왜냐하면 어떤 속성[A]이 그 사물의 다른 부수하는 것(속성 B)에 속하는 경우, 그 속성[A]이 그 사물에 대해서(epi tou pragmatos) 어느 때에 속한다고 말해야 하는지는 정해져 있지 않고, 또 어떤 경우에는 속한다고 생각되어 긍정하지만, 다른 경우 |30| 에는 필연적이지 않다고 부정하므로, 따라서 논의의 결론이 따라 나오게 되었을 때(sumbibasthentos) 모든 논의에 대해 마찬가지로 '필연적이지 않다'라고 주장해야만 하며, '예를 들어'라고 말하면서 예를 들 필요

●●●

473 제22장 178a29−b1 참조.
474 제22장 178b34−36 참조.
475 로스는 kai ei로 읽는다. 포스터는 ei를 생략하고 읽고 읽지만, 옮긴이는 여기서 그 의미를 '아마도' 정도로 새긴다.
476 제22장 178b31−33 참조.
477 제5장 166b28 아래.

가 있기 때문이다.

다음과 같은 모든 논의들은 부수하는 것에 의존하는 것들이다. '내가 너에게 물어보려고 하는 것이 무엇인지 너는 알겠느냐?'[478] '가까이 다가오고 있는 사람이 누구인지 알겠느냐?' 혹은 '두건으로 얼굴을 가리고 있는 사람이 누군지 알겠느냐?'[479] '그 조상(彫像)은 너의 작품이냐?'[480]

● ● ●

478 알렉산드로스와 다른 여러 문헌을 통해서 전해지는 이 논의를 더 평이하게 풀어보면 다음과 같다. '(1) 당신은 내가 물어보려고 하는 것을 알고 있습니까? 모릅니다. 그러나 당신은 덕이 좋음이라는 것을 알고 있지요? 예. 그런데 (2) 내가 지금 물어보려고 하는 것이 바로 그것이었습니다. 그렇다면 (3) 당신은 내가 물어보려고 하는 것을 알고 있는 셈이지요.'(알렉산드로스의 주석 161, 1 참조) 혹은 (1) 당신은 내가 물어보려고 하는 것을 알고 있습니까? (2) 내가 당신에게 물어보려던 것은 '좋음이란 무엇인가?'입니다. (3) 그러므로 당신은 좋음이 무엇인지 알지 못합니다.

479 이 논의를 풀어서 정리하면 다음과 같다. '당신은 우리에게 다가오고 있는 사람(혹은 두건을 쓴 사람, egkekalummenos)을 알고 있습니까? 모릅니다. [그가 가까이 다가왔을 때 혹은 그가 두건을 벗었을 때 다시 이렇게 묻는다.] 당신은 그를 알고 있습니까? 예, 알고 있습니다. 그렇다면 당신은 그를 알고 있으면서 동시에 알지 못한다는 것입니까?'(알렉산드로스의 주석 161, 12-15 참조; Lucian, *Vitarum Auctio*, 22). 이 역설을 '두건 쓴 사람의 논변'(ho egkekalummenos logos)이라고 한다. 후기 고대, 좀 더 정확히 말하면 메가라 학파와 스토아 철학 시기에 접어들어서 여러 방면에서 논리학이 상당한 수준으로 발전했는데, 어떤 이들은 위와 같은 역설적 논의들을 즐겨 토론했다고 한다. 또 이러한 역설을 해결의 논쟁하다가 목숨을 잃는 수도 더러 있었다고 한다. 디오게네스 라에르티오스가 보고에 따르면, 이 역설을 비롯하여 그 유명한 '거짓말쟁이의 역설'(ho pseudomenos logos)('누군가가 자신이 지금 거짓말을 하고 있다고 말한다. 그가 말하는 것은 참인가 거짓인가?'; Cicero, *De Divinationes*, ii. 11, *Academica*, ii. 96), '증대의 논변' 혹은 '무더기의 역설 논변'(ho auxomenos logos)이라고 불리는 '대머리의 역설'('누군가가 한 개의 머리카락을 갖고 있다면 당신은 그를 대머리라고 말하겠는가? 그렇다, 두 개의 머리카락을 갖고 있다면 ……. 그렇다. …… 그렇다면 대머리와 대머리 아닌 사람의 기준은 어디서부터인가?'; Cicero, *Academica*, ii. 49; Horace, *Epistulae*, ii. 1 45), 크뤼시포스가 말했다는 것으로 알려진 '뿔을 가진 사람의 역설'(ho keratinēs logos; '당신은 잃어버리지 않은 것을 여전히 갖고 있습니까? 예. 그런데, 당신은 뿔을 잃어버리지 않았다. 그러므로 당신은 여전히 뿔을 갖고 있다'; 디오게네스 라에르티오스, 「유명한 철학자들의 생애와 사상」 제7권 82, 187) 등 7가지 역설을 만든 사람은 밀레토스 출신의 에우불리데스(Euboulidēs)였다고 한다(디오게네스 라에르티오스, 「유명한 철학자들의 생애와 사상」 제2권 108). 이 역설들은 디오게네스 라에르티오스의 제7권 82, 187에서도 언급되고 있다. 이런 논증들을 스토아 철학자들은 aporos logos(다루기가 불가능한 논증, 해결책이 없는 논증, 길이 꽉 막혀 있는 논증)라고 불렀다.

480 '그 조상은 하나의 작품인가? 그렇다. 그것은 당신의 것인가? 그렇다. 그렇다면 그

혹은 '그 개는 너의 아버지인가?'[481] '자, 작은 수에 작은 수를 곱한 수는 |35| 작은 수일까?'[482] 왜냐하면 이런 모든 예들에서 [어떤 사물에] 부수하는 것에 대해서 참인 속성이 그 사물 [자체에] 대해서도 역시 참이라는 것이 반드시 따라 나오지 않음은 명백하기 때문이다. **단지 구별할 수 없고 실체(본질)에서 하나인 사물들**[483]에 대해서만 동일한 모든 속성이 속하는 것처럼 생각되니까 말이다.

그러나 좋은 것의 경우에 좋은 것과 앞으로 질문의 대상이 될 것은 동 179b
일한 것이 아니다.[484] 또한 가까이 다가오고 있는 사람이나 두건을 쓰고 있는 사람의 경우에도 가까이 다가오고 있다는 것[이나 두건을 쓰고 있

• • •

것은 당신의 작품이다. 그러나 그것은 당신의 작품이 아니라, 실제로는 다른 사람 (Feidios)의 작품이다.'(알렉산드로스의 주석 161, 13-15행) 혹은 (1) 그 조상은 당신의 것이다. (2) 그 조상은 작품이다. (3) 그러므로 그 작품은 당신의 것이다.

481 '그 개는 애비 개인가? 그렇다. 그 개는 당신의 것인가? 그렇다. 그렇다면 그 개는 너의 아버지이다'(알렉산드로스의 주석, 161, 16-17행). 이 예는 플라톤의 『에우튀데 모스』 298E("자네에게 개가 있는가?" "그것은 새끼들이 있는가?" "그러면 그 개가 그것 들의 아버지이지 않은가?" "그렇다면 그 개는 자네 것이 아닌가?" "그러면 그것은 아버지 이면서 자네의 것이니, 그래서 그 개가 자네의 아버지가 되고 자네는 강아지들의 형제가 되지 않는가?")에도 언급되고 있다. 아래에 이어지는 179b 참조.

482 '작은 수에 작은 수를 곱하면 작은 수일까? 그렇다. 100은 10에 10을 곱한 것이니, 작은 수에 작은 수를 곱한 것이다. 그러나 100은 큰 수이다. 따라서 큰 수는 작은 수 이다.'(알렉산드로스의 주석 161, 18-20행). 혹은 '100은 10에 10을 곱한 수이다. 10은 작은 수이다. 작은 수에 작은 수를 곱하면 작은 수일 것이다. 그런데 100은 작은 수 에 작은 수를 곱한 수이니 작은 수일 수밖에 없다. 따라서 100은 작은 수이면서 큰 수이다.' 혹은 '6개는 작은 수이다(oliga). 36개들은 6개이다(즉, 6개들의 별개의 6 모 음들). 그러므로 36개들은 작은 수이다.' 바로 앞의 예에서 이 소피스트적 추론은 '36 개들을 6개들의 별개의 6 모음들'로 간주하는 데에서 성립한다.

483 monois tois kata tēn ousian adiaphorois kai hen ousin. 예를 들어 '인간'과 '이성 적 동물'의 경우와 같이, 인간과 이성적 동물은 별도로 떨어져 정의될 수 없다. 다시 말해 두 술어 A와 B가 상호 의존적이고, A와 B가 서로가 없으면 정의될 수 없는 경 우를 말한다. '그 자체적으로'(kath hauto)(본질)에 대한 두 유형의 구분에 관해서는 『분석론 후서』 73a34-b5 참조.

484 179a33과 관련된 논의이다. 각주 436 참조. '당신은 내가 이제부터 물어보려고 하는 것을 압니까? 모릅니다. 당신은 좋음이 무엇인지 압니까? 압니다. 나는 좋음에 관 해 물어보려고 합니다. 그러므로 당신은 좋음에 관해 알지 못합니다.'

제24장 (1) 강조의 오류 187

다는 것]과 '[그 사람이] 코리스코스라는 것'은 같은 것이 아니다. 따라서 설령 내가 코리스코스를 알고 있지만 가까이 다가오는 사람을 알고 있지 못한다고 해서, 내가 동일한 사람을 알면서 동시에 알지 못한다는 것이 따라 나오지는 않는 것이다.

|5| 또한 설령 이것이 나의 것이고 또한 하나의 작품이라고 해서, 그것을 '나의 작품'이라고 해서는 안 된다. 오히려 그것은 나의 소유물이라거나 혹은 나의 '것' 혹은 무언가 다른 것이라고 해야 할 것이다. 다른 예들에 대해서도[485] 이와 같은 방식으로 그 논의가 해소될 수 있다.

애초의 질문을 뒤엎음으로써

어떤 사람들은 질문[486]을 파기함으로써[487] 앞에서 언급한 논의들을 해소한다. 왜냐하면 그들은 '동일한 사안을 [동시에] 아는 것과 알지 못하는 것이 가능하지만, 동일한 관점에서는 가능하지 않다'고 주장하기 때문이다. 그렇기에 그들이 '가까이 다가오는 사람을 알지 못하지만 코리스코스는 안다'고 했을 때, 그들은 '동일한 것을 알고 또 알지 못한다'고 말하지만, '동일한 관점에서는 그렇지 않다'고 주장하는 것이다.

|10| 그렇지만 첫째로 이미 말한 바와 같이[488] 동일한 논점들에 의존하는 논의들을 바로잡는 방법은 동일해야만 한다. 그러나 누군가가 동일한 원리(논점, to auto axiōma)를 앎에 대해서는 적용하지만, '있는 것'이나

• • •

485 가령 '뿔의 역설'의 경우는 어떻게 해결할 수 있겠는가? **당신이 잃어버리지 않은 어떠한 것이든지 당신은 여전히 갖고 있습니까?** 예. 그런데, 당신은 뿔을 잃어버렸습니까? 아뇨. 따라서 당신은 뿔을 갖고 있다.' 이 논의에서 문제가 되는 것은 논의 자체가 타당하지 않다는 점이 아니라, 첫 번째 전제가 참이 아니라는 사실이다. 그래서 우리가 이 논의에 대처하기 위해서는 첫 번째 전제를 **한때 내가 갖고 있었고 지금도 갖고 있는 것을 나는 여전히 갖고 있다**'고 수정해야만 한다.

486 즉, 논의의 테제(명제)로 내세워진 질문.

487 사본마다 다르긴 하지만 로스는 파키우스(Pacius)를 따라 anairountes를 diairountes(나눔으로써, 깨뜨림으로써)로 읽는다. 주요 사본에 따른다.

488 제20장 177b31.

'어떠한 상태에 있는 것'에 대해서는 적용하지 않는다면, 앞서 말한 이 방법은 성립하지 않을 것이다. 예를 들어 '이것[개]은 애비이고 당신의 것이다'라고 하는 것과 같이.[489] 왜냐하면 비록 어떤 경우에는 그 원리가 |15| 참이라고 하더라도, 또 [동시에] 동일한 것을 알고 알지 못하는 것이 가능하다고 하더라도, 그럼에도 여기 당장의 사안에는 말해진 해소 방법이 전혀 공통의 기반을 갖지 못하기 때문이다.[490]

게다가[둘째로][491] 동일한 논의가 여러 가지 결함(mochthēria)을 갖는 것은 아무런 지장을 받지 않는다. 그러나 모든 결함[잘못[492]]을 드러내는 것이 해소는 아니다. 왜냐하면 거짓의 결론이 추론된 어떤 논의를 보여줄 수는 있지만, 그 거짓이 무엇에서 기인하는지의 원인을 보여주지 못하는 수도 있을 수 있기 때문이다. 예를 들어 '운동이 가능하지 않다'는 |20| 제논의 논의가 그런 경우이다. 그래서 설령 누군가가 이 견해가 불가능하다는 것[493]을 이끌어내려고[증명하려고] 시도했다고 할지라도, 또 그래서 헤아릴 수 없을 만큼 그 증명을 추론해냈다고 하더라도, 그는 여전히 잘못을 범한다. 이것은 [제논의 논변에 대한] 해소일 수 없으니까. 왜냐하면 논의의 해소란 [이미 말한 바와 같이] 그 거짓이 생겨나는 논점을 보여줌으로써 거짓된 추론을 드러내는 것이었기 때문이다. 그러므 |25| 로 논의하는 사람이 참인 명제를 이끌어내려고 시도하든지 혹은 거짓인 명제를 이끌어내려고 시도하든지 간에, [올바르게] 추론하지 못했다고

● ● ●

489 179a34 아래에서와 같이 잘못된 결론, 즉 '이 개는 너의 아버지이다'가 따라 나온다.

490 즉 '말해진 해소 방법'은 해당하는 이 사안과는 전혀 관련되지 않는다는 것이다.

491 de를 179b12의 men에 걸리는 것으로 읽었다.

492 mochthēria(BDS) 대신 hamartia(잘못)로 읽는 사본(uL)도 있다.

493 로스는 hōs adunaton 대신에 hōs dunaton으로 읽는다. 어떤 쪽을 취해서 이해하든 문맥을 이해하는 데 별지장이 없어 보인다. 가령 로스 방식으로 이해하면 '운동이 가능하다'고 증명했다고 해서 제논의 논변을 제대로 해소한 것일 수 없다는 것이고, '운동이 불가능하다'는 제논의 주장은 불가능하다는 것으로 이해해도 역시 마찬가지 결과가 따라 나온다.

한다면,[494] 그것을 분명히 드러내는(지적하는) 것이 그 해소인 것이다.

그러나[세번째로[495]] 어쩌면 어떤 경우에는 지금 제시된 해소 방법이 적용될 수 있는 상황이 벌어져도 아무런 지장을 받지 않을 것이다. 그렇지만 **적어도** 지금의 경우에는 그 해소 방법이 적합한 것처럼 생각되지 않을 것이다. 왜냐하면 그 사람은 코리스코스가 '코리스코스이다'는 것을 알고 있으며, 또 가까이 다가오는 사람이 '가까이 다가오는 사람이다'는 것을 알고 있기 때문이다.

|30| 그런데 [경우에 따라서는 동시에] 동일한 것을 알고 또 알지 못한다는 것이 가능할 수 있다고 생각되는데, 예를 들어 누군가가 어떤 사람이 '희다는 것'을 [봄을 통해] 알고 있지만, 그 사람이 '음악적이다'는 것을 인식하지 못하는 경우가 그렇다. 왜냐하면 동일한 관점에서는 아니지만, 이와 같은 방식으로 동일한 것을 알면서 또 알지 못하기 때문이다. 그러나 가까이 다가오는 사람과 코리스코스에 관련해서, 누군가는 그것이 '가까이 다가온다'는 것과 그것이 '코리스코스이다'는 것, 그 양쪽을 모두 알고 있다. [따라서 앞서 내놓은 해소 방법은 이 경우에 적용될 수 없다.][496]

● ● ●

494 즉, 그 증명하고자 하는 바를 증명하지 못했다고 한다면. 이 대목은 원문이 손상된 부분인데, 사본에 따라 달리 읽을 수 있다. 로스는 ei kai alēthes ē pseudes epicheirei sunagein로 읽고, 포스터는 피카드-케임브리지와 같이 pseudos 다음에 pseudōs를 삽입해서 ē kai alēthes ē pseudos ⟨pseudōs⟩로 읽고 있으며, 옥스퍼드 수정 번역판(반즈 편집판, 1984)은 eit' alēthes eite pseudos로 읽고 있다. 옮긴이는 피카드-케임브리지와 로스를 절충해서 읽었다. 이 대목의 텍스트 전승과 해석의 문제에 관해서는 Hasper, P. S., Aristotle, "Sophistical Refutations" 24, 179B17–26: A Textual and Interpretative Note, *The Classical Quarterly*, New Series, Vol. 58, 2008, pp.82–88을 참조하라. 특히 88쪽 텍스트에 대한 새로운 대안적 해석과 변역을 보라.

495 역시 de를 179b12의 men에 걸리는 것으로 읽었다. 여기서 비판적으로 검토되고 있는 논의의 해소 방법에 대한 세 번째 비판을 계속해서 언급하고 있다.

496 논의하는 사람의 관점을 분할하면, 동일한 대상에 대해 '알고 있다'와 '알고 있지 못하다'가 양립 가능하다고 주장하지만, 각각의 관점마다 양쪽 모두 '알고 있다'고 말할 수 있다는 것이 아리스토텔레스의 반박이다. 이 오류는 두 앎에 관련된 '부수적

올바르지 않은 해소 방법

모든 수는 작은 수라는[497] 논의를 해소하는 사람들 역시 우리가 말했던 사람들과 마찬가지 방식의 잘못을 저지르고 만다. 왜냐하면 [논의에서] 결론이 추론되지 않았음에도, 만일 그들이 그 점을 그대로 놔둔 채로 모든 수는 크면서 작은 것이라는 이유를 대면서[498] 참인 결론이 추론되었다고 주장한다면, 그들은 잘못을 범하는 것이기 때문이다.

또한 어떤 사람들은, 예를 들어 '너의 것은 아버지이다' 혹은 '아들이다' 혹은 '노예이다'라는 앞서 말했던 이 추론들을 '이중의 의미로 말해질 수 있다는 것'[499]에 의해서 해소한다. 그렇지만 만일 여러 가지 의미로 말해질 수 있는 것에서 생겨난 논박으로 보이면, [해당하는 논의에서] 그 말이나 혹은 문장은 그 본래적인(표준적인, 고유한) 의미에서 (kuriōs) 여러 가지 의미를 가져야만 한다는 것은 명백하다. 그런데 만일 그(A)가 그 어린아이(노예 B)의 주인[500]이라고 한다면, 누구도 '그 어린아이(B)는 주인(A)의 어린아이다'라고 그 말의 본래적인 의미에서 말하지 않는다. 오히려 두 개의 문장이 결합되는 것[501]은 부수하는 것에 의존해

●●●

상황'에 따라 해소할 수 있다.

497 로스는 hoti 앞의 숨표를 삭제하고 읽고 있다. 로스 방식으로 읽으면 "'모든 수는 작다'라고 주장하면서 그 논의(179a35; '작은 수에 작은 수를 곱한 수는 작은 수일까?')를 해소하는 사람들 ……"이다. 원래 논의 자체가 모호한 주장을 펴고 있기 때문에 무엇이라 단정하기는 곤란하다. 가령 이렇게 생각해보자. 임의의 어떤 수든지 간에 그것보다 하나 더 큰 수와 비교하면 항시 그 수는 작을 수밖에 없다. 그렇다면 모든 수는 작을 수밖에 없다. 따라서 모든 수는 작음으로 작은 수에 작은 수를 곱해도 여전히 작은 수일 수밖에 없다. 만일 이러한 소피스트적 논증이 성립한다면 이것을 이용하여 원래의 논증을 해소할 수 있을 것이다.

498 사실상 '모든 수는 크면서 동시에 작다'라는 주장은 '관점에 따라서' 그렇게 보여질 수 있다. 3은 2보다 크지만 4보다는 작다. 따라서 3은 큰 수이면서 동시에 작은 수이다. 왜냐하면 3은 2의 관점에서 보면 큰 수이고, 4의 관점에서 보면 작은 수이기 때문이다. 그러나 앞에서 이미 논의했듯이 문제가 되는 것은 관점의 차이가 아니라 '부수성'이다.

499 즉 '말의 다의성'과 '문장의 모호함'을 이용하는 것을 가리킨다.

500 즉, 노예 소년이 그 주인의 소유물이라는 의미.

501 '그 어린아이는 그 주인의 어린아이이다.' 다음의 예도 이와 유사한 논의이다. '이것은

서 이루어진다. '이 노예는 당신의 것인가?' '그렇다.' '그런데 사람은 어
|5| 린아이이다' '그러므로 이 사람은 당신의 어린아이다.' 왜냐하면 그는 부
수적으로 당신의 것이면서 동시에 어린아이일 수 있기 때문이다. 그러
나 [실제로는] 그는 '당신의 어린아이'가 아니다.[502]

또한 '나쁜 것들의 어떤 것은 좋다'라는 논의가 있다. '실천적 지혜
|10| (phronēsis)는 나쁜 것들의 앎이니까.' 그러나 '이것이 이것들의[503]라는
것'(to touto toutōn einai)[504]은 여러 가지 의미로 말해지지 않고 [이것이
이것들의] 소유물이라는 것을 의미한다. 그렇지만 만일 [소유격인] '이
것들의'가 여러 가지 의미를 갖고 있다고 한다면(왜냐하면 우리는 또한 인
간은 '동물들의' 것이라고 주장하지만, 이것['동물들의']은 '인간이 동물들의 소
유물'이라는 의미는 아니며[505], 또 만일 어떤 것이 나쁜 것들에 관계해서 '어떤
것'로서(hōs tinos) [소유격으로] 말해진다면, 이것에 의해서 '나쁜 것들의'라
고 말할 수 있지만, 이것['나쁜 것들의']은 '나쁜 것들의' 하나라는 의미는 아니기
때문이다[506]), 그렇다면 여러 의미의 차이는 [소유격으로 사용된] 그 말이
어떤 한정된(특정한) 의미로 사용되느냐, 아니면 단적인(무조건적인) 의미
로 사용되느냐에 달려 있는 것처럼 보인다.

그럼에도 '나쁜 것들의 어떤 것은 좋다'라는 말이 아마도 두 가지 의미

● ● ●

펜이다. 이것은 푸른색이다. 그러므로 이것은 푸른 펜이다.'
502　원래 주어진 사본을 보존하면서 읽었다. 그러나 로스는 사본(MSS)의 순서(hoti
　　　sumbebēken einai kai son kai teknon, all' ou son teknon)를 뒤바꿔서 all' ou son
　　　teknon hoti sumbebēken einai kai son kai teknon으로 읽는다. 이 독해가 좀 더
　　　좋아 보이기도 한다. 로스의 읽음을 따라서 번역하면 '그러나 그가 부수적으로 너의
　　　것이면서 동시에 어린아이일 수 있기 때문에, 그는 '당신의 어린아이'가 아니다.' 어
　　　쨌든 이 논의를 이해하는 것은 어렵지 않다.
503　toutōn은 문법적으로는 소유격이다.
504　진술을 말한다.
505　'의'(소유적)의 의미에 대해서는 제 17장 176a38–b7참조.
506　앞의 예, 즉 '실천적 앎은 나쁜 것의 앎이다'가 이에 해당한다. kai gar …… ktēma
　　　를 괄호로 묶어 읽으면서, 여기서 한 문장이 끝나는 것으로 보는 포스터와 달리 로
　　　스는 계속적으로 읽고 있다. 피카드–케임브리지도 마찬가지이다.

를 가질 수 있을 텐데, 지금 문제가 되고 있는 이 논의와 관련해서는 그 |15|
렇지 않고, 오히려 '어떤 노예는 나쁜 사람의 좋은 노예이다'라고 말한다
면 두 가지 의미를 가질 가능성이 더 있을 것이다. 그러나 이 경우조차
도 어쩌면 그렇지 않을 것이다. 왜냐하면 그 노예가 좋고 또 '이 사람의'
것이라고 하더라도, 동시에 '이 사람의 좋음'은 아니기 때문이다. 또한
'인간은 동물들의 것이다'라는 주장도 여러 가지 의미로 말해지는 것은
아니다. 사실상 우리가 무언가를 생략된 형식으로 의미했다고 해서 그 |20|
때마다 그 표현이 여러 가지 의미로 말해지는 것은 아니니까. 왜냐하면
우리가 그 서사시의 그 행 절반을 말함으로써, '나에게 『일리아스』를 주
십시오'라는 것을 의미하기 때문이다. 예를 들면 "분노를 노래하라 여신
이여, ……"[507]를 나에게 주십시오'라고 말하는 것처럼.

제25장
(2) 단적인 언어 사용과 한정적 언어 사용

고유한 의미에서 '어떤 특정한 이것'에 대해서, 혹은 '어떤 특정한 관
점에서', '어떤 곳', '어떤 특정한 방식'이나 '무엇과의 관계'(pros ti)에서,
그리고 단적으로 말해지지 않는(mē haplōs) 표현 형식에 의존하는 논박
들은, 논의의 결론이 그 모순과 관계해서 이것들 중 어떤 것에 한정 받 |25|
을 수 있을지를 고찰함으로써 해소해야만 한다. 왜냐하면 반대의 것들
과 대립되는 것들, 또 긍정과 부정이 단적으로 동일한 것[대상, 주어]에
속하는 것은 불가능하지만,[508] 그렇지만 [반대되거나 혹은 대립되는] 각

● ● ●

507 호메로스의 『일리아스』 첫째 권 맨 처음에 읊어지는 시구. 여신을 향한 부름으로 이
　　　서사시 전체를 여신으로부터 받으려 한다. 문장의 일부를 떼어내도 의미가 바뀌지
　　　않는다는 점에서 이 표현이 하나의 의미를 갖는다는 것을 알 수 있다.
508 반대와 대립되는 것들, 긍정과 부정 진술 간의 관계를 명료하게 하는 작업은 『명제

각의 것이 어떤 특정한 관점에서 혹은 무엇과의 관계에서 혹은 어떤 방식에서 [동일한 대상에] 속하는 것을, 아니면 [반대되거나 혹은 대립되는] 한쪽의 것은 어떤 특정한 관점에서 그리고 다른 쪽의 것은 단적으로 속하는 것을 방해하는 것은 아무것도 없기 때문이다.

|30| 따라서 만일 그 한쪽은 단적으로 또 다른 쪽은 어떤 특정한 관점에서 속한다면, 거기에는 아직 어떤 논박도 성립되지 않았다. 바로 이 점은 논의의 결론에서 그 모순과 관계해서 검토되어야만 한다.[509]

이와 관련된 여러 가지 예들

다음과 같은 모든 논의들은 앞에서 설명한 이와 같은 논점을 갖고 있다. '그러니 있지-않은 것이 있는 것(to mē on einai)은 가능할까?' [그렇지 않다.] '그러나 적어도 그것은 있지-않은 어떤 것**이다**.'[510] 이와 마찬가지로 또한 '있는 것은 있지 않게 될 것이다. 그것은 있는 것의 어떤 것(어떤 특정한 있음)[511]일 수 없을 테니까.'

|35| '그러니 동일한 사람이 동시에 자신의 서약을 지키고 또 깨는 것이 가능할 수 있을까?' '그러니 동일한 사람이 동시에 같은 사람에게 복종하고 또 복종하지 않는 것이 가능할 수 있을까?'

그렇지 않다. [첫째로] '어떤 것이 있다는 것'과 [단적으로] '있다는 것'은 동일한 것이 아니지 않은가? (있지 않은 것은, 설령 그것이 어떤 것으로 있다고 해도 단적으로 있는 것은 아니기 때문이다.[512]) 그리고 또한 [둘째로]

●●●

론」(혹은 「진술에 관하여」)에서 이루어진다.

509 단적으로 성립하는 것('눈은 희다')은 모순을 허용하지 않기 때문에 무조건적으로 참이다. 그러나 '이 눈은 희다'와 '오늘 눈은 희다'는 그 반대인 '저 눈은 희지 않다'와 '어제 눈은 희지 않다'를 허용함으로써 조건적으로 참이다.

510 제5장 167a1 아래의 논의와 비교. '······것**이다**'에서 '**이다**'는 술어적이기보다는 존재적인 의미로 읽어야 한다.

511 즉, 특정한 존재자.

512 로스는 이어지는 180a39와 대비되는 점을 고려해서 de 대신에 gar로 바꾸어 읽는다. 그리고 그는 ouk 앞에 콤마 찍는 것을 거부한다. 이 문장과 관련해서 여러 독해

어떤 사람이 이 특정한 사안에 대해서 혹은 이 특정한 관점에서 그의 맹세를 지킨다고 해서, 그가 또한 무조건적으로 맹세를 지킨다는 것은 필연적으로 따라 나오지 않는다. 왜냐하면[513] 자신이 자신의 맹세[A]를 깨뜨릴 것이라고 맹세했던[B] 사람은 맹세[A]를 깨뜨림으로써 단지 이 특정한 맹세[B]를 지키는 것뿐이기에, 그는 무조건적으로 맹세를 지키는 것이 아니기 때문이다.

또한 [셋째로] 복종하지 않는 사람은 무조건적으로 복종하는 것이 아니라 오히려 어떤 특정한 명령에 복종하는 데 지나지 않는다.[514] 동일한 사람이 동시에 거짓인 것과 참인 것을 말할 수 있을지 하는 문제에 관한 논의도 이와 마찬가지이다. 그러나 이 경우에 '단적으로'라는 것이 참인 것에 부여되는지, 아니면 거짓인 것에 부여되는지를[515] 알아내기란 쉽지 않기 때문에 꾀까다로운 문제로 보인다. 하지만 그가 말하는 바[516]는 단적으로 거짓이지만, 어떤 특정한 관점에서 혹은 어떤 것과 관련해서는 참이고, 또 그가 말하는 어떤 것에서는 참이지만 그 자신이 진실되지 않을 수 있다는 것을 방해하는 것은 아무것도 없다.

또한 관계와 장소 및 시간에 한정된 경우들에서도 이와 마찬가지이다. 왜냐하면 다음과 같은 모든 논의들은 [앞에서 말한] 이점에 의존해서 생겨나기 때문이다. '그러니 건강이나 부(富)는 좋은 것일까?' [그렇다.] '그

●●●

가 있을 수 있고, 옮긴이는 사본에 충실한다는 뜻에서 대체로 포스터(롤페스)의 읽음을 따랐으나, 로스의 독해를 받아들여 독립된 이유 문장으로 이해했다. 피카드-케임브리지는 이 문장에 괄호를 쳐서 앞 문장에 대한 이유를 설명하는 것으로 옮기고 있다.

513 로스를 좇아 de(오히려) 대신에 gar로 읽는다. 여기서는 앞 문장에 대한 명확한 이유를 제시하는 것으로 읽힌다.

514 '어떤 명령도 따르지 말라'는 명령에 따라서 아무것도 따르지 않는 사람은 단지 그 명령에만 따르는 것에 불과한 것이니, 무조건적으로 따르는 것은 아니다.

515 로스를 따라서 poteron an tis apodoiē로 읽는다. 이 문장은 "'단적으로'라는 말이 '누군가가 말한 것은 단적으로 참이다' 혹은 '누군가가 말한 것은 단적으로 거짓이다'라는 두 경우 가운데 어느 것에 적용되는지를"이라는 의미이다.

516 로스와 달리 포스터는 ton auton(동일한 사람)으로 읽는다.

러나 그것을 옳게 사용하지 못하는 어리석은 자에게는 그것은 좋은 것이

|10| 아니다. 그러므로 그것은 좋은 것이면서 좋은 것이 아니다.'[517]

또 '그러니 건강함 혹은 나라에서 정치적 권력을 잡음은 좋은 것일
까?'[518] [그렇다.] '그러나 어떤 때에는 더 나은 것이 아니다. 따라서 동
일한 것이 동일한 사람에게 좋은 것이면서 좋은 것이 아니다.' 그렇지만
어떤 것이 단적으로는 좋은 것이지만 어떤 사람에게는 좋은 것이 아니
라거나, 어떤 사람에게는 좋은 것이지만 지금은 또는 여기에서는 좋은
것이 아니라는 것을 방해하는 것은 아무것도 없는 것이 아닐까?

|15| '그러니 실천적 지혜가 있는 사람이 하고 싶지 않은 일은 나쁜 일일
까?' [그렇다.] '그러나 그는 좋은 것을 내던져버리고 싶지 않다. 따라서
좋은 것은 나쁜 것이다.' [이 논의는 참이 아니다.] 왜냐하면 '좋은 것은
나쁜 것이다'와 '좋음을 내던져버리는 것은 나쁜 것이다'는 동일한 것을
말하는 것이 아니기 때문이다.

도둑 논변에 대해서도 또한 마찬가지이다. 왜냐하면 설령 도둑이 나
|20| 쁜 것이라고 해도, [사물을] 획득한다는 일이 또한 나쁜 것은 아니기 때
문이다. 그러므로 도둑이 하고 싶어하는 일은 나쁜 것이 아니라 좋은 것
이다. 왜냐하면 좋은 것을 획득하는 것은 좋은 것이기 때문이다. 또한
'병은 나쁜 것이지만, 병을 피하는 것은 나쁜 일이 아니다'는 논의도 그
렇다.

'그러니 정의로운 것은 부정의한 것보다도, 그리고 정의롭게 할 수 있
는 것이 부정의하게 할 수 있는 것보다도 더 선택될 만한 것일까?' [그
렇다.] '그러나 부정의하게 죽음을 당하는 것이 [정의롭게 죽음을 당하

●●●

517 플라톤, 『메논』 78C-79A 참조. 스토아 학파에서 건강이나 부는 무조건적으로 좋은
     것이 아니라 가치 중립적인 것이다.
518 로스는 agathon 대신에 beltion(더 나은 것)으로 읽는다. 의문문으로 끝나는 점에 주
     목하라.

는 것보다] 더 선택될 만한 것일까?'[519]

'그러니 각자가 그 자신의 것을 소유하는 것은 정의로운 것일까?' [그렇다.] '그러나 누군가[재판관]가 자신의 판단에 따라서 – 설령 그 판단이 잘못되었더라도 – 어떤 판결을 내릴 때 그 판결은 법적으로는 유효하다. 따라서 동일한 것이 정의롭기도 하고 정의롭지 않기도 하다.' |25|

또 '정의로운 것을 말하는 사람과 정의롭지 않은 것을 말하는 사람 어느 쪽에 유리하도록 판결을 내려야만 할까?' [정의로운 것을 말하는 사람에 대해서.] '그렇지만 부정의한 대우를 받은 사람이 자신이 당한 바를 충분히 진술하는 것은 정의로운 일이다. 하지만 자신이 부정의한 대우를 받은 것은 정의롭지 못했다'는 논의가 있다. 왜냐하면 설령 부정의하게 뭔가 당하는 것이 선택될 만한 것이라고 해도, 부정의하게 행해진 방식이 정의롭게 행해진 것보다 더 선택될 만한 것은 아니기 때문이다.[520] 오히려 '정의롭게'라는 것은 단적으로 선택되어야 하는 것이지만, |30| 특정한 점에서는 '부정의하게'를 '정의롭게'보다 더 선택할 만한 것이라고 해도 아무런 방해를 받지 않는다.

또[521] 자기 자신의 것을 소유하는 것은 정의로운 일이고, 다른 사람의 것을 소유하는 것은 정의로운 일이 아니다. 그렇지만 [앞의 논의에서] 예컨대 판결을 내린 사람의 판단에 따르는 것이라면 후자의 판결이 정의로운 것일 수 있음을 방해하는 것은 아무것도 없다. 왜냐하면 이 특정한 사람에게 혹은 이 특정한 방식에서 정의롭다고 할지라도, 단적으로도 정의로운 것은 아니기 때문이다.

이와 마찬가지로 또한[522] 부정의한 일을 부정의하다고 말하는 것이 정 |35|

● ● ●

519 죄를 짓고 사형을 당하는 경우와 죄를 짓지 않고 사형을 당하는 경우.
520 '당하는' 관점에서는 정의로운 방식이기보다는 부정의한 방식으로 당하는 것이 더 바람직한 특수한 경우이다.
521 앞서 180b24 아래 논의에 대한 해소 방법을 논의하고 있다.
522 180b26 아래 논의에 대한 해소 방법을 제시하고 있다.

의롭다는 것은 아무런 문제가 되지 않는다. 설령 말하는 것이 정의롭다고 할지라도, 말해진 사태가 정의롭다는 것이 필연적으로 따라 나오지는 않으니까. 그것은 마치 말하는 것이 유익하다고 해서, 말해진 사태가 유익하다는 것이 따라 나오지 않는 것처럼 말이다.

정의로운 것들에 대해서도 이와 마찬가지이다. 따라서 [앞서의 논의에서] 만일 말해진 것이 정의롭지 않다면, 부정의 한 것을 말하는 사람이 재판에 이기는 것은[523] 아니다. 왜냐하면 그것을 말하는 것이 정의로운 것을 말하고 있지만, 단적으로, 그 사람이 말한 그 사태는 부정의한 일이기 때문이다.

제26장

(3) 논박의 무지에 의한 오류

181a 논박의 정의와 관련되어 생겨나는 논의[524]들에 대해서는 앞서 개략적으로 서술한 바와 같이[525] 그 논박의 결론을 그것과 모순되는 명제와 관계해서, 어떻게 동일한 사물이 동일한 관점에서, 동일한 관계에서, 마찬가지 방식에서 그리고 동일한 시간에서 그 두 명제에 포함되어 있는지를 고찰함으로써 이것들에 대응해야만 한다.

|5| 만일 '동일한 것이 두 배이면서 동시에 두 배가 아닌 것은 불가능하다'는 것과 같은 명제가 처음부터 덧붙여서 질문으로 말해진다면 그것에 동의해서는 안 된다. 그러나 그 명제는 긍정해야 하지만, 일단 동의한다면 논박 받는 것이 성립된 것과 같은 그러한 방식으로 동의해서는 안 된다. 다음의 모든 논의들은 이러한 점에 의존하고 있다.

● ● ●

523 로스는 사본의 nika를 nikatai로 읽는다.
524 즉, 논박의 정의에 적합하게 들어맞지 않음으로써 생겨나는 논의들.
525 제5장 167a21 아래의 논의.

'자, 각각의 것이 각각의 것이라는 것을 알고 있는 사람은 그 사물(to pragma)을 알고 있을까?' 그리고 알지 못하는 사람의 경우도 이와 마찬가지일까?'526 [그렇다.] '그러나 코리스코스가 코리스코스라는 것을 아는 |10| 누군가는 그가 음악적이라는 것을 알지 못하는 수가 있다. 따라서 그 사람은 동일한 것을 알면서 알지 못하는 셈이다.'527 '자, 길이가 4페퀴스528인 것은 3페퀴스인 것보다도 더 큰 것인가?' [그렇다.] '그러나 길이라는 점에서 3페퀴스에서 4페퀴스로 더 커질 수가 있다. 그런데 더 큰 것은 더 작은 것보다 더 큰 것이다. 그러므로 동일한 것이 자체보다 동일한 점에서 더 크고 동시에 더 작다.'529

제27장
(4) 선결문제 요구의 오류

[논증되어야 하는] 애초의 논점을 [당연히 받아들여지는 것으로] 요구 |15| 하고 확보하는 것530에서 기인한 오류에 대해서는, 그와 같은 질문을 내세우는 방식이 분명하다면 답변자는 그러한 질문을 인정하지 말아야만 한다. 설령 그것이 일반적으로 그렇다고 생각되는 것이었다고 할지라도 인정하지 말아야만 하고, 그 진실을 말해야만 한다.531

• • •

526 즉 '그것이 그것이라는 것을 알지 못하는 사람은 그것이라고 말해지는 것을 알지 못하는 것일까?'
527 이 논의는 '어떤 관점'에서 '아는가' 혹은 '알지 못하는가'라는 점을 고려하지 않고 이끌어낸 소피스트적 논의이다. 이 논의는 부수하는 것의 오류와 관련된다. 제24장 179b27-33 참조.
528 팔꿈치에서 가운뎃손가락 끝까지 정도의 길이 단위, 약 45~50센티미터.
529 이것은 가능태를 현실태로 간주해서 이끌어내는 소피스트적 논의이다.
530 즉, 논점 선취(論點先取)를 말한다.
531 즉, 질문자가 내세운 질문 가운데 '증명되어야 할 논점이 전제되어 있다고 지적해서 그 논점을 논증해야만 한다'고 지적하는 것을 말한다.

이와는 달리 만일 [답변자가 그와 같은 질문을 내세우는 방식을] 알아차리지 못했다면, 이러한 종류의 논의들의 나쁨(결함, mochthēria) 때문에 '제대로 된 문답이 이루어지지 않고 있다'고 하면서 답변자가 알아차리지 못한 그 무지를 질문자에게 되돌려야만 한다. (논박은 애초의 논점을

|20| 미리 확보하지 않고 이루어져야만 하니까.) 다음으로, 답변자는 자신이 그 논점을 인정했던 것은 질문자가 그것을 전제로 사용하려는 것이 아니라, 그에 딸린 다른 논점들에 대한 논박(parexelengchos)에서 일어난 것과는 반대로[532] 이 점을 향해 추론하려 하고 있었기 때문이라고 주장해야만 한다.

제28장
(5) 결론에 의한 오류

또 따름을 통해서 그 결론을 이끌어내는 논의들에 대해서는, 답변자는 그 논의 과정 자체에 입각해서 [그 오류를] 드러내야만 한다. 따름의

|25| 수반관계[533]에는 두 가지 방식이 있다. 사실상 보편자가 그 개별자(부분)에 따름으로서 수반되는 것처럼 – 예를 들면 '동물'은 '인간'에 따름으로써 수반된다[534] – 부분도 그 보편에 수반되든가(이것이 저것에 동반된다면, 저것도 또한 이것에 동반된다는 것이 요청되니까), 혹은 다른 하나는 대립되

●●●

532 질문자가 답변자의 동의를 받은 명제들로부터 어떤 결론도 이끌어내지 못하는 경우에 질문자 자신은 아포리아에 빠질 수밖에 없게 된다. 또 원래의 논점과 관련된 논점을 답변자가 승인하는 것은 '다른 논점에 대해서 논박(parexelengchos)될 수 있는 가능성을 최소화하기 위해서이다. 이에 대한 논의는 제17장 176a24 아래 및 『토피카』 제2권 제5장 112a10 아래 참조.

533 원어로는 he tōn hēpomenōn akolouthēsis이다. 수반관계를 이용하는 변증술의 토포스에 대해서는 『토피카』 제2권 제8장의 논의 참조.

534 동물에게 적용되는 것이 인간에게도 적용된다면, '날개를 가짐'도 인간에게 적용될 것이고, 이로부터 오류가 발생하게 된다.

는 말에 따라서 수반되는 방식이다.(이것이 저것을 따른다면, 이것의 대립되는 것도 또한 저것의 대립되는 것을 따른다는 것이 요청되니까[535]).

멜리소스의 논의[536]도 이것[537]에 의존하고 있다. 왜냐하면 그는 만일 생성된 것이 시작을 갖고 있다면, 생성되지 않은 것은 시작을 갖지 않는 것이고, 따라서 만일 우주가 생성되지 않았다면 우주는 또한 무한하다고 주장하고 있기 때문이다. 하지만 이것은 그렇지 않다. 그 수반관계는 |30| 그 역이니까 말이다.[538]

제29장
(6) 논의와 관계없는 것을 덧붙임

[해당 논의와 관계없는] 어떤 것을 덧붙임으로써 추론해나가는 그런 논법에 대해서는,[539] 답변자는 그 덧붙여진 것이 제거된 다음에도 [덧붙여진 경우에] 못지않게 불가능한 결론이 따라 나오는지를 고찰해야 한다. 그런 다음 답변자는 그 점을 분명하게 지적하면서 '자신이 그 덧붙임을 인정했던 것은 그렇다고 생각했기 때문이 아니라 논의를 위해서 필요하다고 생각했기 때문이었는데, 질문자가 그 논점을 그 논의를 위 |35| 해 전혀 사용하지 않았다'고 주장해야만 한다.[540]

●●●

535 이것은 앞의 첫 번째 요청 조건과 대비되는 두 번째 요청 조건이다. 그래서 첫 번째 조건을 말하는 axioutai gar 문장에서 axioutai를 받아들여 이렇게 번역했다.
536 이 논의는 앞서 제5장 167b13-20, 제6장 168b35에서 언급된 바 있다.
537 두 번째 요청 조건.
538 'A이면 B이다'에서 'A가 아니면 B가 아니다'는 '전건 부정의 오류'를 범한다. 이에 대해서는 제5장 167b13-18, 제6장 168b35-40 참조.
539 원인 아닌 것을 원인으로 삼는 오류를 말한다.
540 부가적 논점에 대해서는 상대방의 논의를 위해 필요하다고 인정한 것이지, 자신의 논박을 위한 구성 요소가 아니라는 반론을 펴서 해소한다.

제30장

(7) 복합질문의 오류

여러 개의 질문을 하나로 만드는 논의에 대해서는, 답변자는 논의의
시작에서 곧장 [여러 질문을] 구별해야만 한다. 왜냐하면 단지 하나의
답변이 있는 것에 대해서는 질문도 하나여야 하기에, 그래서 하나의 것
에 대해서 여러 개의 것을 또는 여러 개의 것에 대해서 하나의 것을 긍
정하거나 혹은 부정해야만 하는 것이 아니라, 오히려 하나의 것에 대해
서 하나의 것을 긍정하거나 혹은 부정해야만 하기 때문이다.

181b 그러나 동명이의의 경우에서처럼, 하나의 속성이 어떤 때는 양쪽에
속하고 어떤 때는 그 말의 어느 쪽에도 속하지 않기에, 그래서 그 질문
이 단일한 질문이 아님에도 그것에 대해서 단일한 방식으로(haplōs) 답
변을 내놓는 사람에게 어떤 해도 끼치지 않는 결과를 가져오는 것과 같
이, 지금 문제가 되고 있는 여러 개의 질문을 하나로 만드는 경우에도
마찬가지의 일이 일어날 수 있다.

|5| 그렇기에 여러 속성[술어]이 하나의 것[주어]에 속하거나 혹은 하나
의 속성이 여러 개에 속하는 경우에는, 단일한 방식으로 그 명제를 인
정하는 사람은 이러한 잘못[541]을 저지르고 있음에도 어떤 장애(자기모순,
hupenantiōma)[542]도 그 결과로서 생겨나지 않는다.[543] 하지만 어떤 속성
[술어]이 하나의 것[주어]에는 속하지만 다른 것에는 속하지 않는 경우
이거나 혹은 여러 속성이 여러 개에 속하는 경우에는, [단일한 답변을
내놓는 사람에게는 어떤 장애가 생긴다.][544]

• • •

541 위에서 설명한 복합질문의 오류를 범하는 잘못.
542 논리적인 비정합성(inconsistency)을 말한다.
543 'A와 B는 좋다'와 'A는 좋고 아름답다'를 인정한 경우, '좋은 것은 유익하다'란 명제
　　 와 결합해서 'A와 B는 유익하다'를 이끌어내는 것은 논의로서는 부적절해도 모순(비
　　 정합섭)은 만들어내지 않는다.
544 벡커 판은 pleionōn, kai를 계속적으로 읽고 있다. 옮긴이는 로스를 좇아서

그리고 하나의 의미에서는 두 속성이 두 개의 것에 속하지만, 한편으로 다른 의미에서는 속하지 않는 듯한 [의미상의 차이가 있는] 경우에, [만일 답변자가 단일한 답변을 주게 된다면 그는 어떤 장애에 부딪치고 만다.] 따라서 답변자는 이것을 주의해서 경계해야만 한다. 예를 들면 다음과 같은 논의들에서 그렇다. (1) '만일 [둘 가운데] 하나(A)는 좋고 다른 것(B)은 나쁘다고 하는 경우에, '이것들(A와B)은 좋으며 나쁘다' |10| 고 말하는 것은 참이며, 또 이번에는 '이것들은 좋은 것도 나쁜 것도 아니다'라고 말하는 것도 참이다(이것들 각각이 이것들 각각인 경우는 아니까 545). 그러므로 '동일한 것이 동시에 좋고 나쁘며, 그리고 좋지도 나쁘지도 않다.'546

(2) 또 '만일 각각의 사물이 그 자체와 같은 것이고 다른 것과는 다른 것이라고 한다면, 그것들은 다른 것들이 아니라 그것들 자체와 같은 것이고, 또 그것들 자체와는 다른 것이기 때문에, [따라서] 동일한 것들은 그것들 자체와 다른 것이면서 동시에 같은 것이 되지 않을 수 없다.'547 |15|

(3) 게다가 '만일 [단일한 답변을 해서] 한편으로 좋은 것이 나쁜 것으로 되고, 다른 한편으로 나쁜 것이 좋은 것으로 된다면, 그것들은 동시에 좋은 것과 나쁜 것이 될 것이다. 그러나 두 개의 서로 동등하지 않은

● ● ●

pleionōn. kai로 끊어서 읽었다(반즈가 편집한 피카드-케임브리지의 수정 번역판과 제 클[H.G. Zekl] 판 참조). 'A와 B는 좋고 또 아름답다'란 명제에서 A는 좋고, B는 아름 다운 경우, '좋은 것은 유익하다'와 결합해도 'A와 B는 유익하다'는 결론이 따라 나 오지 않는다.

545 즉 '이것들 각각은 각각의 성질을 다 갖지 않는다'. 다시 말해서 A는 나쁨이 아니고, B는 좋음이 아니기 때문에.

546 이 논의는 복합질문의 오류를 범하고 있는데, 만일 이 두 가지 것을 복합해서 만든 질문에 단일한 답변을 주는 경우에, 답변자는 이 두 가지 것이 좋은 것이고 동시에 나쁜 것임이 참이라고 한다면, 그 역으로 이 두 가지 것은 좋지도 또한 나쁘지도 않 은 것이라고 답변하지 않을 수 없다. 그 결과로 답변자는 동일한 것이 좋으면서 동 시에 나쁘고, 또 좋지도 않으면서 나쁘지도 않다는 모순에 빠져들고 만다.

547 이 논의의 요점은 이렇다. A는 A와 같고 B와는 다르다. A와 B를 복합해서 만든 질 문에 단일한 답변을 하게 된다면, A는 A와 같기 때문에 A는 A 자체와 같고, A는 B 와 다르기 때문에 그것들은 그것들 자체와 다르다고 말하지 않을 수 없게 된다.

것들 각각은 그 자체와 동등한 것이기 때문에, [단일한 답변을 줌으로써] 따라서 그것들은 그것들 자체와 동등하면서 동시에 동등하지 않은 것이다.'

|20| 그런데 이 논박들은 다른 해소책에도[548] 포섭된다. 왜냐하면 '양쪽'과 '모든'은 여러 가지 의미를 갖고 있기 때문이다. 그렇기에 동일한 것을 긍정하고 또 부정하는 것은 단지 말뿐이다.[549] 그리고 이것은 사실상 우리가 논박이라고 말했던 것이 아니다. 그러나 여러 점들에 관한 질문이 단일한 질문으로 일어난 것이 아니라, 답변자가 하나의 것[주어]에 대해서 하나의 것[속성]을 긍정 혹은 부정하는 경우라면, [논의의] 불가능함이 있을 수 없을 것이라는 점은 명백하다.

제31장
(나) 같은 말을 되풀이하는 논의의 해소

|25| 누군가를 몇 번이고 같은 것을 되풀이해서 말하는 것[550]으로 끌어들이는 논의들에 대해서는, 답변자는 어떤 특정한 것과의 관계에서 말해지는 술어들이 그 자체로 분리되어 있을 경우에 어떤 의미를 갖고 있다고 인정해서는 안 된다는 점은 분명하다. 예를 들면 2배(diplasion)가 '절반의 2배'라는 표현 가운데 나타난다는 이유로 그것을 분리해서는 안

●●●

548 '다른 해소책에도' 포섭된다는 것은 '여러 의미를 가진 말'의 범주에도 속함을 말한다.
549 우리는 일반적으로 '모든'으로 된 질문에 대해 '모든'을 전체로서의 의미로 받아들여 하나의 답변을 내놓을 수 있을 것이다. 그러나 그 대답은 단지 언어상으로만 답변한 것에 불과하다, 왜냐하면 '모든'에 속하는 각각의 것을 고려해본다면 그 각각의 수만큼 답변이 필요하기 때문이다. 더욱이 전체로서의 그것과 부분으로서의 그것에 의미의 차이가 있기 때문에 같은 것에 대한 답변이 될 수 없다.
550 to를 삽입해서 읽었다.

된다.[551] 왜냐하면 '열'은 '열 빼기 하나'라는 표현에서 그리고 '만든다'는 |30|
'만들지 않는다'라는 표현에서, 또한 일반적으로 긍정은 부정의 표현에
서 나타나기 때문이다. 그렇지만 만일 누군가가 '이것은 희지 않다'고 말
한 경우에, 그는 '이것은 희다'라고 말하는 것이 아니다. '절반'[552]이 아무
런 의미를 갖지 않는 것처럼 아마도 '2배'라는 표현 역시 전혀 의미를 갖
지 않는다. 설령 그것이 의미를 가졌다고 하더라도, 그 표현은 그것과
관계적인 말이 결합된 표현에서와 동일한 의미를 갖는 것이 아니다.

'앎'도 또한 그것의 종(種)에 있는 것 ― 예를 들어 의학적 앎이라고 해
보자 ― 과는 그것이 '공통된 앎'[553]인 한에서 동일한 것을 의미하지 않는
다. 사실상 공통의 것은 언제나 '알 수 있는 것의 앎'을 의미해왔으니까 |35|
말이다.

그것을 통해 본질이 드러나는 것들의 술어들에서[554] '드러난 것'은 그
것만으로 분리된 경우와 그 설명(로고스)[555]에서 동일한 것을 의미하지
않는다고 말해야만 한다. 왜냐하면 '오목한'이라는 말은 들창코와 안짱
다리의 경우에서 공통되는 동일한 의미를 갖지만, 전자는 그 말이 코에 182a
덧붙여지고 후자는 다리에 덧붙여졌을 때, 각각 다른 의미를 갖는 데는
아무런 방해를 받지 않기 때문이다. 전자의 덧붙임에서는 '들창이라는
것[들창임]'을, 후자의 덧붙임에서는 '안짱의[굽은] 것'을 의미하고, 그리
고 '들창인 코'라고 말하든 혹은 '오목한 코'라고 말하든 아무런 차이가
없으니까 말이다.

●●●

551 제13장 173a35-38 참조. 로스의 anti 대신에 사본에 따라 aneu로 읽는다.

552 로스는 to hēmisu로 읽고 있고, 포스터는 to en tō hēmisei('the' in 'the half')로 읽는다.

553 즉, 유개념(類槪念)으로서의 '지식 일반'을 가리킨다.

554 이것은 '고유 속성'을 가리킨다. 고유 속성이란 '그 사물의 본질을 보여주지는 않지
     만 그 사물에만 속하는 것'이다. 이것에 대해서는 『토피카』 제1권 제5장 102a18 아래
     의 논의를 참조하라.

555 즉 '복합된 표현' 내지는 하나의 '설명'을 가리킨다.

게다가 그와 같은 표현을 곧장⁵⁵⁶(주격으로) 인정해서는 안 된다. 그것
은 거짓이니까. 그 이유는 '들창이라는 것'은 '오목한 코'가 아니라 '이런
|5| 저런 코', 예를 들어 그것의 형태(상태, pathos)이기 때문이다. 따라서 가
령 '들창의 코'가 '코의[코에 속하는] 오목함을 갖고 있는 코'라고 생각한
다면⁵⁵⁷ 아무런 불합리한 것도 없다.

제32장
(다) 어법 어김을 저지르는 논의의 해소

어법 어김(어형변화)들과 관련해서, 우리는 앞에서 어떤 점에서 논박
이 생겨나는 것처럼 보이는지를 말한 바 있다.⁵⁵⁸ 어떻게 그것들을 해소

●●●

556 '단정적으로'도 번역 가능하다. 그러한 말들은 '단적으로 그렇다'는 '실체적인 의미'
로 사용할 수 없다. 왜냐하면 그 속성들을 의미하는 그 말들은 항시 무언가에, 즉
실체에 덧붙여져서 사용되기 마련이니까. 『토피카』 제1권 제5장의 논의 참조. 이 예
는 제13장 173b9-11에서 언급되었다.

557 이 논의는 『형이상학』 제7권 제5장 1030b28-1031a1에서도 언급되고 있다. 『형이상
학』에서는 논의를 이렇게 전개한다. 만일 '들창코' = '오목한 코'라면, '들창임' = '오
목함'이다. 그러나 '들창임'은 '오목함'이 아니다. 왜냐하면 '들창임'은 '오목함'을 갖
지 않은 코에 대한 언급을 포함하기 때문이다. 그러므로 '들창코'는 '오목한 코'가 아
니다. 그렇지만 만일 우리가 '들창코'를 말한다면, '오목한 코인 코'를 말하는 셈이
다. 따라서 이러한 명사들은 본질을 가질 수 없으며, 만일 본질이 속한다고 하면 무
한소급에 빠지게 될 것이다. 즉 '들창인 코인 코'는 거듭 '코'를 포함할 테니까. 한편
여기에서는 무한소급에 빠지지 않는 해결책을 제시하고 있다. '들창코'에서 '들창'은
'들창인 것'을 의미하지 않고 '코의 속성'을 의미한다. 그래서 '들창코'는 '들창의 코
인 코'로 분석되지 않고, '코의[코에 속하는] 오목함을 갖고 있는 코'로 분석된다. 따
라서 무한소급에 빠지지 않게 된다. 결국 『형이상학』에서는 '들창'이라는 의미의 to
simon과 '들창인 것'이라는 의미의 to simon을 구별하지 않았다.

558 제3장 165b20 아래와 제14장의 논의 참조. 제14장 첫머리에서 아리스토텔레스는
"이 어법 어김을 실제로 저지르는 것, 또 실제로는 저지르고 있지 않은데도 저지르
는 것처럼 보이는 것, 또 실제로 저지르고 있으면서도 저지르는 것처럼 보이지 않
는 것, 이 모든 경우가 다 가능하다"고 말하고 있다. 특히 모든 외견상의 어법 어김
에 대해서는 173b26 아래 참조.

해야만 하는지는 그 논의들 자체로부터 분명해질 것이다. 다음과 같은 모든 논의들이 어법 어김을의 겉모습을 만들어내려고 의도하고 있기 때문이다. '당신이 그것(ho)[559]을, 참으로 있다고 말하는 그것(touto)[560]은 참 |10| 으로 있는 것인가?' [그렇다.] 그런데 당신은 뭔가(ti)[561] 돌(lithon)[562]을 있다고 말한다. 그러므로 뭔가(ti)[563]는 돌을(lithon)[564]이다.[565] [그러나 이와 같은 논의에서 어법 어김을 이끌어내는 것은 옳지 않다. 그와 같은 어법을 사용해서 말하고자 한다면] 오히려 돌[남성명사]을 말하는 것에는 ho[관계대명사 중성 목적격]가 아니라 hon[관계대명사 남성 목적격]을, 또 touto[지시대명사 중성 목적격]가 아니라 touton[지시대명사 남성 목적격]을 말해야 한다.[566]

그렇기에 만일 누군가가 '그러니, 당신이 참으로 그렇다고 말하는 그 사람(hon, 관계대명사 남성 목적격)이 이 사람을(touton, 지시대명사 남성 목적격)인가?'[567]라고 묻는다면, 그 사람은 헬라스어를 하고 있는 것으로 생각되지 않을 것이다. 그것은 마치 '당신이 그렇다고 말하는 그녀를(hēn, 관계대명사 여성 목적격) 이 남자(houtos, 지시대명사 남성 주격)인가?'

● ● ●

559 관계대명사 중성 목적격.
560 지시대명사 중성 목적격.
561 부정대명사 중성 목적격.
562 남성명사 목적격.
563 부정대명사 중성 주격.
564 남성명사 목적격.
565 원문에서는 여기서 논의하는 어법 어김에 관한 논의들이 명확히 드러나지만, 그 논의를 정확히 우리말로 번역하기는 어렵다. 그 이유는 헬라스어가 갖는 독특한 굴절적 어형변화 때문이다. 전제로 사용되고 있는 처음 문장에서 목적격으로 쓰인 '돌'은 간접 화법에 따라서 사용된 것이나, 결론에서는 직접 화법으로 사용해서 어법 어김을 만들어내고 있다. 사실상 헬라스어에서 중성의 명사들은 주격과 목적격이 같은 형태를 가진다.
566 이 논의를 이해해보자면 이렇다. '당신이 참으로 존재한다고 주장하는 것은 실제로 존재하는가? 그런데 당신은 왕이 존재한다고 주장한다. 그러므로 왕은 존재한다. 그러나 '왕'을 말하는 것은 '무엇'을 말하는 것이 아니라 '누구를'을 말하는 것이고, '그것'이 아니라 '그를'을 말하는 것이다.'(하스퍼[P. S. Hasper]의 번역 참조)
567 올바른 문장이 되려면, touton을 houtos와 주격으로 바꿔야만 한다.

라고 물은 경우[568]와 마찬가지로 헬라스어를 말하는 것으로 생각되지 않을 것이다.

|15| 그러나 이 사람은 '목재'를 말하는 경우나, 남성도 여성도 의미하지 않는 그러한 것 즉, 중성을 말하는 경우 어형 변화에는 아무런 차이가 없다.[569] 이와 같은 이유로 다음과 같이 묻는다면 어법 어김은 생기지 않는다. '만일 당신이 말하는 것이 그것이고, 당신이 그것을 목재(목적격)라고 말한다면, 그러므로 그것은 목재(중성 명사 주격)이다. 그렇지만 앞의 예에서 '돌'(lithos)과 '이 사람이'(houtos)는 남성명사의 주격 어미 변화형을 갖고 있다.[570]

그런데 만일 누군가가 '이 사람이(houtos) 그녀(hautē)[571]인가?'라고 물으면서, 다시 이번에는 '그럼, 이 사람이(houtos) 코리스코스가 아닌가?'

|20| 라고 묻고, 그 다음에 '그러므로 이 사람이 그녀야'라고 말해도 질문자는 어법 어김을 추론하고 있지 않은 것이다. '코리스코스'가 바로 '그녀가'를 의미하는 경우에도, 답변자가 최초의 명제를 인정하지 않고 이 점[572]도 부가적으로 물어야 한다면 아직 어법 어김이 아니다. 이와 달리 코리스코스가 '그녀'가 아니고, 또한 답변자가 최초의 명제를 인정하지 않는 경우라면 실제적으로나 혹은 질문받은 사람과의 관계이든 간에 어법 어김을 추론하고 있지 않은 것이다.

|25| 그렇기에 이와 마찬가지로 앞서 첫 번째 예에서도 '이 사람이'(houtos, 지시대명사 남성)[573]는 돌(lithon, 남성명사)을 반드시 의미해야만 한다. 그렇지만 이것이 정말로 그렇지도 않고 또한 그렇다고 인정되지도 않는다

* * *

568 이 경우는 여성형과 남성형의 불일치가 어법 어김을 가져온 경우이다.

569 헬라스어 중성은 주격과 목적격이 같은 형태를 가지기 때문이다.

570 그렇기에 주격과 목적격이 같은 중성명사와 달리 주격과 목적격을 혼동하여 사용한다면 어법 어김이 생긴다는 것이다.

571 지시대명사 여성형.

572 '코리스코스'라는 이름이 바로 '그녀'를 의미하는지 그렇지 않은지 하는 점.

573 피카드-케임브리지는 houtos 대신에 touto(그것)로 읽는다.

면, 그 결론은 말해지지 않아야만 한다. 비록 거기서 사용되고 있는 명사(名辭)의 격(格)이 실제로는 같은 것이 아님에도 형태상으로는 똑같이 주격처럼 보이기 때문에, 어법 어김을 추론하는 것처럼 외견상으로 드러나고 있기는 하지만 말이다.[574]

'그럼, 당신이 그녀(hautē, 지시대명사 여성 주격)를 그것을(autēn)[575]이라고 말하고 있는 바로 그 자체는 그녀다라고 말하는 것은 참인가?' [그렇다.] '그런데 당신은 방패를(aspida, 여성명사 목적격) 그렇다고 말하고 있다. 그러므로 그것(hautē)은 방패를 이다.' 아니, 이것은 필연적으로 어법 어김을 저지른 것이 아니다. 만일 '그녀가'(thautē, 주격)라는 것이 방패를(aspida, 목적격)이 아니라 방패가(aspis, 주격)를 의미하고, 반면에 '이것을'(tautēn, 지시대명사 여성 목적격)이 '방패를'(to aspida, 목적격)을 의미한다면 말이다.

|30|

게다가 또한 당신이 이 사람을(houtos, 지시대명사 남성 주격), 그렇다고 말하는 이 사람이(touton, 지시대명사 남성 목적격) 그렇다고 하면, 또 당신이 크레오나(Kleōna, 크레온의 목적격)를 그렇다고 말한다면, '그러므로 이 사람은(houtos) 크레오나를(Kleōna, 목적격) 이다'라고 해서도 안 된다. 이 사람은 '크레오나를[목적격]이 아니니까.[576] 여기서 말해진 바는, 내가 이 사람을 '그렇다'고 말한 것은 **그**(houtos, 주격)이지 **그를**(touton, 목적격)이 아니기 때문이다. 질문이 이러한 형식으로[577] 내세워졌다면 헬라스어조차 아닐 테니까 말이다.

●●●

574 182a11의 예에서 ho는 목적격이고, touto는 주격이다. 앞서 설명했듯이 이 두 말과 중성의 주격과 목적격은 같은 형태를 갖는다. 182a12에서 두 ti는 하나는 목적격이고 다른 하나는 주격이지만, 격에 따라서 형태가 변하지 않는다. 그래서 모두 외형적으로는 주격처럼 보이기 때문에 어법 어김을 드러내는 것처럼 보이는 것이다.

575 이 말은 강조 대명사로 사용되지만 여기서는 인칭 대명사로 쓰였다. tautēn과 같은 의미로 여성 목적격이다.

576 즉, 주격인 '그가'라는 말이 의미하는 것은 '크레오나'(목적격)가 아니라, '크레온'(주격)이기 때문이라는 것이다.

577 즉, 주격과 목적격을 문법적으로 무시하는 방식으로.

|35| 　게다가 '자, 당신은 이것을(touto, 지시대명사 중성 목적격) 아는가? [알고 있다.] 그런데 이것은(touto, 지시대명사 중성 주격) 돌(lithos, 주격)이다. 그러므로 당신은 돌(lithos, '주격')을 알고 있다.' [이것은 올바르지 않다.] '이것'(touto)이라는 말은 '당신은 이것을 아는가?'라는 질문의 경우와 '그런데 이것은 돌이다'라는 명제의 경우에서 동일한 것을 의미하지 않는다. 즉, 앞의 경우에서는 목적격(touton, 지시대명사 남성 목적격, 즉 남성명사 '돌을' 의미한다)을, 뒤의 경우에서는 주격(houtos)을 의미한다.[578]

　'자, 당신은, 당신이 그것의(hou, 관계대명사 중성 소유격) 앎을 갖고 있는 그것을(touto, 지시대명사 중성 목적격)[579] 아는가? [알고 있다.] 그런데 당신은 돌의(lithou, 소유격) 앎을 갖고 있다. 그러므로 "돌의"(lithou, 소유
182b 격)를 알고 있다.' [그러나 이것은 옳지 않다.] 아니, 한 표현에서는 '그것의'(소유격)[580]가 '돌의'(lithou)를 말하고 있지만, 다른 표현에서는 '그것을'(목적격)이 '돌을'(lithon)[581] 말하고 있다. 그리고 여기서 마땅히 인정받고 있는 바는, 당신이 그것의 앎을 갖고 있는 **그것을**(touto, 목적격) 알고 있다는 것이지 **그것의**(toutou, 소유격)는 아니라는 것이다. 그러므로 당신은 '**돌의**'(소유격)가 아니라 '**돌을**'(목적격) 알고 있는 것이다.

　이렇게 해서 이러한 논의들은 어법 어김을 추론하는 것이 아니라 단지 그렇게 하고 있는 것처럼 보이는 데 지나지 않는다는 점, 그리고 어
|5| 떤 이유로 해서 그것들이 그렇게 보이는지, 나아가 그것들에 대해서 어떻게 대처해야만 하는지는 이제껏 말해온 것으로부터 명백하다.

●●●

578 포스터는 의문부호를 살리고 있으나, 옮긴이는 로스를 좇아서 마침표로 읽는다.
579 앞의 hou를 받는다.
580 로스는 hou로, 포스터와 피카드─케임브리지는 toutou로 읽는다. 어떻게 읽든 의미상의 차이는 없다.
581 로스는 touton 대신에 touto로 읽고 있다.

제33장

오류를 해소하는 어려움의 정도에 관하여

우리는 또한, [앞에서 설명한] 모든 논의들 가운데 어떤 논의는 어떤 논점에서 또 어느 점에서 청중을 오류 추론에 빠지게 하는지를 알아내는 것이 더 쉬운 데 대해서, 다른 논의는 그것들이 많은 경우에 전자와 동일한 논의임에도 더 어렵다는 점에 주목해야만 한다. (왜냐하면 우리가 |10| 어떤 하나의 논의를 동일한 논의라고 불러야만 하는 것은 그것이 동일한 논점에 기인하고 있기 때문이다.) 그러나 각각의 동일한 논의가 사용되는 말과 말하는 투가 변한다면(metapheromenon)582 [그 이전과] 마찬가지 방식으로 분명해지지 않기 때문에, 동일한 논의가 어떤 사람에게는 표현 형식에 기인한 논의로 생각되고, 다른 사람에게는 부수하는 것에 기인한 논의로 생각되고, 또 다른 사람에게는 다른 어떤 것에 기인한 논의라고 생각될 수 있을 것이다.

그렇기에 오류들 중에 일반적으로 가장 어리석은 오류의 형식으로 생각되는 여러 의미를 가진 말(호모뉘미아)에 의한 오류들에서처럼, 어떤 |15| 논의는 여느 사람에게조차도 명백하다(거의 모든 우스갯소리의 말들은 표현에 의존하고 있으니까 말이다. 예를 들면 '어떤 사람이 난간의 계단[혹은 사닥다리] 밑으로 의자[혹은 마차]583를 날랐다.' '당신은 어디로 가려고584 하는가?' '[돛] 활대 끝에.'585 또 '어느 쪽 암소가 앞서[혹은 앞에서] 새끼를 낳았는가?' '아

• • •

582 즉, 각각의 논의에서 동일한 말이 사용되었더라도 그 말이 쓰인 맥락이 달라진다든지 혹은 다른 말과 결부되어 정식화되는 경우에.

583 원어로는 kata klimakos diphron(난간의 계단 아래로 마차 혹은 의자를)이다. diphros 는 '마차(전차)'와 '의자'의 두 가지 의미를 모두 가진다.

584 원어는 stellesthai(stellō)이다. 이 말은 '출발하다', '여행을 떠나다', '장비를 갖추다 혹은 준비하다', '돛을 감다'라는 의미를 가진다.

585 이 답변은 원래 질문의 의미를 '돛을 감아 어디에다 단단하게 매려는가?'로 받아들였을 때 나올 수 있는 대답이다.

니다. 둘 다 나중에[혹은 뒤쪽으로] 낳았다.'[586] 또 '북풍[보레아스][587]은 깨끗한
가[혹은 결백한가]?'[588] '아니다. 결코 깨끗하지 않다. 왜냐하면 거지와 상인을[589]

|20| 살해했기 때문이다.' '그는 에우아르코스[좋은 지배자][590]인가?' '분명히 아니다.
그는 아폴로니데스[파멸의 아들][591]이다.' 그리고 다른 거의 대부분의 우스갯소
리들도 이것들과 동일한 방식으로 생겨난다.)

그렇지만 어떤 것들은[592] 대단한 전문가들조차도 분간할 수 없을 것처
럼 보인다. (이러한 논의들에 대한 징표는 사용되는 말들을 놓고 종종 싸운다
는 사실이다. 가령 **존재**(있음, to on)와 **하나**(to hen)는 모든 관점에서 동일한 것

|25| 을 의미하는가, 아니면 다른 어떤 것을 의미하는가 하는 문제가 그렇다. 왜냐하
면 어떤 사람들[593]은 존재와 하나가 동일한 것을 의미한다고 생각하는 데 대해

● ● ●

586 원어로는 각각 emprosthen(앞서, 앞에서)과 opisthen(뒤에, 뒤에서)이다. 이 말들은
시간상의 앞과 뒤라는 의미와 공간상의 앞과 뒤라는 의미로 다 사용될 수 있다. 일
종의 말장난(word play)이다. 이 답변은 그 질문을 '어느 암소가 앞쪽에서 새끼를 낳
았는가?'라는 방향의 의미로 알아들었을 때 할 수 있는 대답이다.
587 원어로는 ho boreas이다. 답변은 이 말을 사람의 '이름'으로 받아들였다.
588 원어로는 katharos이다. 이 말은 '깨끗하다'와 '죄가 없다'라는 의미를 갖고 있다.
589 원문이 손상된 부분인데, 로스는 ton ptōchon kai ton ōnoumenon를 ton ptōchon
katōnōmenon(술 취한 거지)으로 읽는다. 포스테(Poste)는 kai tis ho ōnoumenon(어
떤 상인)을 제안한다. 한편, 아이나르슨(B. Einarson)은 ōnoumenon 대신에
oinōmenon(술 취한 사람)을 제안한다. 그 이유는 '거지와 상인'보다는 '거지와 술
취한 사람'이 한 데에 노출되어 매서운 바람에 죽었다고 하는 것이 더 그럴 듯하
기 때문이다(벡커 판 참조). 사실상 당시에 바다를 통해 장사하는 사람(emporos)이
지배적인 상황에서는 그 말(상인)이 이상한 표현일 수 있다는 것이다(B. Einarson,
Emendation of Aristotle *Sophistici Elenchi* 182b20, *American Jr. of Philology*, Vol.
LVII, 1936, p.332).
590 원어로는 Euarchos이다. 고유명사로 쓰이며 문자 그대로의 의미는 '좋은 지배자'이
다. 한편, 아이나르슨은 Euarchos라는 고유명사 대신에 euarchos(온순한, 잘 복종하
는, 다루기 쉬운)로 읽으면서 이 대목을 소년이나 혹은 노예에 대해서 '그는 온순한
가?' '아뇨, 그는 실제로 'Wild'의 자식이야' 하는 식으로 받아들인다. 그는 아폴로니
데스가 이전에 노예였던 사람의 이름이었다는 점(크세노폰, 「아나바시스」(*Anabasis*)
제3권 제1장 26-31)을 지적한다. 아이나르슨의 지적도 좋아 보인다.
591 원어로는 Apollōnidēs(파멸의 자식)이다. 이 말 역시 고유명사이지만 이 말의 어원
인 apollumi는 '파멸시키다'를 뜻한다.
592 182b15의 ta men에 걸리는 ta de로 읽는다.
593 파르메니데스 계열인 엘레아 학파의 제논, 멜리소스 등의 학자들을 말할 것이다.

서, 다른 사람들은 하나와 존재가 다의적으로 말해진다고 주장함으로써[594] 제논과 파르메니데스의 논의를 해소하기 때문이다.)

이와 마찬가지로 부수하는 것에 의존하는 오류들과 다른 각각의 관점에 의존하는 오류들에 관련해서도, 그 논의들 가운데 어떤 것은 더 손쉽게 알아낼 수 있지만 다른 어떤 것들은 더 어려울 것이다. 또 그 오류가 어떤 부류에 속하는지, 그리고 그 논의가 진정한 논박인지 혹은 논박이 아닌지를 파악하는 것은 모든 경우에서 마찬가지로 쉽다고 할 수는 없다. |30|

가장 통렬한 논의는 답변자를 당혹스럽게 만든다

통렬한 논의[595]는 최대한 당혹스럽게 만드는 그러한 논의이다. 왜냐하면 그것은 상대방을 최대한 날카롭게 깨무는[596] 것이기 때문이다.

그런데 당혹함에는 두 가지가 있다. 하나는 [무언가를 증명하는] 추론들(sullelogismenois)에서 답변자가 질문된 명제들 중에 어떤 것[전제]을 뒤집어엎을지[597]와 관련해서 일어나고, 다른 하나는 쟁론적 논의에서 답변자가 제기된 명제에 대해서 어떻게 말해야 하는지와 관련해서 |35|
일어난다.

그렇기에 그 논의들이 더 통렬하면 통렬한 만큼 더 날카로운 탐구를 만들어내는 것[598]은 추론적 논의에서이다. 그런데 추론적 논의(sullogistikos logos)[599]는 가장 그렇다고 생각되는 것[전제]들로부터 가장

●●●

594 아리스토텔레스는 『형이상학』 제5권 제6장에서 '하나'의 의미를 구별하고 있으며, 제6권 제2장을 비롯한 여러 대목에서 존재 방식의 다의성을 내세우고 있다. 그렇다면 이 주장은 '다른 사람들'이 아니라 아리스토텔레스 자신의 견해이다.
595 원어로는 drimus logos(날카로운 혹은 빈틈없는 논의)이다.
596 원어로는 daknō인데, 상대방을 날카로운 이(齒牙)로 깨문다는 의미이다.
597 '파기하다' 혹은 '논파하다'로도 새길 수 있다.
598 이 일을 해야 하는 임무는 답변자에게 주어진다.
599 '변증술적 논의'를 가리킨다.

통념인 것[결론]을 뒤집어엎는다면 가장 통렬한 것이다. 왜냐하면 어떤 하나의 논의이면서 [그 논의의 결론에 대한] 모순이 바뀌어 대치될 수 있다면, 그 결과로서 생겨나는 모든 추론을 비슷한[600] 것으로 만들기[601] 때문이다. 사실상 그 추론들은 늘 통념인 전제들로부터 마찬가지로 통념인 결론을 뒤집어엎든가 [혹은 확립할 것이기][602] 할 것이고, 이 때문에 답변자가 막다른 골목에 빠지는 것은 필연일 수밖에 없으니까.[603] 그렇기에 이러한 종류의 논의가, 즉 그 결론을 질문받은 전제들과 동등하도록 만드는 논의[604]가 가장 통렬한 논의이다.

두 번째로 통렬한 논의는 그 모두가 마찬가지로 그렇다고 생각되는 전제로부터 따라 나오는 논의이다. 왜냐하면 이 논의는 질문받은 전제들 가운데 어떤 전제를 뒤집어엎어야 하는지에 대해서 마찬가지로 상대방을 당혹한 상태로 빠뜨릴 것이기 때문이다. 여기에는 어려움이 있다. 왜냐하면 무언가를 뒤집어엎어야만 하는데, 어떤 것을 뒤집어엎어야만 하는지가 분명하지 않기 때문이다.[605]

이와는 달리 쟁론적 논의들 가운데 가장 통렬한 논의는, 첫째로 그것이 올바르게 추론되었는지 혹은 추론되지 못했는지[606], 또 그 [논의의 오

183a

|5|

●●●

600 원어로는 homoious인데, 이는 각각의 추론들이 갖는 '논증적 효과'가 동등하다는 것을 말한다.

601 원문에서는 동사 echō(have)를 사용하고 있다.

602 로스는 [ē kataskeuasei]를 생략하고 읽는다. 수정된 피카드−케임브리지 판도 생략한 채 번역하고 있다.

603 왜냐하면 가장 일반적으로 그렇다고 생각되는 전제들로부터 모순되는 결론들이 추론될 때에는 답변자로서 어떻게 답변해야 할지 망설일 수밖에 없게 될 것이기 때문이다. 게다가 일반적으로 그렇다고 생각되는 전제로부터의 추론들은 죄다 비슷한 (homoios) 논증적 효력을 가질 수밖에 없을 테니까.

604 일반적으로 그렇다고 생각되는(통념적) 전제들과 마찬가지로 그 결론의 명제도 일반적으로 그렇다고 생각되는 것으로 만들어내는 논의를 말한다.

605 '모든 어머니는 자식을 사랑한다.' '메데이아는 어머니다.' 그런데 메데이아는 남편에 복수하기 위해 자식을 살해했다. 이 경우에 답변자는 당혹한 처지에 빠지게 된다.

606 즉, 그 논의가 어떤 오류를 범하고 있는지 불분명한 경우.

류] 해소가 거짓된 전제에 의존해서 이루어지는지[607] 혹은 [명제 의미의] 구분(diairesis)에 따라서 이루어지는지가 즉각적으로 분명하지 않은 논의이다.[608]

나머지 쟁론적 논의들 가운데서, 두 번째로 통렬한 논의는 그 [오류의] 해소가 구별이나 혹은 뒤집어엎음에 따라서 이루어져야 한다는 것은 분명한데, 그러나 질문받은 전제들 가운데 어느 것을 뒤집어엎거나 또는 구별함으로써 해소되어야 하는지, 혹은[609] 이것[610]이 그 결론에 의존하는지, 아니면 질문받은 전제들 가운데 어떤 것에 의존하는지가 명백하지 않은 경우이다. |10|

어처구니없는 논의

그렇기에 만일 그 전제(가정, lēmma)들이 지나치게 역설적이거나[611] 혹은 거짓이라면, 제대로 추론되지 않은 논의는 때때로 어처구니가 없는 것이다(euēthēs). 그렇지만 어떤 경우에 그것을 무시해버려도 좋은 것으로 보아서는 안 된다. 왜냐하면 한편으로 이러한 질문된 전제들 중에 그 논의가 무엇[논의의 주제]에 관계되고, 또 무엇[논의의 요점][612] 때문인지를 빠뜨리고 있을 때, 이 점을 보충해서 답변자에게 인정받지 못하고 제대로 추론이 이루어지지 않으면, 그 추론은 실로 어처구니없는 것이기 때문이다. |15|

그러나 다른 한편으로 빠뜨리고 있는 것이 [논의의 주제와 요점과] 관 |20|

- - -

607 즉, 거짓된 전제들을 지적하고 그것들을 파기함으로써 이루어지는지.
608 제18장 176b35 아래 논의 참조.
609 로스를 좇아 alla를 생략하고 ē만 읽었다.
610 즉, 뒤집어엎거나 구별되어야 하는 그 과정.
611 원어로는 adoxa이다. 즉 '일반적으로 그렇다고 생각되지 않는 견해' 혹은 '그럴듯하지 않은 견해'.
612 피카드-케임브리지는 '논의의 핵심'(the nerve of the argument)으로 옮기고, 포스터는 '논의를 전개하는 수단'쯤으로 이해한다.

련이 없는 질문일 때에는 결코 가볍게 무시해버려서는 안 되는데, 오히려 그 논의는 아주 적절한 것일 수 있지만 질문자가 자신의 질문을 올바르게 내놓지 못했기 때문이다.[613]

마치 해소가 어떤 때에는 논의에 대해서, 어떤 때에는 질문자와 질문하는 방식에 대해서, 그리고 어떤 때에는 이것들 가운데 그 어느 것도 아닌 것에 대해서[614] 이루어질 수 있는 것처럼, 이와 마찬가지로 질문과 추론도 그 입론(테시스)에 대해서, 답변자에 대해서 그리고 시간에 대해서 이루어지는 것이 가능하다. (여기서 '시간에 대해서'란, 그 해소가 해소를 위해 지금 행해지는 묻고 답하는 데 이용할 수 있는 기간보다 더 긴 시간을 필요로 하는 경우이다.[615])

|25|

●●●

613 183a16의 gar가 앞 문장에 대한 이유를 제시하면서 이 문장 전체를 지배하고 있다.

614 『토피카』 제8권 제10장 161a10 아래에서는 논의의 결론에 이르는 네 가지 방법 중에서 네 번째인 '시간과 관련된 반박'을 최악의 것으로 보고 있다. 현재 진행하고 있는 논의보다 더 긴 시간을 필요로 하는 반론을 제기하는 방법이다.

615 로스의 읽음을 따랐다. 포스터는 어구에 대한 주석으로 간주해서 바이츠와 더불어 이 문장의 뒷부분인 tou dialechthēnai pros tēn lusin을 생략하고 있다. 피카드-케임브리지의 번역을 고려해서 옮겼다. 당시 아테네에서는 우리가 바둑을 즐기듯 말을 통한 싸움, 즉 쟁론술을 통해서 지적 승부를 가르는 게임을 즐겼던 것 같다. 가령 '정의는 더 강한 자의 이익인가?'라는 테제를 내놓고 질문자는 공격하고 답변자는 이 명제를 방어하는 역할을 맡는데, '해가 질 때까지'와 같이 일정한 시간을 정해놓고 그 동안에 답변자가 애초의 주장과 다른 주장을 한다든가, 침묵한다든가, 욕을 한다든가 하면 질문자가 승리하는 것이고, 자신의 주장에 대한 상대방의 논박을 일정한 시간 동안 방어하면 답변자가 승리한다. 많은 사람들 앞에서 이런 말싸움을 벌였는데, 청중의 역할은 승부를 가려주는 심판관이었다. 시간 제한에 대한 문제를 암시하는 대목은 『토피카』 제8권 제10장 161a10 아래 참조.

ARISTO TELĒS

결론

PERI TŌN

SOPHISTIKŌN

ELENGCHŌN

제34장

『토피카』와 이 논구의 목적; 변증술의 학문적 목적과 과제

이 연구의 전반적인 목적과 요약

이로써 문답으로 논의하는 사람들에게서 오류들이 얼마만큼이나, 또 어떤 종류의 논점에서 생기는지,[616] 그리고 우리가 어떻게 상대방이 무언가 거짓을 말하고 있다는 것을 보이고 또 상대방에게 역설을 말하도록 할 것인지,[617] 게다가 또한 어떤 종류의 전제 명제에서 추론(어법 어김)[618]이 생기고, 그리고 어떻게 질문을 내세우며, 질문의 구성은 어떻게 해야만 하는지,[619] 나아가 이러한 모든 설명들(논의들, logoi)이 무엇을 위해 유용한지,[620] 그리고 [질문에 대한] 답변과 관련해서는 일반적으로나 전체로서 [어떻게 주어져야만 하는지][621] 어떻게 논의와 추론을 해결해야만 하는지,[622] 이 모든 것들에 대해서는 우리가 지금까지 말해온 것으 |30|

●●●

616 제1장~제11장.

617 제12장.

618 파키우스(Pacius)는 soloikismous(어법 어김)로 읽는 반면에(포스터, 피카드-케임브리지), 로스는 sullogismos로 읽는다. '어법 어김'도 넓은 의미에서 보면 하나의 그릇된 '추론' 형식이다. 그렇다면『소피스트적 논박에 대하여』에서 전반적으로 문제가 되는 있는 소피스트적 논의들도 쉴로기스모스의 한 유형으로 간주할 수 있다. 더구나 이 장이『토피카』제1권~제8권을 포함한 이 작품의 최종적 결론으로서 그 전체 내용을 요약하고 있는 것이라고 한다면, 굳이 쉴로기스모스로 읽는 것을 회피할 이유는 없다.

619 제15장.

620 제16장.

621 제17장~제18장.

622 제19장~제33장.

로 충분할 것이다.

|35| 이제 남은 것은 우리의 애초 목적[623]을 상기해서 그것에 대해 몇 마디 말을 덧붙이고, 그리고 우리의 논구를 마무리하는 것이다.

변증술에 관한 결론적 진술

그렇기에 우리의 프로그램[목적]은 제기된 어떠한 문제에 대해서도 있을 수 있는 가장 일반적으로 그렇다고 생각될 수 있는 것[전제, 명제]으로부터 추론할 수 있는 어떤 능력을 찾아내려는 것이었다.[624] 이것이 문답을 통한 변증술 자체와 검토술의 기능(ergon, 구실, 임무, 역할)이니까 말이다.

183b   그러나 변증술은 소피스트적 기술이 가까이 '이웃하고' 있는 까닭에, 상대방의 주장에 대해서 비단 변증술적으로 검토를 행할 수 있을 뿐만 아니라, 또한 논의되는 사안을 알고 있는 사람으로서 그것을 할 수 있도록 추론 능력 그 자체에 덧붙여 대비되어 있어야 하기 때문에,[625] 이러한 이유로 우리가 이 논구에서 앞서 언급한 임무, 즉 [논의에 참여한 자로|5|서] 논의를 인정하게 하는 능력[626]뿐만 아니라 또한 [답변자로서] 어떻게 한결같은 방식으로 가장 일반적으로 그렇다고 생각될 수 있는 견해(엔독사)를 통해서 [상대방의 공격으로부터] 우리의 입론을 유지하면서 지키는 것을 그 목적으로 제시한 것이다. 우리는 이것에 대한 원인(aitia)을 설명한 바 있다.[627] 이것이 왜 소크라테스가 늘 질문을 던지기만 했지 결

●●●

623 『토피카』 제1권 제1장. 108a18–24.

624 『토피카』 제1권 제1장 시작 부분 100a18 아래. "이 논고의 목표는 제기되는 온갖 문제에 대해서, 통념으로부터 추론할 수 있는, 또 우리 자신이 하나의 논의를 유지하려는 경우에 모순되는 그 어떤 것도 말하지 않는 탐구의 길을 발견하는 것이다."

625 183b1 prokataskeuasteon(로스)을 proskataskeuazetai로 읽는다(벡커, 도리옹).

626 질문자와 답변자로서 상대방의 논의를 파악하고 공격하고 논의를 전개할 수 있는 능력.

627 제1장 165a19–32.

220 결론

코 답변하지 않았는가에 대한 이유이기도 한데, 사실상 그는 자신이 알지 못한다는 것을 동의했기 때문이다.[628]

우리는 앞서의 논구에서[629] 논의가 몇 가지 논점[630]과 관련되고 또 얼마나 많은 전제들로부터 생기는지, 또 어디서부터 이것들을 잘 만들 수 있을지[631]를 분명히 한 바 있다. 게다가 어떻게 질문을 내세우며 또 모든 질문을 어떻게 구성해야만 하는지,[632] 또한 질문자들의 추론에 맞서 어떻게 답변하고 또 어떻게 해소해야만 하는지에 대해서도[633] 역시 우리는 분명히 했다. |10|

우리는 또한 논의들과 관련된 동일한 탐구 방법(methodos)에 속하는 그러한 다른 문제들에 대해서도[634] 분명하게 밝혔다. 이것에 덧붙여 앞에서 이미 말한 바와 같이[635] 오류들에 관해 상세히 설명했다.[636] 그러므로 우리의 목적이 충분히 완결되었다는 것은 확실하다. |15|

•••

628 소크라테스의 '무지의 자각'이 '검토술'로 대체되고 있다. 아리스토텔레스가 소크라테스의 진리 추구 방법으로 이해하는 문답법이란 다음과 같이 이해해 볼 수 있다. 아리스토텔레스의 입장에서 변증술의 목표는 상대방의 어떤 주장에 대해서도 그 이유를 이끌어낼 수 있어야 하고, 또 상대방의 공격으로부터 자신의 주장을 유지하면서 방어할 수 있어야만 하는 데 있다. 즉, 자신이 알고 있는 것에 대해서는 오류를 범하지 않아야 하고, 또한 오류를 범하는 사람에 대해서는 그 오류를 폭로해야만 한다. 그러므로 올바른 변증론자는 한편으로 하나의 논의에 대해 올바른 이유를 제시할 수 있어야 하고, 다른 한편으로 올바른 이유를 마땅히 요구해야만 한다(제1장 참조). 그러나 소크라테스는 자신의 무지를 고백해 버렸기 때문에 답변을 통해서 상대방을 공격하는 역할을 수행할 수 없었다는 것이다. 아리스토텔레스의 이러한 해석이 소크라테스에게 정확하게 들어맞는지의 문제는 논외로 해두자.
629 『토피카』를 말한다.
630 논의의 주제와 구성요소들(『토피카』 제1권 제4장 참조).
631 『토피카』 제2권~제7권.
632 『토피카』 제8권 제1장~제3장.
633 『토피카』 제8권 제4장~제13장.
634 『토피카』 제14장. 여기서는 변증술적 논의와 연습이 어떤 점에 대해서 유용한지를 논의하고 있다.
635 이 장의 183a27 아래.
636 제3장~제15장에 걸쳐서 오류가 발생하는 논리적 근거를 따지고 있다.

오늘날 수사술의 학문적 상황에 관하여

그러나 우리는 이 탐구를 진행하는 과정에서 부딪쳤던 부수적 상황에 주의를 기울이는 것을 잊어서는 안 된다. 왜냐하면 무릇 모든 발견에서 다른 사람들로부터 전해진 앞선 연구자들의 노고의 결과가 그것을 받아 |20| 들인 후대 사람들에 의해서 아주 조금씩 발전해 왔던 데 반해서, 최초의 발견은 그 시작에서는 아주 적은 진전밖에 하지 못하는 것이 일반적이긴 하지만, 그럼에도 이것들로부터 후대에 이르러 증대하는 것보다도 많은 점에서 한층 더 유용한 것이었기 때문이다. 아마도 흔히 말해지는 바처럼 모든 것에서 '처음이 가장 중요한 것'[637]일 테니까.

바로 이런 이유로 처음이 가장 어려운 법이다. 왜냐하면 능력이란 점 |25| 에서 가장 강하면 그 만큼, 크기란 점에서는 가장 작고 알아보는 것이 가장 어렵기 때문이다. 그러나 그 시작이 일단 발견되기만 하면, 남은 것을 덧붙이고 그것을 증대시키는 것은 쉬운 일이다.

바로 이것이 수사술적 논의와 관련해서, 사실상 또한 거의 모든 다른 전문 지식(technē)과 관련해서 [그 전문 지식들이 발생하고 발전해나가는 과정에서] 일어났던 상황이다. 왜냐하면 그 원리를 발견했던 사람들 |30| 은 전적으로 아주 작은 진전을 위해 한 것이지만, 오늘날 명성이 자자한 사람들은 많은 앞선 사람들로부터 성과를 이어받음으로써 조금씩 진전하도록 성과를 증대시켰기 때문이다. 말하자면, 최초의 사람들 다음에 테이시아스가 오고, 트라쉬마코스는 테이시아스 다음에 오고, 그리고 테오도로스는 트라쉬마코스 다음을 계속 이어갔지만, 그러면서도 많은 사람들이 수사술에 대해서 많은 부분을 모았던 것이다. 그렇기에 이 전문 지식이 현재 상당한 축척을 가지고 있다해서 전혀 놀랄 일이 못 되는 것이다.[638]

● ● ●

637 이 격언에 대해서 『니코마코스의 윤리학』 제1권 제7장 1098b7, 『정치학』 제5권 제4장 1303b29 참조.

638 이 계보(diadokē)가 수사술의 전승을 정확히 반영하고 있다.

우리 탐구의 독창성에 대해

이와는 대조적으로, 우리의 탐구와 관련해서 그 어떤 부분은 이미 완전히 다듬어져 끝났지만 다른 부분은 아직 끝내지 못했다고 하는 것은 있을 수 없다. 아니, 전혀 어떤 것도 있어본 적이 없다. 왜냐하면 쟁론적 논의와 관련해서 보수를 받고 그것을 가르쳤던 사람들의 교육은 고르기아스에 의해서 행해진 어떤 훈련 방법과 유사한 것이었기 때문이다. 그들 가운데 어떤 사람들[639]은 수사술적 논의를, 또 다른 어떤 사람들은 문답 형식의 논의를 외워서 공부해야 할 과제로서 부여했기 때문이지만, 그것은 그들 양쪽이 사람과 사람 서로 간에 행해진 논의에서는 대부분의 논의들이 이 두 가지 형태에 포섭된다고 생각했기 때문이다. |35|

그래서 그들에게서 배우려고 하는 사람들에게 내놓은 그들의 가르침은 신속한(손쉬운) 것이었지만, 체계적인 것[640]은 못되었다. 왜냐하면 그들은 전문 지식(테크네)이 아니라 그 전문 지식에 의해 생겨난 성과를 줌으로써 사람들을 교육한다고 생각했기 때문이다. 그것은 마치 누군가가 발을 아프지 않게 하기 위한 앎을 전해준다고 공언하면서도, 더욱이 제화술을 가르치지도 않고 또 그것에 따라서 그와 같은 것들을 획득할 수 있는 기술[수단]을 가르치지도 않으면서, 그 대신에 모든 종류의 샌들 가운데 다양한 샌들을 주는 그런 상태인 것이다. 왜냐하면 이 사람은 그가 필요로 하는 것에 대처하도록 도운 것이지만, 그 전문 지식을 전해주지는 않았기 때문이다. 184a |5|

●●●

639 반즈가 편집한 피카드-케임브리지 수정 번역판은 졸름젠을 따라서 복수 hoi men 대신에 단수 ho men(그는)으로 읽는다. 아마도 수사술의 대가인 고르기아스를 염두에 두고 이렇게 읽은 것 같다. 이 독해에 따르면 "왜냐하면 그는 수사술적 논의를 외워서 공부해야 할 과제로서 부여했고, 다른 사람들은 문답 형식으로 논의를 부여했기 때문이지만"으로 번역된다.

640 원어로는 atechnos이다. 즉 제대로 된 학문이려면 일반적인 원리에 따라서 이루어져야 하는데, 일정한 틀도 없는 주먹구구식 가르침이라는 의미이다.

독자를 향한 호소

　게다가 수사술에 대해서는 이미 예로부터 말해져 온 바가 헤아릴 수 없을 만큼 많이 존재하고 있지만, '추론'(연역, sullogizesthai)에 대해서는 우리가 이전이라고 언급할 만한 것을 전혀 아무것도 갖고 있지 않았고, 그래서 우리는 그 방법들을 탐구하면서 오랜 시간을 들여가면서 수고해 온 것이다.

　만일 이 논구가 애초에는 이러한 상황으로부터 이루어졌다는 것을 본 후에, 이전 시대로부터 전해진 기존의 것을 바탕으로 진전시킬 수 있었던 다른 논구와 비교해서, 이 탐구 방법이 그런대로 만족할 만한 상태에 |5| 있다고 여러분의 입장에서 생각된다면, 여러분 모두에게, 즉 청강생들에게 남겨진 일은 우리의 탐구 방법으로 아직 남아 있는 사안에 대해서는 용서하고, 또 거기서 발견되고 있는 사안에 대해서는 깊은 감사의 마음을 가져주시는 일일 것이다.

참고문헌

『소피스트적 논박에 대하여』와 『토피카』에 관련된 문헌; 원전, 번역, 주석, 색인

Alexandri quod fertur in *Aristotelis Sophisticos Elenchos Commentarium*, ed. Maximilianus Wallies, Berolini, 1898.

Aristote, Topiques Tome I Livres I—IV Texte établi et traduit par J. Brunschwig, Les Belles Lettres, Paris, 1967.

Aristote, Topiques Tome I Livres V—VIII Texte établi et traduit par J. Brunschwig, Les Belles Lettres, Paris, 2007.

Aristotelis Opera, 2 Vols., Ed. Academia regia Borussica. T. I: *Aristoteles graece*, ex recognitione Immanuelis Bekkeri, Berlin, 1831(Ed. O. Gigon, Berlin, 1960).

Aristotelis Topica cum libro de Sophisticis Elenchis, ed. Maximilianus Wallies, Leipzig, Teubner, 1923.

Aristotelis Topica et Sophistici Elenchi. Recensvit brevique adnotatione critica instruxit W. D. Ross, Oxonii, 1958.

Aristotle, On Sophistical Refutations by E. S. Forster(The Loeb Classical Library), Cambridge, Massachusetts and London, 1960.

Bonitz, H., *Index Aristotelicus*, Berlin, 1870(1960).

Dorion, Louis—Andre, *Aristote. Les réfutations sophistiques*, Presses de l'Université Laval, Montréal—Vrin, Paris, 1995.

Hans Günter Zekl, *Aristoteles, Topik; Topik, Neuntes Buch oder Über die sophistischen Widerlegungsschlüsse*, Wissenschaftliche Buchgesellschaft Darmstadt, 1997.

Hasper, Pieter Sjoerd, Aristotle's *Sophistical Refutations*: A Translation, in *Logical Analysis and History of Philosophy*, Vol. 15, pp.13—54. 2013.

Pacius, J., *Aristotelis Organum*, Morgiis, 1954.

Pickard—Cambridge, W. A., *Sophistical Refutations*(ed. by W. D. Ross, *The Works of Aristotle* Vol. I. Oxford, 1928; ed. by J. Barnes, *The Complete Works of Aristotle*, Vol. One, Princeton University Press, 1984(피카드—케임브리지 번역의 수정판이 실려 있음).

Rolfes, E., *Aristoteles, Sophistische Widerlegungen*(Aristotelische philosophische Werke Band 13, philosophische Bibliothek), Leipzig, 1918.

Tricot, J., *Aristote, Organon* VI, *Les Réfutations sophistiques*, Nouvelles trad. et notes, Paris, 1950.

Tricot, J., *Aristote: Organon*, 2nd ed., Paris: Vrin, 1995.

Weitz, Theod., *Aristoteles Organon graece*, Vol. 2, Leipzig, 1848.

Zanatta, M., *Aristotele: Le Confutazioni Sofistiche*, Milan: Rizzoli, 1995.

아리스토텔레스, 『토피카』, 김재홍 옮김, 아카넷, 2020 간행 예정.

연구서

Barnes, J., *Aristotle; Posterior Analytics*, 2nd. ed., Oxford, 1994.

Barnes, J., Aristotle and the Methods of Ethics, *Revue Internationale de Philosophie* 34, 1980.

Barnes, J., Proof and the Syllogism, In Berti, E. (ed.). *Aristotle on Science. The "Posterior Analytics" (Proceedings of the Eighth Symposium Aristotelicum)*. Padova: Antenore, 1981.

Beriger, A., *Die aristotelische Dialektik, Ihre Darstellung in der Topik und in den Sophistischen Widerlegungen und ihre Anwendung in der Metaphysik M 1–3*, Heidelberg, 1989.

Bolton, R., Dialectic, Peirastic and Scientific Method in Aristotle's *Sophistical Refutations*, in *Logical Analysis and History of Philosophy*, Vol. 15, 2013.

Brunschwig, Jacques, Aristotle on Arguments without Winners or Losers, *Wissenschaftskolleg Jahrbuch* 1984/5, Berlin, 1986.

Bolton, R., The Aristotelian Elenchus, in Fink, J. (ed.). *The Development of Dialectic from Plato to Aristotle*, Cambridge, 2012.

Burnyeat, M., Enthymeme: Aristotle on the Logic of Persuasion. In Furley, D. J. & Nehamas, A. (eds.), *Aristotle's Rhetoric. Philosophical Essays*. Princeton, 1994.

Burnyeat, M., *A Map of Metaphysics Zeta*, Pittsburgh, 2001.

Christopher Kirwan, Aristotle and the So–Called Fallacy of Equivocation, *The Philosophical Quarterly*, Vol. 29, 1979.

Diels, H. & W. Kranz, *Fragmente der Vorsokratiker*, 1951–1952, 3Bde. Berlin(『소크라테스 이전 철학자들의 단편 선집』, 김인곤 외 옮김, 아카넷, 2005).

Di–Lascio, E. V., The Theoretical Rationale Behind Aristotle's Classification of the Linguistic Fallacies in the Sophistical Refutations, in *Logical Analysis and History of Philosophy*, Vol. 15, 2013.

Di Lascio, E. V., Third Men: The Logic of the Sophisms at Arist. *SE* 22, 178b36–

179a10. *Topoi* 23, 2004.

Di Lascio, E. V., Aristotle's Linguistic Fallacies in the *Sophistical Refutations*, Unpublished dissertation: Cambridge Classics Library, 2009.

Ebbesen, Sten, *Commentators and Commentaries on Aristotle's Sophistici Elenchi* — A Study of Post-aristotelian Ancient and Medival Writings on Fallacies, Volume I, *The Greek Tradition*; Volume II, *Greek Texts and Fragments of the Latin Translation of "Alexander's" Commentary*(edited by Sten Ebbesen); Volume III, *Appendices, Danish Summary*, Indices(by Sten Ebbesen), Leiden/E. J. Brill, 1981.

Ebbesen, Sten, The Dead Man Is Alive, *Synthese*, Vol. 40, 1979.

ed. by Rorty, A. O. *Aristotle's Rhetoric*, California, 1996.

ed. by David J. Furley & Alexander Nehamas, *Aristotle's Rhetoric; Philosophical Essays*, Princeton, 1994.

ed. by Hansen, H. V. & Pinto, R. C., *Fallacies: Classical and Contemporary Readings*, The Pennsylvania State University, 1995.

ed. by Barnes, J. & Griffin, M., *Philosophia Togata II; Plato and Aristotle at Rome*, Oxford, 1997.

ed. by Rapp, C. & Hasper, P. S., *Logical Analysis and History of Philosophy*, Vol. 15, Special Issue; Fallacious Arguments in Ancient Philosophy, Mentis, Münster, 2013.

Eugene E. Ryan, *Aristotle's Theory of Rhetorical Argumentation*, Les Éditions Bellarmin, Montréal, 1984.

Gohlke, P., *Die Entstehung der aristotelischen Logik*, Berlin, 1936.

Hamblin, C. L., *Fallacies*, Methuen & Co Ltd, 1970.

Hamlyn, D. W., Aristotle on Dialectic, *Philosophy* 65, 1990.

Hasper, P. S., Between Science and Dialectic: Aristotle's Account of Good and Bad Peirastic Arguments in the *Sophistical Refutations*, in *Logical Analysis and History of Philosophy* 15, 2013.

Hasper, P. S., Aristotle, "Sophistical Refutations" 24, 179B17—26: A Textual and Interpretative Note, *The Classical Quarterly*, New Series, Vol. 58, 2008.

Hasper, P. S., Logic and Linguistics: Aristotle's Account of the Fallacies of Combination and Division in the *Sophistical Refutations*, Apeiron 42, 2009.

Hasper, P. S., Sources of Delusion in "Analytica Posteriora" 1.5, *Phronesis*, Vol. 51, No. 3, 2006.

Heath, T. L., *A History of Greek Mathematics*, V. I, II, Oxford, 1921(재간행, Dover, N.Y., 1981).

Heath, T. L., *Mathematics in Aristotle*, Oxford, 1949.

Hintikka, J., *Time and Necessity: Studies in Aristotle's Theory of Modality*, Oxford, 1973.

John Woods & Hans V. Hansen, The Subtleties of Aristotle on Non—Cause, *Logique & Analyse* 176, 2001.

JKapp, E., *Greek Foundations of traditional Logic*, N.Y., 1967.

Kennedy, George A., *A New History of Classical Rhetoric*, Princeton, 1994.

Kerferd, G. B., *The Sophistic Movement*, Cambridge 1981(『소피스트 운동』, 김남두 옮김, 아카넷, 2003).

Kneale, W. & Kneale, M., *The Development of Logic*, Oxford 1962.

Le Blond, J. M., *Logique et méthode chez Aristote*, Paris, 1939.

Liddell, H. G., Scott, R., Jones, H. S. (eds.), *A Greek-English lexicon*. 9th revised edition. Oxford: Clarendon, 1996.

Maier, H., *Die Syllogistik des Aristoteles*, Tübingen, 1900.

Mates, B., *Stoic Logic*, Univ. of California, 1961.

Otto A. Baumhauer, *Die sophistische Rhetorik Eine Theorie sprachlicher Kommunikation*, J. B. Metzlersehe Verlagsbuchhandlung, Stuttgart, 1986.

Owen, G. E. L.(ed.), *Aristotle on Dialectic, The Topics*, Proceedings of the Third Symposium Aristotelicum, Oxford: Clarendon 1968.

Owen, G. E. L., *Logic, Science, and Dialectic*, Ithaca N. Y., Cornell University Press 1986.

Paolo Fait, The "false validating premiss" in Aristotle's doctrine of fallacies An interpretation of *Sophistical Refutations* 8, in *Logical Analysis and History of Philosophy*, Vol. 15, 2013.

Prantl, C., *Geschichte der Logik im Abendlande*, Leipzig, Hirzel, 1855.

Ross, W. D., *Aristotle*, Methuen & Co. Ltd, London, 1923(1971).

Ross, W. D., *Aristotle's Prior and Posterior Analytics*, Oxford 1949.

Ryle, G., Dialectic in the Academy, in *New Essays on Plato and Aristotle*, ed. R. Bambrough, London, 1979.

Schreiber, S. G., *Aristotle on False Reasoning, Language and the World in the Sophistical Refutation*, State University of New York Press, 2003.

Schiaparelli, A., Aristotle on the Fallacies of Combination and Division in *Sophistici Elenchi* 4, *History and Philosophy of Logic* 24, 2003.

Sharma, R., What is Aristotle's "Third Man" Argument against the Forms? *Oxford Studies in Ancient Philosophy* 28, 2005.

Solmsen, F., *Die Entwicklung der aristotelischen Logik und Rhetorik*, Leipzig,

1929.

Stocks, J. L., The Composition of Aristotle's Logical Works, *Classical Quarterly*, 1933.

Swanson, C., Aristotle's Expansion of the Taxonomy of Fallacy in *Sophistici Elenchi* 8. in *Logical Analysis and History of Philosophy* 15, 2012.

Tae-Soo Lee, *Die griechishe Tradition der aristotelischen Syllogistik in der Spätantike: Eine Untersuchung über die Kommentare zu den analytica priora von Alexander Aphrodisiensis, Ammonius und Philoponus*, Göttingen, 1984.

Thomas, I., *Greek Mathematical Works*, V. I, II, Loeb Classical Library, Harvard, 1939(1991).

Weil, E., La Place de la Logique dans la Pensée Aristotélicinne, *Revue de Métaphysique et de Morale*, 56, 1951(*Essais et conférences*, I, 재수록, Paris, 1970); *Wege der Forschung* 226, hg. Hager, Darmstadt, 1972.

Whitaker, C. W. A., *Aristotle's* De Interpretatione: *Contradiction and Dialectic*, Oxford: Clarendon, 1996.

Woods, J. & Hansen H. V., Hintikka on Aristotle's Fallacies. *Synthese* 113, 1997.

디오게네스 라에르티오스, 『유명한 철학자들의 생애와 사상』, 이정호, 김인곤, 김주일, 김재홍 역, 2020년 간행 예정.

박우수, 양태종 외 옮김, 『인문과학의 수사학』(*The Rhetoric of the Human Sciences, Language and Argument in Scholarship and Public Affairs*, ed by Nelson, J. & Megil, A. & McCloskey, D.N.), 고려대학교 출판부, 1987.

이태수, 아리스토텔레스의 『토피카』와 그 전승, 『서양고전학연구』, 한국서양고전학회, 제19집, 2003.

* 플라톤 대화편의 인용은 '정암학당 번역본'을 따랐다. 그 밖의 참고문헌은 필요한 경우에 그때마다 옮긴이의 주(註)에 밝혀놓았다.

찾아보기

계보(diadochē) 83b30

계산에 넣다(sunarithmeisthai) 67a25

고르기아스(Gorgias) 83b37-84a4, 『고르기아스』(ho Gorgias) 73a8

공통의(koinos) 68b20, 70a36, 39, 71b6, 72a9, 29, 33, 78b38, 79a8, 81b35

관계(pros ti) 73b6, 81b26

교수적 논의(didaskalikos logos) 65a39-b2, 71a31-b2

교육(paideusis) 83b37

구술하다(apostomatizein) 65b32

귀납(epagōgē) 65b28, 74a37

규정된(놓여진, keisthai) 65a2

긍정(phasis) 81b30

기하학의 도형(diagrammata) 75a27

기호에 따르는 증명(논증, apodeixis, kata to sēmeion) 67b9

길을 찾아내지 못하다/당혹 (aporein, aporia) 75a30, 82b32-35, 83a2, 5

깨끗하다(죄가 없다, katharos) 82b19

꾸미다(화장하다, kommoun) 64b20

나란히 하다(paraballein) 74a40

노란색(cholobaphinos) 64b24

내세운 것/입론(thesis) 72b32, 76a31 이하, 83a24, b6

논박 불가능한 것(anexelegktos) 76b24

논박(elengchos) 64a20, 65a2, 66b24, 67a22-28, 68a35-37, 69b20-29, b38, 40, 70b1-3, 71a1-5, 77a18, 75a36

논박과 비슷한 것(elengchoeidēs) 74b18, 75a40

논박을 목표로 하는(elegktikos) 74b19

논박의(elengchou) 68a18

논박의 무지(agnoia elengchou) 66b24, 67a21-35, 68a17-69a21, b10, 81a1-14

논박하다(elengchein) 65b23, 70a24, 74b8, 75b29

논의(logos) 65a32-34, 38, 72a9, 73a24, 82b15, 32, 변증술적(dialektikos) 65b3 교수
적(didaskalikos) 65b1, 쟁론적(eristikos) 65b7, 검토적(peirastikos) 65b4, 수사술
적(연설의; rhētorikos) 83b26, 이름에 대하여(pros tounoma), 생각에 대하여(pros
dianoian) 70b12-71a27

논쟁을 좋아하는(diaphiloneikein) 65b13

논증적(apodeiktikos) 65b9,

다른 논점들에 대한 논박(parexelengchos) 76a24, 81a21

다른 방편으로(enallax) 74a23

[말의] 다의성/동명이의(homōnumia) 65b26, 78b25

단적으로(haplōs) 혹은 단적으로 말해지거나 단적으로 말해지지 않는(to haplōs ē mē

바로잡다(diorthoun) 75b12

반론(enstasis) 70b5, 72a21

밟다(patein) 78b32

방어하다(euphulaktos) 74b35

배우는(manthanein) 65b33-34, 66a30, 78b29 이하

변증술(문답을 통한 기술, dialektikē) 69b25, 70a35, 71b4, 9, 72a1, 18, 30, 35, 83a39

변증술적(dialektikos) 65a39, b3 이하, 10, 66b2, 70a39, b8-11, 71b7, 35 이하,
　　72a10, 12, 36, b6, 74a15, 83a39

변증술적으로(dialektikōs) 83b3

변화형(어형변화, ptōsis) 73b27-35, 74a11, 82a27

병들다(kamnein) 66a4

보수를 받다(mistharnein) 83b37

보여지다(prosdēloun) 73b7

부과받다(proballein) 74b33

부끄러워하지 않다(anaischuntein) 74a23

부분(meros), 부분적 의미에서 말해진 것(to en merei legomenon) 66b38

부수하는 것/부수성(sumbebēkos) 65b22, 66b22, 28-36, 68a34-b10, 27-69a5, b3-
　　7, 70a4, 71a24 이하, 79a26-80a22, 82b11, 28

부정하다(proapophanai) 77a19

분노(mēnis) 73b19, 80a21

분리/구별(diairesis) 65b26, 66a33-38, 68a27, 69a25, 77a33-b34, 79a13 83a9, 10, 12

불가능한(adunatos) 67b23

불공정한 싸움(adikomachia) 71b23

불공정한 책략(sukophantēma) 74b9

불일치(양립 불가능성, enantiōma) 74b20

브뤼송(Brusōn) 71b16, 72a4

비가 내리다(huein) 67b7

비추론적(asullogistos) 67b34, 68a21

비학문적인 사람들(anepistēmōn) 68b7

비헬라스어로 말하다/어긋난(barbarizein) 65b21

사물(사실, 사안, 대상, pragma) 65a6, 74a7, 75a8, 79a28, 37, b5

산(언덕, oros) 77b3

살해하다(apokteinein) 82b19

삼각형(trigōnon) 68a40-b4, 71a14

샌들(hupodēma) 84a7

생성되지 않았다(agenētos) 81a28

소크라테스(Sōkratēs) 66b34, 83b7

소피스트(sophistēs) 65a22, 33, 71b30

소피스트가 되다(sophisteuein) 65a28

소피스트적(sophistikos) 65a34, 69b19, 70a12, 71b7, 18, 27, 72b11, 25, 74b9, 12

소피스트적 기술(hē sophistikē) 65a21, 37, 71b28, 34, 83b2

소피스트적 기술(속임수)을 늘어놓다(sophizesthai) 76b23

소피스트적 논박(sophistikos elengchos, logos) 64a20, 65a34, 69b18−29, 70a12, 71b8, 33, 72b5

속일 수 있다(apatētikos) 71b10, 21

속임수(apatē) 67b4, 69a22−b17, 71b10, 21, 74a29

속임수(parakrousis) 75b1

속임수(pleonexia) 75a19

속임을 당하다(parakrouein) 65a15

수다를 떨다(adoleschein) 65b15, 73a32 이하, 81b25−82a6

『수사술』 67b8−11

술어(범주, katēgoria) 66b12−18, 31 이하, 69a33, b5, 73b7, 78a4−79a10

술어가 되다(katēgorein) 81b27, 36

숫자의 많음(빈도가 많음, puknotēs) 75b34

쉽지 않다(euporos) 69a24

시작(archē) 83b12, 애초의 논점으로 승인된 것/논점 절취(to en archē lambanein) 66b25 이하, 67a36−39, 68b22−26, 69b13, 70a8 이하, 76a27−31, 81a15−21

시켈리아(Sikelia) 77b13

시험하다(anakinein) 72a32

실체, 개별자, 본질(ousia, tode ti, to ti esti) 68a26, 69a35, 70a15, 73b5, 78a7 이하, 33, 39, b5, 28 이하, 38−79a8, 38, 80a23

아가멤논(Agamemnōn) 66b7

아는(epistasthai) 77a13

아이티오프스(Aithiops) 67a11

아주 가깝게 나란히 놓여지다 (paratithenai) 74b5

아킬레우스(Achilleus) 66a38

아테네인들(Athēnaioi) 76b1, 2

아폴로니데스(Apollōnidēs) 82b20

안짱다리의(rhaibos) 81b38, 82a2

안짱의(굽은, rhoikos) 81b38, 82a2

안티폰(Antiphōn) 72a7

앉아 있다(kathēsthai) 78b25

알고(이해하고) 있지 않다(sunepistasthai) 77a13, 27

알다(eidenai) 65a25

앞질러서 반론을 내놓다(proenistasthai) 74b30, 76b26

애초의 논의를 유지하다(proagoreuein) 74b30

어린아이(teknon) 80a3

어법(말의 표현, lexis) 65b21, 14 이하, 66b20 이하, 67a5, 35, 68a24, 69a19, 30, 36, b2, 36, 70b38, 71a26, 75a6, 78a8, 24, 79a11, 82a3, b10, 16, 표현 형식(schēma lexeōs, homoioschēmosunē) 65b27, 66b10-19, 68a25, 69a29 이하, 70a15, 79a20

어법 어김(soloikismos) 65b14-15, 69b36, 73b17-74a16, 82a7-b5, 83a30

어법 어김을 저지르다(soloikizein) 65b20, 73b20-22, 74a8

에우아르코스(좋은 지배자, Euarchos) 82b20

에우튀데모스(Euthudēmos) 77b12

역설(paradoxos) 65b14, 19, 72b29 이하, 73a4, 7, 14, 17, 31, 74b12, 16, 75b37, 76a25 이하, 83a29

역설의/받아들일 수 없는(adoxos) 72b10, 18, 22, 34, 73a19, 26 이하, 74b17, 76a31, 83a15

연결되다(suneirein) 75a30

연습을 결여하고 있다(ameletētos) 75a26

염두에 두다(blepein) 78a27

오류[추론](paralogismos) 64a21, 66b21, 28, 68b17 이하, 69b37, 70a10, b38, 71b11 이하, 73b34, 75a19, b41, 82b14, 83a28, b14

오류(거짓)를 범하다(pseudesthai) 65a26, b19, 72b10, 25, 76b15, 24, 80b2 이하, 83a28

오류를 범하지 않다(apseudein) 65a25

오류[추론]를 저지르게 되다(paralogizesthai) 65a16, 71b37, 75a10

오류를 저지르는(paralogistikos) 72b3

오목한(koilos) 82a4

오해/논리적 잘못(phantasia) 65b25

온 힘을 기울이다(haptesthai) 71b24

완전히 다듬어져 끝나다(proexergazesthai) 83b35

외견상의 추론(phainomenos sullogismos) 69b18, 겉으로 보이는 것/……과 닮은 것으로 보임(phainomenon, phantasia) 64a20, 65b25, 68b19, 70b6 이하

외투(lōpion) 68a30

요청하다(전제하다, aiteisthai) 67a37, 81a15

욕망(epithumia) 73a39

용서(suggnōmē) 84b7

원리(논점, axiōma) 79b14

원을 직선으로 된 도형으로 만들다/구적하다(tetragōnizein) 71b14-17, 72a3, 7

아리스토텔레스 생애 및 연보

기원전 384/3년	기원전 384년에 마케도니아 스타게이로스에서 태어남.
기원전 368/7년	시라쿠사이의 디오뉘시오스 1세가 죽음.
기원전 367/6년	기원전 367년에 플라톤이 시켈리아를 방문함. 이 기간 동안에 에우독소스가 아카데미아 수장을 대리함. 아리스토텔레스는 17세에 아테네에 옴(플라톤이 시켈리아를 두 번 방문하는 사이 약 3년간 아테네에 머묾).
기원전 361년 봄	플라톤의 세 번째 시켈리아 방문. 스페우시포스, 크세노크라테스, 에우독소스 및 헬리콘과 동행함. 헤라클레이데스가 수장을 대리함. 플라톤은 기원전 360년 후반에 아테네로 귀환함.
기원전 348/7년	기원전 348년 가을에 오륀토스 함락. 기원전 347년 초에 데모스테네스를 중심으로 한 반(反)마케도니아 운동 세력이 권력을 잡음. 347년 봄에 아리스토텔레스는 아테네를 떠나 아타르네우스로 향함. 기원전 347년 5월경 플라톤이 죽음.
기원전 345/4년	아리스토텔레스가 뮈틸레네로 옮겨감. 뮈틸레네를 떠나 스타게이로스로 언제 갔는지는 모름.
기원전 343/2년	알렉산드로스의 선생으로 미에자로 초청됨.
기원전 341/0년	헤르메이아스가 페르시아인들에게 사로잡혀 처형됨.
기원전 340/39년	필립포스가 비잔티온으로 떠나고 알렉산드로스가 섭정의 자리에 오름.
기원전 339/8년	스페우시포스가 죽음. (뤼시마키데스에 따르면) 아리스토텔레스가 아카데미아 후계자로 지명되었으나, 크세노크라테스가 투표로 기원전 338년 봄에 수장으로 선출됨. 필립포스가 아리스토텔레스를 테베에 외교사절로 보냄. 기원전 338년 여름에 에우보이아 섬에서 '카이로네이아 전쟁'이 일어남.
기원전 336/5년	필립포스가 살해됨. 20살의 알렉산드로스가 기원전 336년 7월경에 왕위를 계승함.
기원전 335/4년	기원전 335년 10월에 테베가 알렉산드로스에게 파괴됨. 아리스토텔레스가 아테네로 돌아와 뤼케이온에서 학생들을 가르침.
기원전 323/2년	바빌론에서 기원전 323년 6월에 알렉산드로스가 죽음. 아테네를 중심으로 한 헬라스 폴리스들이 마케도니아에 맞서 독립전쟁인 라미아 혹은 '헬라스 전쟁'을 일으킴. 에피쿠로스가 18살에 아테네에 옴. 이 무렵에 아리스토텔레스는 칼키스로 돌아감.
기원전 322년	기원전 332년 9월(10월, 오늘날의 4월에서 5월 초에 해당)에 마케도니아 주둔군이 Munuchia 축제에 들어감. 카라우리아섬에서 민주정 옹호자인 데모스테네스가 죽음. 아리스토텔레스는 데모스테네스의 죽음 직후에 칼키스의 집에서 63세(혹은 62세)에 병으로 죽음.

소피스트적 논박에 대하여

1판 1쇄 펴냄 2020년 8월 14일
1판 2쇄 펴냄 2023년 4월 28일

지은이 아리스토텔레스
옮긴이 김재홍
펴낸이 김정호
펴낸곳 아카넷

출판등록 2000년 1월 24일(제406-2000-000012호)
주소 10881 경기도 파주시 회동길 445-3 2층
전화 031-955-9510(편집) · 031-955-9514(주문)
팩스 031-955-9519
www.acanet.co.kr

© 김재홍, 2020

Printed in Paju, Korea.

ISBN 978-89-5733-689-2 94100
ISBN 978-89-5733-688-5 (세트)

도서의 국립중앙도서관 출판예정도서목록(CIP)은
서지정보유통지원시스템 홈페이지(http://seoji.nl.go.kr)와
국가자료공동목록시스템(http://www.nl.go.kr/kolisnet)에서 이용하실 수 있습니다.
(CIP제어번호: CIP2020030427)